事例とQ&Aでわかる

ケアマネジャーのための
医療連携ガイド

監修　一般社団法人日本ケアマネジメント学会
　　　認定ケアマネジャーの会
編集　白木裕子

中央法規

刊行にあたって

　介護支援専門員（ケアマネジャー）は多職種連携の「要（かなめ）」としての役割を担っている。そのため、ケアマネジャーは医療との連携以外に、介護、住まい、生活支援、権利擁護、さらにはインフォーマルサポート等との連携を図っていく必要があるが、こうした多職種連携の中でも、医療との連携の必要性が強調されていることには、それなりの埋由がある。まず、ほぼすべての利用者がターミナル期を含めて、医療に対するニーズを有しており、ケアマネジャーは常に医療との連携を意識して仕事をしなければならないからである。それから、医療連携の場面は、在宅での医療関係者との連携から、利用者の入退院時における病院側との連携まで多岐にわたっており、特に利用者の円滑な入退院はケアマネジャーの手腕にかかっているからである。

　こうした意味で、ケアマネジャーは、ほとんどの支援の過程で医療関係者と連携することになる。制度的にいっても、病院への入院から退院に至る間における、医療関係者と介護支援専門員の連携促進に介護・診療報酬上の加算がついており、また、末期の悪性腫瘍患者に対するターミナルケアマネジメント加算が新設されたことからも、ケアマネジャーには、医療関係者といかにして良好な連携関係を構築していくかが、問われている。それと同時に、医療は全体として専門性が高いため、連携に当たっては、ケアマネジャー側に多くの専門的な知識が求められることとなる。

　そこで、本書『事例とＱ＆Ａでわかるケアマネジャーのための医療連携ガイド』は、ケアマネジャーがどのように医療関係者と連携を図っていくのかを具体的に解説しており、理解を深めるために医療連携にまつわるさまざまな事例やＱ＆Ａを示している。そのため本書は、ケアマネジャーにとって有用であるだけでなく、連携先の医療関係者にとってもケアマネジャーに対してどのように対応すべきかを理解できるという意味で、たいへん有効である。

　本書は、白木裕子さんを中心とした一般社団法人日本ケアマネジメント学会認定ケアマネジャーの会が監修して作成したものであるが、認定ケアマネジャーは日本

ケアマネジメント学会が実施している学会認定制度であり、よりレベルの高いケアマネジャーを育成することを目的にしている。この認定ケアマネジャーの会の活動目的である「質の高い人材の育成」の一環として本書は企画、刊行された。

　私は一般社団法人日本ケアマネジメント学会の理事長という立場から、認定ケアマネジャーの会がこうした出版や研修等でもって、日本のケアマネジメントの理論的な強化とケアマネジャーのレベルアップに貢献していただいていることを喜ばしく感じていると同時にさらなる研鑽に期待している。

　読者の皆さんには、本書から多くのことを学んでいただき、医療連携促進の一助としていただければ、日本ケアマネジメント学会にとっても、認定ケアマネジャーの会にとっても、この上ない喜びである。

2019 年 5 月

一般社団法人日本ケアマネジメント学会

理事長　白澤政和

（国際医療福祉大学大学院教授）

はじめに

　このたび、認定ケアマネジャーが中心となって実践者の立場から医師をはじめとする医療関係者との連携のあり方や在宅において医療を必要とする利用者のケアに当たっての心構えや留意点等を具体的にわかりやすくまとめた書籍を刊行いたしました。

　今日、医療が必要な中重度者や認知症の高齢者が増える中、医療や介護が必要な状態になってもできるだけ住み慣れた地域で生活が継続できるようにするため、サービスを利用する人の視点に立って、さまざまな生活支援サービスが切れ目なく提供される地域包括ケアシステムを構築していくことが求められています。

　今後、こうした地域包括ケアを推進していくためには、要介護者一人ひとりに適切な介護サービス、保健医療サービス、インフォーマルサービス等を総合的に提供することが、これまで以上に求められるようになってきており、在宅支援の要を担うケアマネジャーの役割はますます重要になっています。特に、さまざまな医療ニーズを併せ持つ重度の利用者については、介護サービスの提供が生命や心身に関して重大な結果をもたらすこともあります。このため、ケアマネジャーは常に利用者の状態の変化に即応して課題を把握し、医療職と介護スタッフとの調整を行いながら、適切なサービスの提供につなげていかなければなりません。

　しかしながら、その一方で「サービス担当者会議における多職種協働が十分に機能していない」「重度者に対する医療サービスの組み込みをはじめとした連携が必ずしも十分でない」など、介護と医療の連携について多くの課題が指摘されているところです。

　中でも、ケアマネジャー側の課題については、「医療に関する知識が不足しているため、踏み込んだ話ができない」「連携方法や手段がわからない」などの声がよく聞かれますが、「医療は敷居が高い」という意識こそが医療との連携を妨げている大きな要因であると考えられます。

　本書では、ケアマネジャーが習得しておくべき医療に関する制度や基本的な知識に加え医師をはじめとする医療関係者との連携方法や留意点などについて具体的に

わかりやすく解説しています。また、多くのケアマネジャーが実務を行う上で「こんな時どうすればいいの」と思うような場面を想定し、Q＆Aとしてまとめていますので、介護職を基礎職とする経験の浅いケアマネジャーはもとより、医療職を基礎職とする中堅のケアマネジャー等にとっても活用しやすい内容になっていると思います。

　本書が、これからのケアマネジャーの質の向上の一助になることを祈念するとともに、日頃よりご指導をいただいています日本ケアマネジメント学会の先生方に厚くお礼申し上げます。

2019 年 5 月

一般社団法人日本ケアマネジメント学会

認定ケアマネジャーの会

顧問　白木裕子

目次

第5章　資料編

第 **1** 章

医療と連携するために

医療連携とは
医療と介護の連携が求められる背景

1 住み慣れた地域での生活継続のために

わが国では、少子高齢化が急速に進む中、2025 年にはいわゆる「団塊の世代」がすべて 75 歳以上となる超高齢社会を迎えようとしています。このような高齢化の進展に伴って、老人慢性疾患の増加など、疾病構造は大きく変化しており、医療ニーズについては、病気と共存しながら、生活の質（QOL）の維持・向上を図っていく必要性が高まっています。一方で、介護サービスの提供に当たっても、さまざまな医療ニーズを併せ持つ重度の要介護者等に対する援助においては生命や心身に関して重大な結果をもたらす場合もあることから、疾病の特性や禁忌事項等を踏まえた適切な対応が求められています。

こうした中、医療や介護が必要な状態となっても、多くの人々ができる限り住み慣れた地域で安心して生活を継続したいと望んでおり、そのためには、介護、医療、住まい、生活支援、予防が一体的に提供される地域包括ケアシステムを構築することがますます重要となっています。

2 地域包括ケアシステムによる連携体制の構築

地域包括ケアシステムは、生活上の安全・安心・健康を確保するために、医療や介護のみならず、福祉サービスを含めたさまざまな生活支援サービスが日常生活の場（日常生活圏域）で利用者のニーズに応じて包括的に提供できる仕組みの構築を目指すものです。合わせて、これらのサービスが入院、退院、在宅復帰を通じて、切れ目なく継続的に提供される仕組みの構築を図るものです。

また、認知症の人への対応についても、病院や施設を利用せざるをえないという考え方から、認知症になっても本人の意思を尊重し、できる限り住み慣れた地域で暮らし続けることができる社会の実現を目指す考え方へと大きく転換が図られました。その背景には、介護支援専門員（以下、『ケアマネジャー』という）が要介護高齢者の居宅を訪問することにより、実際に在宅で生活している認知症高齢者の顕在化と社会化が進み、これまでの流れを変える大きな力になったといえます。この

ため、早期診断・早期対応を軸に、「本人主体」を基本とした医療・介護等の有機的連携により、認知症の容態の変化に応じて、適時・適切に切れ目なくサービスが提供される仕組みを構築することが重要な課題となっています。

　医療および介護の提供体制は、国民健康保険などの医療保険制度と創設から19年目を迎え社会に定着した介護保険制度のもとで着実に整備されてきましたが、高齢化の進展や医療機関・介護事業所等の整備状況には地域によって大きな格差が見られます。このため、医療と介護を一体的に提供できる体制の整備に当たっては、地域の実情に応じて進めていく必要があり、都道府県の支援のもと、市区町村が中心となって地域の医師会等をはじめとする関係機関の連携体制を構築していくこととしています（図表 1-1）。

図表 1-1 在宅医療・介護の連携の推進

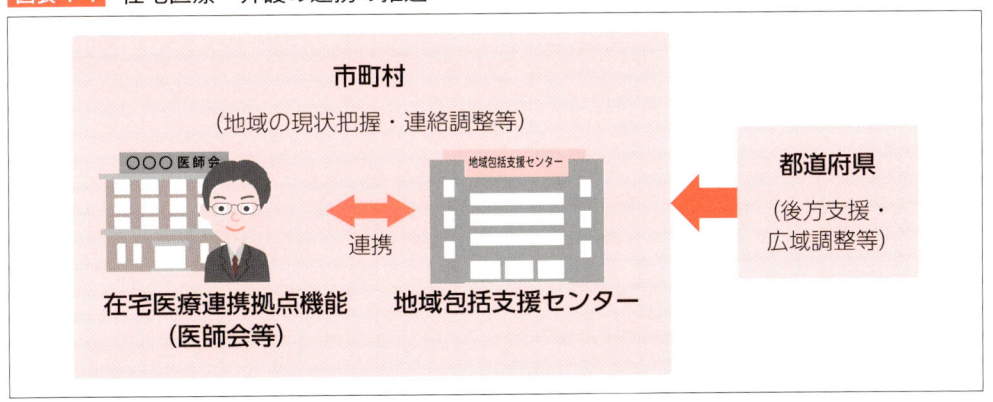

- 在宅医療・介護の連携推進についてはこれまでもモデル事業等を実施して一定の成果が見られる。それを踏まえ、介護保険法の中で制度化し、全国的に取り組む。
- 具体的には、介護保険法の地域支援事業に位置づけ、市町村が主体となり、地区医師会等と連携しつつ、取り組む。

想定される取組の例

①地域の医療・福祉資源の把握および活用

地域の医療機関等の分布を把握し、地図またはリスト化して関係者に配布

②在宅医療・介護連携に関する会議への参加または関係者の出席の仲介

関係者が集まる会議を開催し、地域の在宅医療・介護の課題を抽出し、解決策を検討

③在宅医療・介護連携に関する研修の実施

グループワーク等の多職種参加型の研修の実施

④24時間365日の在宅医療・介護提供体制の構築

主治医・副主治医による相互補完的な訪問診療の提供等の調整、定期巡回・随時対応型訪問介護看護の推進

⑤地域包括支援センター・ケアマネジャー等への支援

ケアマネジャー等からの在宅医療・介護に係る総合的な問合せへの対応等

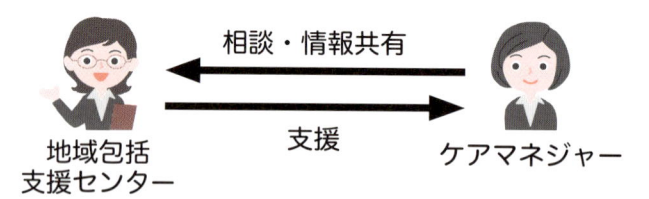

相談・情報共有

支援

地域包括
支援センター　　　　ケアマネジャー

第**2**節　ケアマネジメントにおける医療連携の意義

❶ ケアマネジメントの意義とその視点

　ケアマネジメントは、地域社会の中で生活を維持していくことが困難になった場合、その原因となる課題を分析し、生活の目標を定め、課題解決に至る道筋と方向を明らかにして、さまざまな社会資源を活用しながら総合的かつ効率的に課題解決を図っていくプロセスとそれを支えるシステムです。

　介護保険の創設以後、障害や疾病等により ADL 等が十分でなくても、さまざまな社会資源に頼ることによって、その人が自分で生活を方向づけるという意味において自立を広く捉えようとする考えが強くなってきました。障害のある人や介護や支援が必要となった高齢者等が住み慣れた地域で自立した生活を送ることは普通のことであり、そのためには、住み慣れた地域において保健・医療・福祉・教育・就労などのサービスを上手に使うことが必要です。また、本人や家族、地域が有している「強さ」や「力」を引き出していくことが必要となりますが、それは容易にできることではありません。

　このため、支援を必要とする人の置かれている状況等を踏まえ、適切かつ総合的に課題を調整することが必要であり、その技法がケアマネジメントであるといえます。

　ケアマネジメントを担う専門職は、本人や家族の不安の背景になっている部分について丁寧に面接を行い、「本当に困っていること」や「本当はしたいけれど諦めていること」などを明らかにすることが大切です。その上で、こうした課題に対してどのようにすれば、利用者が生きがいや希望を持って生活していくことができるかについて、本人や家族と一緒に考え、生きる意欲を引き出すプランを立てることが重要です。つまり、利用者等のさまざまな思いを受け止めて、励ましながら生きる力を支えていくことこそが真に利用者の尊厳を守ることであり、医療ニーズが高い中重度者であっても、認知症であっても、ケアマネジメントの本質は変わらないのです。

　医療ニーズが高い中重度者や認知症の人のケアマネジメントにおいては、生活全

般を支えるケア的な視点と医学的な視点の二つを同時に見ていくことが大切であり、両者をつないでコーディネートしていくケアマネジメントの視点が求められています（**図表 1-2**）。

　ケアマネジメントを担うケアマネジャーは、その人の生活歴等を含めた「利用者観」のもとに、その人が直面している問題状況を理解することが重要です。このため、利用者の「身体のみ」「心のみ」「社会関係のみ」を見ていたのでは不十分であり、身体・心理・社会的存在として「全人的」に捉えていくことが重要です。それと同時に社会生活を送る土台としての身体的健康の大切さ、精神・心理的健康の大切さに目を向けることが不可欠なのです。

図表 1-2 ケアマネジメントに必要な 2 つの視点

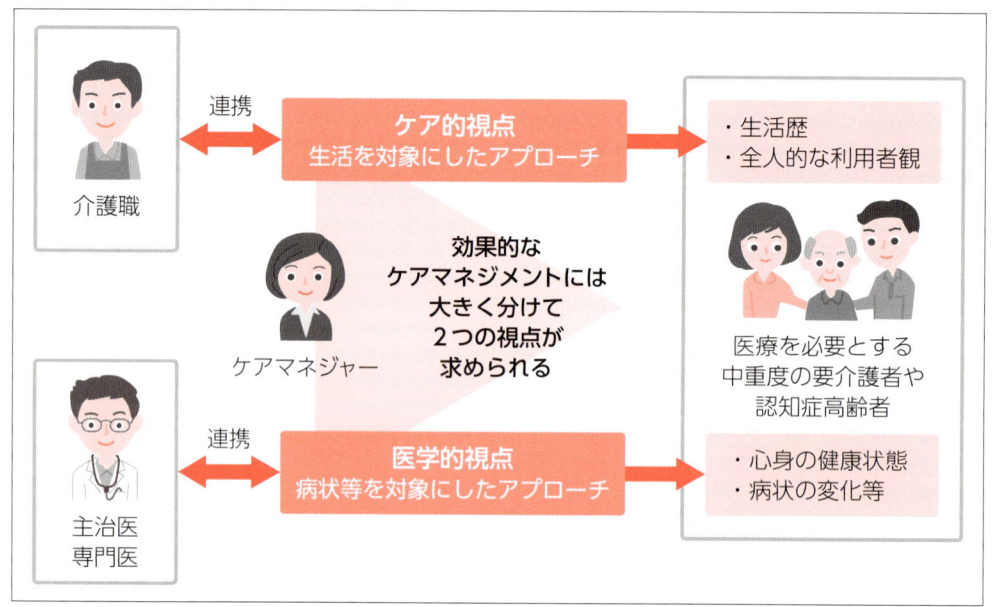

2　在宅ケアにおける多職種連携の必要性

　要介護高齢者等が在宅で訪問介護や通所介護などの介護保険サービスを利用する場合、これらのサービスはケアマネジャーが作成したケアプランに基づいて提供されます。ケアプランは、利用者の生活の困りごとの原因となる課題を専門的な見地から分析し、課題解決に至る道筋と方向を明らかするものであり、訪問介護などの

居宅介護サービスは、それぞれのサービス提供責任者がケアマネジャーの作成した
ケアプランの内容を踏まえて個別のサービス計画を立てることとなっています。

　また、ケアマネジャーが作成するケアプランには、介護保険サービスのほかにも
医療サービスや地域の支援者等によるインフォーマルサービスなどを含め、さまざ
まな社会資源の中から効率的で効果的な支援を位置づけて総合的に提供することが
求められています。

　ケアマネジャーが作成したケアプランが真に効果を発揮するためには、介護保険
サービス事業所の関係者のみならず、主治医をはじめとする医療従事者や地域のボ
ランティアなど、利用者を取り巻くあらゆる関係者が、必要な情報を共有し連携し
て対応を図っていく必要があります。とりわけ、さまざまな疾患を持った利用者に
対する援助については、生命や心身に関して重大な結果をもたらす場合もあること
から、医療に関する情報の共有と連携はたいへん重要です。

　このため、ケアマネジャーはサービス担当者会議の場を活用するなどして、支援
に携わる関係者がケアプランに位置づけた支援の方向性を確実に理解できるよう働
きかけを行うと同時に、これらの関係者が有する専門的な意見や利用者に関する
情報等をケアプランに反映するなどして効果的な支援につなげていくことが大切
です。

❸　医療連携がもたらす利用者・家族の支援への効果

　現在、医学的な管理が必要な場合においても、一定の要件を満たすことができれ
ば必ずしも入院する必要はなく、住み慣れた在宅において必要な治療を受けること
が可能です。

　このように医療と介護のニーズを併せ持つ高齢者等を地域で支えていくために
は、とりわけ居宅等において提供される訪問診療等の医療（在宅医療）の提供が不
可欠の構成要素であるといえます。在宅医療は、医師、歯科医師、薬剤師、看護
師、リハビリ関係職種等に介護関係職種を加えた多職種で提供されることから、こ
れらの専門職が包括的なケアを行うための効果的で効率的な協働・連携体制の整備
が強く求められているのです。

　在宅医療が必要な要介護者等については、病状の変化に応じて入退院を繰り返す
ことも少なくないことから、利用者の生活の拠点が移っても支援が切れ目なく提供

されることが重要であり、そのために必要な関係者の連携は欠かせません。

　こうした医療と介護の有機的な連携は、終末期のがんなどで現代の医療では治癒の見込めない「ターミナルステージ」にある人についても、残された人生を自分らしく有意義に生きぬくため、住み慣れた自分の家で生活を続けていくための大きな力となっています。

　ターミナルケアは、痛みの緩和などを中心に全人的な観点に立ったケアが行われると同時に患者と家族の精神的苦痛の軽減のための援助が提供されます。具体的には、医師の訪問診療や看護師の訪問看護などインフォームド・コンセントに基づいた医療に合わせて、必要に応じて24時間対応の訪問看護（介護）サービスが提供されます。

　ケアマネジャーは、このようなサービスが円滑に提供されるためにサービス担当者会議などを活用してターミナルケアにかかわる関係者が連携を深めていけるよう調整を図るとともに、本人、家族からよく話を聞き、少しでも不安が解消されるよう精神面のケアを行います。また、愛する家族との死別後にも、グリーフカード（手紙やはがき）の送付や訪問などにより、遺族が新しい出発ができるよう精神的な支援を行います。

　一方、認知症は、早期発見、早期治療がとても重要です。特にアルツハイマー型の場合、薬で進行を遅らせることができることから、早く薬を使い始めると健康な時間を長くすることが可能であるといわれています。このため、認知症が疑われる場合には、できるだけ早い段階で専門医への受診につなぐことが重要です。しかしながら、独り暮らしの高齢者の場合、生活にほころびが生じていても、定期的なかかりつけ医への受診の際にはうまく取り繕うことができるため、病状の発症を確認することは容易ではありません。

　そこで、訪問介護などの事業者が生活面に何らかのほころびを見つけた場合には、ケアマネジャーと情報の共有を図り、家族に連絡するとともに医療者へ的確に伝えることが重要です。家族に認知症の発症が疑われる場合、誰しもショックを受け、どのように対応すればよいかわからずに戸惑ってしまうこともよく見られますが、確定診断の必要性を理解してもらうとともにこれからのケアの方向性を一緒に考え、不安の解消に努めることもケアマネジャーの役割です。

　また、ケアマネジャーは、医療的目標と利用者の生活の間にきしみがないか確認

する役割を担っています。例えば、少ない情報の中で治療方法や医療処置の選択を短時間で決めるように求められるケースでは、利用者や家族は医師の前に出ると「もの言えぬ人」になってしまうことも多いので、ケアマネジャーが利用者や家族の代弁機能を果たしていくことが求められています。

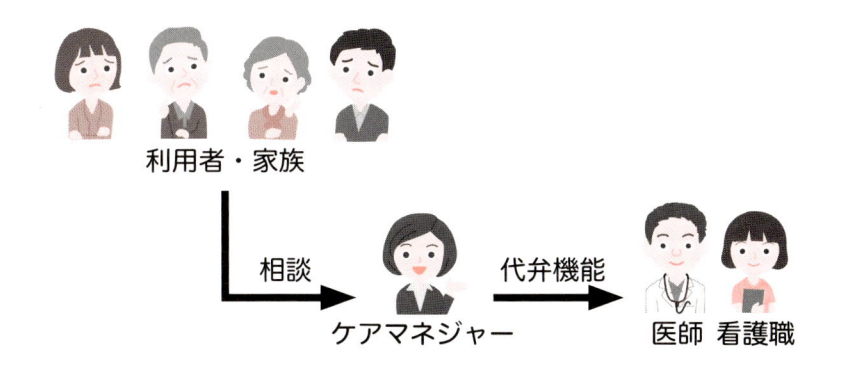

連携を促進するための制度上の動き

❶ これまでの制度上の動き

　介護保険制度は、もともと概ね5年（施行は翌年度）を目途に必要な見直しが行われるようになっており、2000年に施行されて以降、介護報酬上の措置を含めてさまざまな改正が行われてきました。

　2005年の改正では、それまで6段階であった認定区分が「要支援1」と「要支援2」を加えた7段階に改められるとともに、要支援者のケアマネジメントを担う「地域包括支援センター」が創設され、市区町村による「地域支援事業」が始まるなど、予防重視型システムへの転換などが行われました。

　2010年改正では、施行後10年が経過し、サービスの利用者数が、制度創設当初の約3倍になるとともに、重度の要介護者や医療ニーズの高い高齢者の増加、介護力の弱い単身世帯や高齢者のみ世帯の増加などへの対応と、これを支える介護人材の確保等が緊急の課題となりました。そこで、高齢者が地域で自立した生活を営むことができるようにするために、医療、介護、予防、住まい、生活支援サービスを切れ目なく提供する「地域包括ケアシステム」の実現を図ることとなりました。

　具体的な施策としては、重度や単身の要介護者等に対応できるよう、定期巡回・随時対応型訪問介護看護や看護小規模多機能型居宅介護が創設されました。また、予防給付と生活支援サービスの総合的な取り組みである「介護予防・日常生活支援総合事業」は、地域支援事業の一環として、市町村の判断で実施可能となりました。

　続く2015年改正における大きなポイントは、医療や福祉に関連する法律と一体的に見直しが実施されたことです。2014年6月に医療法や介護保険法などの改正案をまとめた「地域における医療及び介護の総合的な確保を推進するための関係法律の整備等に関する法律」（以下、医療介護総合確保推進法）が成立し、介護保険法を含む19の法律が改正されました。

　こうした背景には、団塊の世代が75歳以上になる「2025年問題」への対応として政府が掲げた「地域包括ケアシステム」の構築があります。

　高齢になっても住み慣れた地域で暮らし続けられるように、病気やケガをしても治療を終えたら可能な限り自宅へ戻れるように医療・介護・看護のそれぞれが連携すること。そのために、介護保険制度は重度の介護者や療養の必要がある人、認知症がある人へと少しずつ特化させ、軽度の人へのサービスは保険給付から外して、自治体がその地域の実情に添ったサービスを提供していこうというものです。

　その実現のため、①介護サービス利用料の自己負担割合の変更、②介護サービス利用料の負担上限額の変更、③特別養護老人ホームの入所対象者の変更、④要支援1・2の人が利用できる介護予防サービスの一部を自治体が提供する「介護予防・日常生活支援総合事業」に移行する、などの施策が行われました。

2　2018 年改正が目指すもの

　2018 年改正においては、これまでの累次の制度改正の趣旨を踏まえ、地域包括ケアシステムをさらに深化・推進していく観点からの見直しが行われています。

　中でも、医療と介護の提供体制については、利用者のライフスタイルや経済状態、ニーズも踏まえながら、急性期やリハビリ期などそれぞれの状態像に見合ったサービスが切れ目なく、かつ、効率的に提供されているかという観点からの見直しが進められました。

　また、2018 年の介護報酬改定は、6 年に一度の診療報酬改定と同じタイミングで行われることとなったため、医療保険と介護保険の両制度の給付と負担のバランスを図りつつ、持続可能性を確保していく視点で、これまで以上に給付を効率的にスリム化するとともに、現役世代・高齢者世代ともに保険料等の負担の見直し等の取組みも併せて推進されることとなりました。

　2018 年からは、これらの改革を踏まえた新たな基本指針に基づいて第 7 期（2018年度から 2020 年度まで）の市町村および都道府県介護保険事業支援計画が策定され、地域の実情に応じて介護サービスを提供する体制の確保等が図られていくこととなったのです。

　今後、介護を必要とする人はますます増大し、そのための費用もより大きくなる一方で、少子高齢化の進展に伴って介護の担い手の減少が見込まれているため、都道府県や保険者のみならず民間の事業所も一体となって介護保険制度を安定的に持続していくための取組みにより一層力を入れていくことが求められています。

都道府県や保険者においては、要介護状態等となることへの予防や介護給付受給者の適切な認定、要介護状態等の軽減・悪化防止等に財源と人材を重点的に活用していくとともに、適切なサービス提供の確保と費用の効率化に向けた介護給付の適正化の取組みがさらに推し進められるものと見込まれます。

　このような制度上の動きからも、私たちは、待ったなしで利用者に資する医療・介護連携の構築に向けて、日々の実践を行っていく必要があるのです。

主治医意見書および実施状況報告書

　要介護高齢者の多くは、いわゆる生活習慣病などさまざまな疾患を有しており、身体的な予備力も低下していることから、些細なことで重症化してしまうことも少なくありません。このため、介護に携わる専門職は、主治医をはじめとする医療関係者から療養上の注意事項などの情報を十分に得て、利用者の日常生活における心身の健康状態に配慮しながら必要な介護サービスを提供していくことが求められています。

　「主治医意見書」には、介護サービスを提供するに当たっての医学的観点からの意見や留意点等についての情報などが記載されていますので、ケアマネジャーは、「主治医意見書」の内容をケアプランに反映するとともに、介護サービスの提供を行う専門職間で情報の共有を図っていかなければなりません。

　一方、利用者の病状の変化に応じて必要な医療上の処置等を行うのは主治医をはじめとする医療者ですが、利用者の心身の状態の変化に最も早く気づくことができるのは、日常生活の支援に携わる介護の専門職であるといえます。したがって、介護サービスの提供を行う専門職は、ケアマネジャーを中心に情報を共有するとともに、ケアマネジャーは、「実施状況報告書」などを活用して必要な情報を確実に主治医等に伝えることが求められているのです。

　医療と介護の連携に当たっては、主治医とケアマネジャーとの報告、連絡、相談がたいへん重要となりますが、お互いに多忙な中、面談や電話連絡などが難しいケースも少なくありません。

　このため、「主治医意見書」や「実施状況報告書」を必要に応じて確実に活用していくことが医療と介護の円滑な連携の第一歩であるといえます。

1 主治医意見書の活用

　介護保険法では、保険給付は医療との連携に十分配慮して行われなければならないとされており、被保険者から要介護認定の申請を受けた市町村は、主治医から意見を求めるよう規定されています。

　主治医意見書は、主治医が「身体上または精神上の障害の原因である疾病または

負傷の状況等」について意見等を記入するものであり、その様式等については全国で一律のものが使用されています。また、介護認定審査会の判定等に用いられ、特に第2号被保険者による申請の場合には、特定疾病に該当するかを判断する材料になります。

　主治医意見書の内容については、傷病に関する意見、特別な医療、心身の状態に関する意見、生活機能とサービスに関する意見、特記事項が記載されており、介護認定審査会においては、主として**図表 1-3** のように用いられます。

図表 1-3　介護認定審査会における主治医意見書の活用

（1）第2号被保険者の場合、障害の直接の原因となっている疾病が特定疾病に該当するかの確認

　申請者が 40 歳以上 65 歳未満の場合は、要介護状態の原因である身体上および精神上の障害が政令で定められた 16 疾病（特定疾病）によることが認定の要件となっています。介護認定審査会は、意見書に記入された診断名やその診断の根拠として記入されている内容に基づき、申請者の障害の原因となっている疾病がこの特定疾病に該当していることを確認します。その上で、介護の必要度等について、65 歳以上の方と同様に審査および判定を行います。

（2）介護の手間について専門的見地からの確認

　介護認定審査会では心身の状況に関する 85 項目の調査項目に基づく一次判定結果を原案として審査判定を行います。審査判定にあたっては、意見書に記入された医学的観点からの意見等を加味して、介護の手間の程度や状況等を総合的に勘案することとなりますので、必要に応じて一次判定結果は変更されます。

（3）認定調査による調査結果の確認・修正

　調査員による認定調査は、通常は 1 回の審査に対して 1 回行うこととされており、また、訪問調査員の専門分野も医療分野に限らずさまざまです。従って、申請者に対して長期間にわたり医学的管理を行っている主治医の意見のほうが、より申請者の状況について正確に把握していることが明らかな場合には、介護認定審査会は調査員の調査結果を修正し、改めて一次判定からやり直すこととなります。

（4）介護サービス計画作成時の利用

　介護サービス計画の作成に際し、介護サービスを提供するに当たっての医学的観点からの意見や留意点等についての情報を、申請者等の同意を得てサービス提供者に提供することになります。

　主治医が当該意見書を介護サービス作成時に利用することに同意する場合、ケアマネジャーは保険者から主治医意見書の写しの交付を受けることができることとなっています。このため、ケアマネジャーは主治医意見書（**図表 1-4**）の写しを入手して、内容を十分に踏まえた上でケアプランを作成する必要があります。

　傷病に関する意見に関して、ケアマネジャーにとって知識のない診断名が記載されている場合などは、主治医に病状や療養上の留意点などを確認することが大切ですが、文献やインターネット等で事前に予備知識を頭に入れておくとより理解しやすいと考えられます。

　特別な医療が必要な場合は、訪問看護の導入が必要なケースも多いことから、医療保険と介護保険の取り扱いも含めて主治医との情報共有が不可欠となります。

　心身の状態に関する意見や生活機能とサービスに関する意見については、主治医が把握している情報と在宅における利用者の状態が大きく乖離していることもありますので、そのような場合は、主治医に正確な情報を伝えることが必要です。

　なお、主治医が意見書の利用に同意していない場合は、意見書の交付を受けることはできませんが、その場合についても主治医を訪問するなどして利用者の病状や療養上の留意点などについて情報を得るよう努めることが大切です。

主治医意見書

記入日　　　　　年　　月　　日

申請者	（ふりがな）		男・女	〒　　　ー
	明・大・昭　　年　　月　　日生（　　歳）			連絡先　　　（　　）

上記の申請者に関する意見は以下の通りです。

主治医として、本意見書が介護サービス計画作成に利用されることに　　□同意する。　　□同意しない。

医師氏名＿＿＿＿＿＿＿＿＿＿＿＿＿＿＿＿＿

医療機関名＿＿＿＿＿＿＿＿＿＿＿＿＿＿＿＿　　電話　　　（　　）

医療機関所在地＿＿＿＿＿＿＿＿＿＿＿＿＿　　FAX　　　（　　）

（1）最終診察日	平成　　　年　　　月　　　日
（2）意見書作成回数	□初回　□2回目以上
（3）他科受診の有無	□有　　□無 （有の場合）→□内科　□精神科　□外科　□整形外科　□脳神経外科　□皮膚科　□泌尿器科 　　　　□婦人科　□眼科　□耳鼻咽喉科　□リハビリテーション科　□歯科　□その他（　　　　　　）

1．傷病に関する意見

（1）診断名（特定疾病または生活機能低下の直接の原因となっている傷病名については1.に記入）及び発症年月日
1.＿＿＿＿＿＿＿＿＿＿＿＿＿＿　発症年月日　（昭和・平成　　年　　月　　日頃）
2.＿＿＿＿＿＿＿＿＿＿＿＿＿＿　発症年月日　（昭和・平成　　年　　月　　日頃）
3.＿＿＿＿＿＿＿＿＿＿＿＿＿＿　発症年月日　（昭和・平成　　年　　月　　日頃）

（2）症状としての安定性	□安定　　　□不安定　　　□不明

（「不安定」とした場合、具体的な状況を記入）

（3）生活機能低下の直接の原因となっている傷病または特定疾病の経過及び投薬内容を含む治療内容
〔最近（概ね6ヶ月以内）介護に影響のあったもの　及び　特定疾病についてはその診断の根拠等について記入〕

2．特別な医療　（過去14日間以内に受けた医療のすべてにチェック）

処置内容	□点滴の管理　　　□中心静脈栄養　　　□透析　　　□ストーマの処置　□酸素療法 □レスピレーター　□気管切開の処置　□疼痛の看護　□経管栄養
特別な対応	□モニター測定（血圧、心拍、酸素飽和度等）　□褥瘡の処置
失禁への対応	□カテーテル（コンドームカテーテル、留置カテーテル　等）

3．心身の状態に関する意見

（1）日常生活の自立度等について
・障害高齢者の日常生活自立度（寝たきり度）　□自立　□J1　□J2　□A1　□A2　□B1　□B2　□C1　□C2
・認知症高齢者の日常生活自立度　　　　　　　□自立　□I　□IIa　□IIb　□IIIa　□IIIb　□IV　□M

（2）認知症の中核症状（認知症以外の疾患で同様の症状を認める場合を含む）
・短期記憶　　　　　　　　　　　　　　　　□問題なし　　　□問題あり
・日常の意思決定を行うための認知能力　□自立　□いくらか困難　□見守りが必要　　□判断できない
・自分の意思の伝達能力　　　　　　□伝えられる　□いくらか困難　□具体的要求に限られる　□伝えられない

（3）認知症の周辺症状　（該当する項目全てチェック：認知症以外の疾患で同様の症状を認める場合を含む）
□無　□有　┌　□幻視・幻聴　□妄想　□昼夜逆転　□暴言　□暴行　□介護への抵抗　□徘徊 　　　　　└→　□火の不始末　□不潔行為　□異食行動　□性的問題行動　□その他（　　　　）

（4）その他の精神・神経症状
□無　□有　〔症状名：　　　　　　　　　専門医受診の有無　□有　（　　　）□無〕

（5）身体の状態

利き腕　（□右　□左）　身長＝□□□cm 体重＝□□□kg（過去6ヶ月の体重の変化　□増加　□維持　□減少）

□四肢欠損　　　　　（部位：＿＿＿＿＿＿＿＿＿＿＿＿＿＿＿＿＿＿＿＿＿）

□麻痺　　　　　　　□右上肢（程度：□軽　□中　□重）　　□左上肢（程度：□軽　□中　□重）

　　　　　　　　　　□右下肢（程度：□軽　□中　□重）　　□左下肢（程度：□軽　□中　□重）

　　　　　　　　　　□その他（部位：　　　　　　　程度：□軽　□中　□重）

□筋力の低下　　　　（部位：＿＿＿＿＿＿＿＿＿＿＿＿＿＿＿＿　程度：□軽　□中　□重）

□関節の拘縮　　　　（部位：＿＿＿＿＿＿＿＿＿＿＿＿＿＿＿＿　程度：□軽　□中　□重）

□関節の痛み　　　　（部位：＿＿＿＿＿＿＿＿＿＿＿＿＿＿＿＿　程度：□軽　□中　□重）

□失調・不随意運動　・上肢　□右　□左　　・下肢　□右　□左　　　・体幹　□右　□左

□褥瘡　　　　　　　（部位：＿＿＿＿＿＿＿＿＿＿＿＿＿＿＿＿　程度：□軽　□中　□重）

□その他の皮膚疾患（部位：＿＿＿＿＿＿＿＿＿＿＿＿＿＿＿＿　程度：□軽　□中　□重）

4．生活機能とサービスに関する意見

（1）移動

屋外歩行	□自立	□介助があればしている	□していない
車いすの使用	□用いていない	□主に自分で操作している	□主に他人が操作している
歩行補助具・装具の使用(複数選択可)	□用いていない	□屋外で使用	□屋内で使用

（2）栄養・食生活

| 食事行為 | □自立ないし何とか自分で食べられる | □全面介助 |
| 現在の栄養状態 | □良好 | □不良 |

→　栄養・食生活上の留意点　（　　　　　　　　　　　　　　　　　　　　　　　　　　　　　　）

（3）現在あるかまたは今後発生の可能性の高い状態とその対処方針

□尿失禁　□転倒・骨折　□移動能力の低下　□褥瘡　□心肺機能の低下　□閉じこもり　□意欲低下　□徘徊

□低栄養　□摂食・嚥下機能低下　□脱水　□易感染性　□がん等による疼痛　□その他（　　　　　　　）

→　対処方針　（　　　　　　　　　　　　　　　　　　　　　　　　　　　　　　　　　　　　　　）

（4）サービス利用による生活機能の維持・改善の見通し

□期待できる　　　　　　□期待できない　　　　　　□不明

（5）医学的管理の必要性（特に必要性の高いものには下線を引いて下さい。予防給付により提供されるサービスを含みます。）

□訪問診療	□訪問看護	□看護職員の訪問による相談・支援	□訪問歯科診療
□訪問薬剤管理指導	□訪問リハビリテーション	□短期入所療養介護	□訪問歯科衛生指導
□訪問栄養食事指導	□通所リハビリテーション	□その他の医療系サービス（　　　　　　　　　）	

（6）サービス提供時における医学的観点からの留意事項

・血圧　□特になし　□あり（　　　　　　）　・移動　□特になし　□あり（　　　　　　）

・摂食　□特になし　□あり（　　　　　　）　・運動　□特になし　□あり（　　　　　　）

・嚥下　□特になし　□あり（　　　　　　）　・その他　（　　　　　　）

（7）感染症の有無（有の場合は具体的に記入して下さい）

□無　　□有　（　　　　　　　　　　　　　　　　　　　　）　　　□不明

5．特記すべき事項

　　要介護認定及び介護サービス計画作成時に必要な医学的なご意見等を記載して下さい。なお、専門医等に別途意見を求めた場合はその内容、結果も記載して下さい。（情報提供書や身体障害者申請診断書の写し等を添付して頂いても結構です。）

❷ 実施状況報告書等の活用

　ケアマネジャーと主治医の連携に関しては、ケアマネジャーが主治医から一方的に医療情報を得るだけでなく、ケアマネジャー側から主治医に対して利用者の生活状況等に関する情報提供を行うことが大切です。

　医療の目的は疾患の治癒、障害の改善、悪化の防止であり、その目的の達成を図るためには、利用者の生活よりも医療的目標を優先することもあります。しかしながら、利用者は患者であると同時に生活者であり、生活の視点から医療を問うことも大切な視点であるといえます。

　また、リハビリテーションの提供に関しては、利用者の「心身機能」のみならず、「活動」と「参加」に焦点を当てた新たなマネジメントの充実が求められています。そのため、利用者が関心を持っていることや生きがいにつながる情報を医療関係者と共有し、利用者にバランスよく働きかけることで、日常生活の活動を高め、家庭や社会への参加を促進し、それが効果的なリハビリテーションの実行へとつながっていきます。

　さらに、2018年度の介護報酬改定において、訪問介護事業所等から伝達された利用者の口腔に関する問題や服薬状況、モニタリング等の際にケアマネジャー自身が把握した利用者の状態等について、ケアマネジャーから主治医等に必要な情報伝達を行うことが義務づけられました。利用者の心身の状態の変化に最も早く気づくことができるのは、訪問介護員など日常生活の支援に携わる介護の専門職であり、利用者の自宅を定期的に訪問するケアマネジャー自身です。在宅支援の専門職は、ケアマネジャーを中心に情報を共有しながらチームで活動していますので、ケアマネジャーがこれらの情報の中から、伝達すべき情報を選択して、主治医や歯科医師、薬剤師に伝える仕組みが構築されたといえます。情報伝達の方法等については、具体的には示されていませんが、お互いに業務多忙の中、送った、受け取っていない等、情報伝達に係る認識等に齟齬が生じることのないよう、双方にとってできるだけ負担の少ないルールの確立が求められています。こうした中、ケアマネジャーから主治医に対して定期的に実施状況報告書（図表 1-5）を送付することは有効な手段であるといえます。

図表 1-5　実施状況報告書の記載例

○年○月○日

○○クリニック
○○先生机下

氏名	○○○○	性別	女	生年月日	○年○月○日（88歳）
住所	○○市○○町○番○号			電話	○○○-○○○○
要介護度	要介護2		認定有効期限		○年○月○日

サービス利用状況	訪問介護		2回／週	通所介護	4回／週
	訪問看護		1回／週	通所リハ	回／週
	福祉用具貸与	品名　無		その他	無
	短期入所	無		オムツ給付	無
	頻度			配食サービス	無

【在宅での生活状況】

住宅型有料老人ホームにて生活を送っている。週末はご家族が面会にお見えになることが多い。服薬は訪問看護にて管理をしているため、重複服用や服用忘れが少なくなった。数か月前に一人で近隣のスーパーへ行く途中、転倒し、けがをして以来、一人での外出を行わない。起立時にふらつきがあり、ゆっくりとした動作を行うことで転倒を防止している。トイレに間に合わないことがあるため、尿失禁パットを使用しているが、本人は家族には言っていない。

【日常生活に支障をきたす問題等】

ご本人は正論と思われているが、きつい口調で入居者へ指示的な発言をされることが多くあり、入居者どうしの口論となることもしばしばある。感情のコントロールが以前に比べ困難となっている。
デイサービスなどでも自分の気になることは、周囲の状況などを考えずに発言をしたり、行動をしたりすることがあるため、周囲とのトラブルも少なくない。デイのスタッフなどは常に配慮をしている状況である。

【水分・食事の摂取状況】

食事にむせることがあり、ご本人も一人で食事をすることを少し不安に思っている。汁物を飲むときにはゆっくり飲むように説明をしている。

【褥瘡・皮膚の問題】

なし

【その他】

物の置き忘れやしまい忘れなどがあり、めがね、カギ等をよく探していることがある。

○○ケアマネジメントセンター
担当ケアマネジャー　○○○○

各地域の取り組みの工夫（1）
東京都杉並区の場合

相田 里香
所属：介護サービス合同会社青い鳥
　　　管理者・主任介護支援専門員

　私の活動はエンドオブライフ・ケア協会、認定援助士・
ファシリテーターとして都内・近郊地域での講演活動や多職
種の育成を行っています。医療・介護双方の視点から、それ
ぞれの職種が本質的な援助を行え、最高のパフォーマンスを発揮できるような「環
境づくり」を行政・多職種の協力のもと積極的に行っています。杉並区ケアマネ協
議会会長、東京都介護支援専門員研究協議会理事を務め、東京都医師会地域包括ケ
ア委員会等に参加させていただくなど、医師会・看護協会との関係構築などにおい
て積極的な活動・参画を図っています。

1 私のフィールド

● 事業所：居宅介護支援事業所（特定事業所加算Ⅲ）管理者
● 主任介護支援専門員２名　介護支援専門員２名　相談支援専門員４名（兼務３名）
● 地　　域：総人口約56万人／高齢化率20.9%／地域包括支援センター数20か所
　（直営０件、すべて委託）／病院数：急性期病院３か所（内、総合病院１か所）／
　回復期・慢性期病院20か所／特定施設32か所

　私のフィールドの杉並区は、東京都の西端に位置し、東は中野区・渋谷区、西は
三鷹市・武蔵野市、南は世田谷区、北は練馬区に接し、面積は34.04㎢と23区中8
番目の広さを持つ緑豊かな地域です。東京23区の人口総数は、1988年にそれまで
の増加傾向から減少に転じましたが、1997年以降は年々増加しています。杉並区
では、1975年をピークに、それ以降は少しずつ減少していく傾向が続きましたが、
1997年より増加傾向に転じました。

　1日の流動人口（昼間人口）は、流出が17万4,150人（通勤者15万6,403人、
通学者1万7,747人）、流入が9万783人となっており住宅地としての地域的特性
が表れています[1]。

　年代別人口の中で、95 〜 99 歳は 1,864 人（男性：327 人　女性：1,537 人）、100 歳以上は 356 人（男性：53 人　女性：303 人）と超高齢人口も多い地域です。

2 医療連携の取り組みと工夫

　個々の制度や各機関での取り組みや資源は豊富で、NPO 等生活支援ネットワークや、住民活動も活発で歴史ある地域ではありますが、残念ながらまだまだ地域・行政ともに縦割りの印象が強く残る地域でもあります。高齢・児童・神経難病・障がい・虐待・介護予防、生活全般を見渡し、世帯全体（員）を支援の対象とするケアマネジャーの実感としては「家族の中にはすべての課題が凝縮されて存在している」という課題が見えてきます。多問題は家族の中にすべてある、といっても過言ではないという状況下で、力を入れて具体的に取り組み始めたことは①在宅医療地域ケア会議への参画、②自立支援協議会との連携、③行政各部署との連携、④病院MSW・連携ナース等、医療窓口との協力関係の強化、⑤地域住民を中心とした活動への主体的参加です（図表 1 参照）。

図表 1　杉並区の取り組み

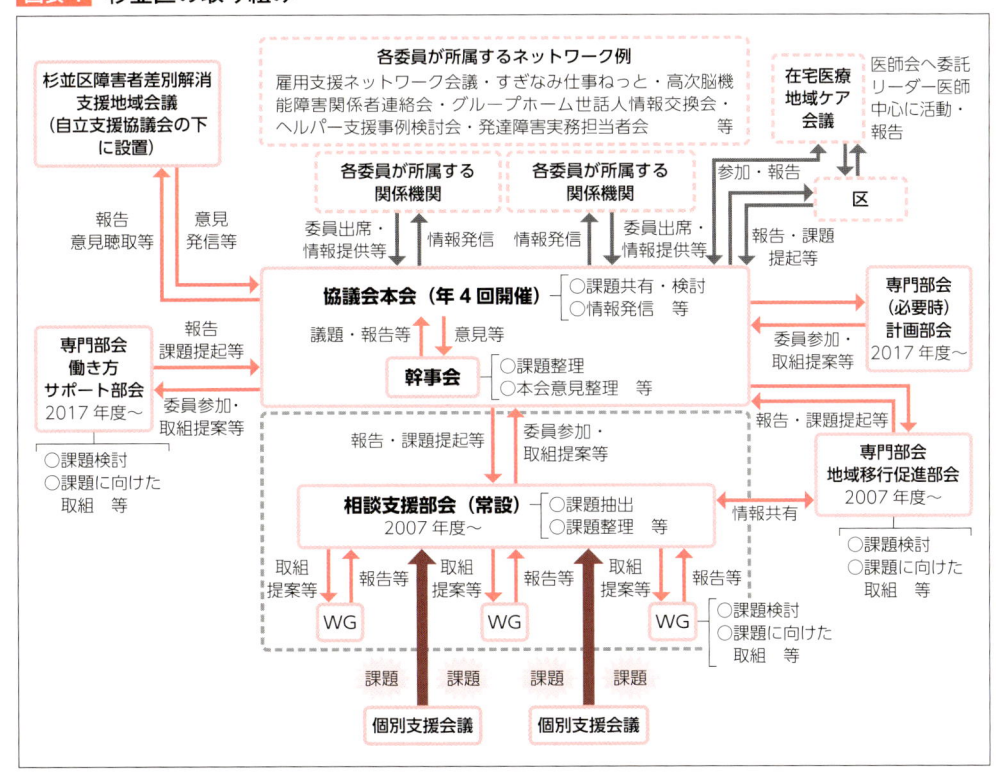

在宅医療地域ケア会議への参画

在宅医療地域ケア会議では、リーダー医師と主任介護専門員が 2 人ペアとなり、各圏域に所属する地域包括支援センター職員がメンバーとなって、7 圏域に分かれて企画・運営を担っています。7 圏域の主任介護支援専門員の推薦、各地域・各回の進捗状況の確認、学びの共有、各地域から出た課題について学びを深める場作り等、区より受託している年間研修計画への反映や職種を越えた研修の開催、地域活動への参画等、毎月開催される運営委員会と運営委員を中心に積極的に取り組んでおり、2018 年度は行政の予算をいただき冊子化を進めました。

自立支援協議会との連携

2017 年度より自立支援協議会本会に委員として、また高齢部会にも委員として積極的に参画し、相談支援専門員との交流の場作りや共催研修の実施、受託研修での事例検討や年 2 回の合同学習会の開催、部会等、活発な活動を行っています。

行政各部署との連携

これまで複数の自治体が連携して自治体区以外に特別養護老人ホームを整備することは想定されていませんでしたが、杉並区と南伊豆町両自治体の課題を解決しメリットを活かす取り組みとして全国初の自治体間連携による特別養護老人ホームを南伊豆町に整備することになりました。そして、行政各部署との連携では、この全国初である自治体間連携特養、エクレシア南伊豆へのバス見学会を完成前、完成後と 3 回実施し、居宅介護支援事業所所属のケアマネジャーだけでなく、行政各部署の職員・地域包括支援センターの職員・福祉施設の職員・相談支援専門員とともに実際に現地へ足を運び、視察を行う機会となる企画・運営に携わりました。

病院 MSW・連携ナース等、医療窓口との協力関係の強化

急性期病院を中心とした MSW・連携ナース等病院窓口となる世話人で構成された地域包括ケア推進のための連携会「みんなで考え　みんなで支える　地域作りの会」に 2016 年発足時より参画し、年 3 回各急性期病院にて開催される事例検討や情報共有の場において連携会の運営委員全員がメンバーとして参加し、地域課題や職種間連携への具体的な取組みや課題解決に向けて積極的に発信をしています。またその中で行政も加わりともに進めている連携シート作りでは、退院時連携加算の要件も見据えて、さまざまな場面で共通利用可能なシート作りを目指しています。

地域住民を中心とした活動への主体的参加

　保健所の健康推進課企画であるフレイル活動では、2017年度に初期フレイルサポーターが2世代ケアマネジャー（親子）ほか3名誕生し、リハビリ職・住民とともに地域活動を行いました。認知症普及啓発活動の一環として2018年度初めての「RUN伴すぎなみ」を開催し、実行委員をケアマネ協議会・行政・地域包括支援センターのメンバーが担い、当事者を含む約300名の参加者とともに、職種に捉われない住民を巻き込んだ活動を展開しました。

3 医療連携による成果・効果

在宅医療地域ケア会議への参画の成果

　2015年度開始当初に比べて、参加者の職種は年を重ねるほどに多岐にわたるようになりました。2017年度は精神疾患を患う本人・家族の視点から回を分けてそれぞれの立場から事例検討を行いグループワークに取り組みました。グループワークでは実際の自分の職種とは異なる役を寸劇で担い、実際に演じることでその職種の思いや役割の理解へとつなげました。2019年度には住民、町会からの参加も多数見られるようになる等、地域に根差した活動へとつながっています。中でも私が活動する荻窪圏域エリアでは、2019年度は地域ケア Map の作成に取り組んでおり、医療班では「医科（イカ）Map」「歯科（鹿）Map」の作成にも当たり、ドアを開けた向こうにある笑顔やマスクの下に隠れている素顔等、医師・歯科医師も一人の区民（住民）として触れ合える Map 作りを展開しています。

　その他、防災・防犯班では多様な災害時に想定される具体的困難や避難所の確認、ハザード Map の見直し等、区内危険個所については周知できるような「災害時に役立つ平時からのかかわり」が見えるケア会議開催が進んでおり、また一方では「ぼっち班」の設置を行い、「一人でも楽しめる」方法や明日から活用できる店舗情報等を特派員である参加者一人ひとりが楽しみながら区内・圏域を取材する方法で生きた街の情報を集めています。ぼっち班の特徴は例えば、ランチタイム。ランチタイムのピークは12時〜13時ですが、実は15時頃までランチを楽しめるお店は多数。11時〜12時やピークを過ぎた13時〜15時にはランチビールがついたり、お得なプランもあったりします。フレイルでも課題となる孤食とひきこもりとたんぱく質の摂取不足ですが、1日1回外に出て、美味しい物をお得にいただき、

たんぱく質もしっかり摂り、栄養の偏りの解消にもつながっています。

自立支援協議会との連携の成果

　ケアマネジャーの目標としては、本人・家族・チームができる限りストレスなく力を発揮できる環境を整え自立支援を目指すことにあります。自立支援協議会本会には医師会からも地域担当の医師が参画されており、新たな場面・課題を共有しながら横の連携を図ることができる機会となっています。高齢分野と障がい分野をつなぐ役割を担いながら、区内初の複合施設の中にある在宅医療・生活支援センターにおける活動において、個人への支援ではなく、世帯全体に向けた支援体制の構築や制度横断的で一体的な連携体制作りに向けて動き出す「仲間」に入ることができるようになりました。親の介護と育児を同時に行うダブルケアや認知症の親と障がいのある子など、増加している複数の生活課題を抱えた世帯への総合的な支援を目指し、行政と医師会、各団体とともに歩んでいます。

行政各部署との連携における成果

　自治体間連携特養であるエクレシア南伊豆については、遠すぎるのではないかといった声も聞こえてきましたが、私たちは私たちの支える利用者・家族の支援において、大切な選択肢の一つと捉え、実態を視察するために「行政のファーストフォロワーになる」ことを目指しました。このファーストフォロワーとしての活動の中で「特別養護老人ホームの外観」だけではなく、これまで見えなかった部分が見えてきました。特別養護老人ホームの視察を介して得た一番の実りは行政の熱意と区民への思いです。南伊豆とのこれまでの関係の中に見えてきた地域の歴史や、特養整備に向けてどれほどの力が結集してきたかという大切なつながりが見えてきました。企画からともに考え、バスに揺られて膝を突き合わせ、同じ食事を摂り、1日を過ごす中で、日常では得られない確かな絆ができたように実感しています。一つの事例を丁寧に掘り下げて、地域課題が見えてくるように、一つの活動を丁寧に実践することから確かな力（関係）が育まれ、そのつながりがまた一歩地域のつながりを強めていると実感しています。

病院 MSW・連携ナース等、医療窓口との協力関係の強化における成果

　職種間に生じる遠慮や考え方の違いに対する戸惑いを事例検討や情報提供の場を通して意見交換を行い、互いへの理解や実践に生きるつながりができています。その中でも、制度改正・報酬改正について、互いに置かれている状況を各職種の立場

より発表を行い理解し合えたことにより、連携窓口の開設や連携シートの見直しへと具体的な実践に活きる成果が形となって見えるようになりました。連携シート作りにおいては、病院 MSW や連携ナース、病棟ナースが中心となり、送る側・受け取る側、病院や施設、地域の双方において有効であり、かつどんなシーンでも活用することができるシート作成に着手しています。例えば要支援であったサービス利用のない利用者の入院を例にすると、途切れがちであった情報も地域包括支援センター（健常時）→急性期病院（発症・後遺障害）→回復期病院（障がい受容・リハビリ開始）→老健（生活リハビリへ移行）→在宅（利用者の望む暮らしの実現）へと、シートを書く担当者や職種は変わっても、同じシートが重なり、利用者が大きな変化をきっかけとした病状の変化やメンタル、モチベーションに対する変化や障がい受容の過程、家族や利用者を取り巻く環境変化等、一体的支援につながる情報の連鎖をこのシート活用を通じて行うことができないかと、試行錯誤しながらシート作りを進めています。互いに負担が少なく、日常に活きる「シート作り」のために、各職種が平時の就業状況から具体的な意見を述べ合うという場へと発展し、互いの日常や業務、置かれている環境への理解も進み、日頃どのようなことを大切にしているか、各職種からの期待やできること（範囲）とできないこと、誰がどこまでを担うのか等、平時からの連携に欠かせない「互いを尊重する姿勢」「互いの役割を理解する」というそれぞれにとって有意義な機会へとつながっています。

地域住民を中心とした活動への主体的参加における成果

　フレイル予防、食べること・生きる（在宅医療推進フォーラム）を支えるシンポジウム、RUN 伴など、さまざまな人や職種が制度や職域を越えて活動をともにする機会も増え、医師会・歯科医師会・薬剤師会・栄養士会・リハビリ職・訪問看護師・訪問介護員・自立支援部会等のさまざまな職種、団体と同じテーマに向けて学び合う共催研修やシンポジウム、ワークショップや学習会などが開催され、大小さまざまな制度や窓口を機能させるきっかけ作りに役立っています。

4 私が大切にしていること

　地域全体で支えるサービス提供体制の構築とは、叶えたいという生活、担いたいと思う役割と現実の一致により実現するものだと思います。異なる職種の専門性や役割を理解し、互いを認め合い目標を共有することは、医療連携において大切なこ

とですが実に難しいことでもあると感じます。ケアマネジャーの得意分野である、「ほかを知り、活かし、動かす力」をフル活用し、地域で暮らす利用者・家族のため、支援者がそれぞれが持てる力を最大限に活用し、最高のパフォーマンスが発揮できる環境を作ること、その「環境調整」を大切な役割と意識しコツコツと地道に活動を続けています。

引用・参考文献
1）総務省統計局「平成 27 年国勢調査報告従業地・通学地による人口」

第 **2** 章

医療連携に係る診療報酬と介護報酬

❶ 2018 年の制度改正の目的と背景

2018 年の介護報酬改定では、団塊世代すべてが 75 歳以上となる 2025 年に向け、これまでの改革の方向性を踏まえ「医療・介護の連携」や「地域共生社会の実現に向けた取組み」など、地域包括ケアシステムをさらに深化・推進していく観点からの取組みを進めていくこととしています。

具体的には、市町村および都道府県において新たな基本指針に基づいた第 7 期（2018 年度から 2020 年度まで）の介護保険事業支援計画が策定され、地域の実情に応じて介護サービスを提供する体制の確保等が図られていくこととなります。

また、診療報酬と同時改定であったため、医療保険と介護保険の両制度の給付と負担のバランスを図りつつ、持続可能性を確保していく視点で、これまで以上に給付を効率的にスリム化する改定となりました。

中でも、医療と介護の提供体制については、利用者のライフスタイルや経済状態、ニーズも踏まえながら、急性期やリハビリ期などそれぞれの状態像に見合ったサービスが切れ目なく、かつ、効率的に提供されているかという観点からの見直しとなっています。

また、2012 年の介護保険法の改正で「介護予防事業」の中に位置づけられた「介護予防・日常生活支援総合事業」が移行期間を経て、2018 年度から市町村が実施する「地域支援事業」として完全実施されることとなりました。なお、市町村の判断次第では、現在介護保険の介護予防サービスを利用している人が、この「総合事業」に移される可能性もあることから、将来的に質や量ともに介護予防サービスの地域ごとの格差が広がることが懸念されています。

図表 2-1 2018 年介護報酬改定の方向性

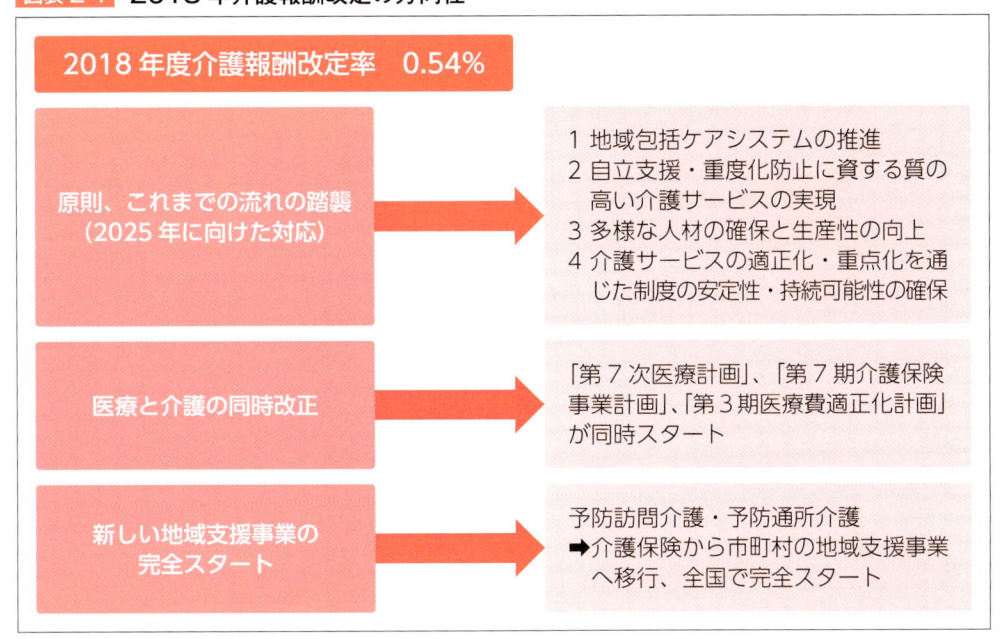

2018 年度介護報酬改定率　0.54%

原則、これまでの流れの踏襲
（2025 年に向けた対応）
→
1 地域包括ケアシステムの推進
2 自立支援・重度化防止に資する質の高い介護サービスの実現
3 多様な人材の確保と生産性の向上
4 介護サービスの適正化・重点化を通じた制度の安定性・持続可能性の確保

医療と介護の同時改正
→
「第 7 次医療計画」、「第 7 期介護保険事業計画」、「第 3 期医療費適正化計画」が同時スタート

新しい地域支援事業の完全スタート
→
予防訪問介護・予防通所介護
➡介護保険から市町村の地域支援事業へ移行、全国で完全スタート

図表 2-2 2018 年介護報酬改定の概要

Ⅰ　地域包括ケアシステムの推進

中重度の要介護者も含め、どこに住んでいても適切な医療・介護サービスを切れ目なく受けることができる体制を整備

Ⅱ　自立支援・重度化防止に資する質の高い介護サービスの実現

介護保険の理念や目的を踏まえ、安心・安全で、自立支援・重度化防止に資する質の高い介護サービスを実現

Ⅲ　多様な人材の確保と生産性の向上

人材の有効活用・機能分化・ロボット技術等を用いた負担軽減、各種基準の緩和等を通じた効率化を推進

Ⅳ　介護サービスの適正化・重点化を通じた制度の安定性・持続可能性の確保

介護サービスの適正化・重点化を図ることにより、制度の安定性・持続可能性を確保

第**2**章　医療連携に係る診療報酬と介護報酬

 ## 2018 年介護報酬改定のポイント

　詳細は、第2節以降解説するので省きますが、介護と医療の連携に関する部分では重度の要介護者も含めて、本人の希望する場所での、その状態に応じた医療・介護と看取りを実施していくことや関係者間の円滑な情報共有とそれを踏まえた対応を推進していくことなどが重点的な取り組みとして位置づけられました。

　また、地域包括ケアシステムの推進を着実に行っていく観点から、各介護サービスに求められる機能を強化するほか、在宅におけるサービスの要となるケアマネジメントの質の向上と公正中立性の確保、今後とも増加することが見込まれている認知症の人への対応や地域共生社会の実現に向けた取り組みが推進されることとなりました。

第2節　医療連携に係る介護報酬

1　入院時情報連携加算 （図表 2-3 ❶参照）

2018年改定によって、「入院時情報連携加算」が変更されました。従来は、対面かそれ以外のFAX等による情報提供の方法により単位数に差がありましたが、改定後は提供方法を問わず、加算Ⅰは入院後3日以内、加算Ⅱは入院後7日以内に情報提供を行うことで算定が可能となります。

「入院時情報連携加算」の効果

介護支援専門員（以下、『ケアマネジャー』という）が入院時に、利用者の生活機能や生活背景、在宅生活での本人の思いを医療機関に伝えることにより、利用者は退院後の生活をイメージした医療を受けることができるようになります。また、医療機関は、「退院支援計画」を作成する上での留意点や入院する前までの生活機能や生活情報を早期に収集することが可能となります。

医療機関の対応

情報を受けた医療機関はケアマネジャーからの情報をもとに、3日以内に退院困難な要因を抽出し、7日以内に病棟でカンファレンスを実施し、「退院支援計画」を交付します。これにより診療報酬として、「入退院支援加算1」（図表 2-3 ②参照）を算定することが可能となります。医療機関は在院日数を短縮するために、できる限り早期に利用者の状況を把握することが求められています。

連携のポイント

入院という環境変化に伴い利用者の身体的、精神的状態変化が予測されるため、ケアマネジャーは本人の持っている能力（身体・心理・経済・インフォーマル等）および住環境等を迅速かつ適切に伝えておくことが必要です。また伝達する相手も大切です。

「情報提供していたのに、こんなはずじゃなかった」と後悔することがないよう、単に紙面を渡すことで終わらないようにしましょう。日頃から利用者や家族と、「譲れないこと」や「大切にしていること」など話しておくこともよいでしょう。

なお、入院時に医療機関が求める利用者の状況を把握するための連携シート様式

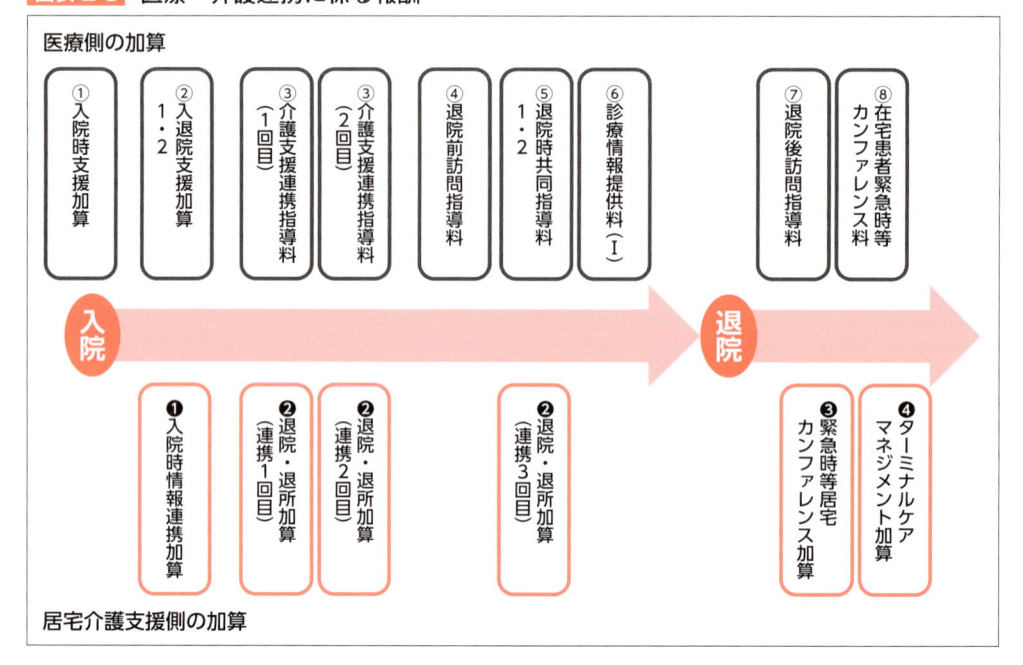

図表 2-3 医療・介護連携に係る報酬

医療側の加算

① 入院時支援加算
② 入退院支援加算 1・2
③ 介護支援連携指導料（1回目）
③ 介護支援連携指導料（2回目）
④ 退院前訪問指導料
⑤ 退院時共同指導料 1・2
⑥ 診療情報提供料（Ⅰ）
⑦ 退院後訪問指導料
⑧ 在宅患者緊急時等カンファレンス料

入院 ━━━━━━━━━━━━━━━━━━→ **退院**

❶ 入院時情報連携加算
❷ 退院・退所加算（連携1回目）
❷ 退院・退所加算（連携2回目）
❷ 退院・退所加算（連携3回目）
❸ 緊急時等居宅カンファレンス加算
❹ ターミナルケアマネジメント加算

居宅介護支援側の加算

の例を第5章資料編（222頁参照）に掲載します。

2 退院・退所加算 （図表 2-3 ❷参照）

「退院・退所加算」が医療機関等との連携を促進する観点から変更されました。ケアプランの初回作成の手間や医療機関との連携回数、入院時の担当医等との会議（退院前カンファレンス等）に参加した場合を上乗せして評価しています。

「退院・退所加算」の効果

従来は、退院日が決定してからケアマネジャーがケアプラン作成に着手することが多く、十分なアセスメントができずに退院することがありました。今後は、入院時（場合によっては入院前）より、医療機関と連携し入院後も利用者との関係が途切れることがないよう、入院直後からのケアプラン作成が望まれます。

退院支援とケアマネジャー

ケアマネジャーは入院後7日以内に病院で作成される「退院支援計画」が作成される頃より、病院を訪問し多職種からの情報を収集します（退院・退所加算、連携1回目）。介護保険を新規に申請する場合であっても、可能であれば担当ケアマネジャーを決定し、ケアプラン作成に着手します。経過を見ながら医療機関で行われ

る「退院前カンファレンス」までに課題分析を開始し（退院・退所加算、連携2回目）、入院中の担当医を含めた「退院前カンファレンス」（退院・退所加算、連携3回目）に臨みます。このように、多職種からの意見をもとにケアプランの原案を作成することとなります。

介護報酬と診療報酬の連携

医療機関では、入院中の利用者が退院後に利用可能な介護サービスや導入が望ましい介護サービスについて医師の指示を受けた看護師、社会福祉士等がケアマネジャーと共同して説明および指導した場合に「介護支援連携指導料」（図表2-3 ③参照）を入院中2回に限って算定することができます。ケアマネジャーが算定する「退院・退所加算」（連携1回目〜連携3回目）と医療機関が算定できる、2回の「介護支援連携指導料」と「退院時共同指導料2」との整合性が図られています（図表2-4）。

連携のポイント

入院中はあくまで医療機関主導となるわけですから、カンファレンスの日時設定や主治医からの呼び出しの際は、可能な限り調整できるよう配慮しましょう。利用者の状態が入院中の医療機関で対応できないような状況に変化した場合や、入院中の医療機関全体の患者状況等によっては急に連絡が入り退院等が早まる場合も考えられます。ケアマネジャーが立案するケアプランと同様に、利用者等の状況に応じた対応が必要となります。カンファレンスが増えることは間違いありませんのでケアマネジャーは準備が必要です。また面会時間、連絡窓口、連絡方法等は各医療機関によって異なります（病棟により異なる場合もあります）ので確認しておきましょう。

図表 2-4　介護報酬と診療報酬の連携

| ③介護支援連携指導料（1 回目）
❷退院・退所加算（連携 1 回目） | ③介護支援連携指導料（2 回目）
❷退院・退所加算（連携 2 回目） | ⑤退院時共同指導料 2
❷退院・退所加算（連携 3 回目） |

退院・退所時にケアマネジャーが医療機関等から必要な情報収集をする際の聞き取り事項を整理するための連携シート様式例を第5章資料編（224頁参照）に掲載します。

❸ 緊急時等居宅カンファレンス加算（図表 2-3 ❸参照）

　2012年の介護報酬改定時に新設された「緊急時等居宅カンファレンス加算」は、利用者の病状が急変した場合や、医療機関における診療方針の大幅な変更等の必要が生じた場合に、医療機関の求めにより、医療機関の職員とともに利用者の居宅を訪問しカンファレンスを行い、必要に応じて居宅サービス等の利用調整を行った場合算定できる介護報酬です。緊急時にケアマネジャーが速やかに対処することが望まれています。

　訪問診療を実施している医師は診療報酬として、「在宅患者緊急時等カンファレンス料」（図表 2-3 ⑧参照）を算定することができます。

連携のポイント

　医療機関からの求めにより緊急に行われるものですので、時間調整等速やかに行うことが求められます。また、カンファレンス等においては、医療側からの提案等を正確に理解した上でケアマネジャーとしての見解を要求されるため、常日頃からスキルアップしておくことが必要です。

❹ ターミナルケアマネジメント加算（図表 2-3 ❹参照）

　末期がん患者の在宅看取りで発生するケアマネジャーの労力を評価する加算として2018年に新設されました。24時間連絡が取れる体制を確保し、必要に応じてケアマネジメントを行うことができる体制を整備、死亡日および死亡日前14日以内に2日以上在宅を訪問し、主治医の助言を得ながら支援をすることとされています。

ケアマネジメントプロセスの簡素化

　ケアマネジャーは利用者の心身の状況を主治医、サービス事業所へ提供することが求められます。一方、主治医の助言を得ることを前提として、サービス担当者会議の招集を不要とすることによりケアマネジメントプロセスを簡素化することができるようになりました。

ケアマネジャーへの情報提供を算定要件化

2018 年診療報酬改定では、在宅医療を提供する「在宅時医学総合管理料」や「在宅がん医療総合診療料」を算定する要件に「主治医はケアマネジャーに対し、予後および今後想定される病状の変化、その変化に合わせて必要となるサービス等について、情報提供を行うこと」が算定要件として追加されました。このため、「在宅時医学総合管理料」や「在宅がん医療総合診療料」を算定する在宅医は、ケアマネジャーに情報提供をしなければなりません。

連携のポイント

看取り時の連携で常に念頭に置いておく必要があるものが『人生の最終段階における医療・ケアの決定プロセスに関するガイドライン』です（37 頁参照）。多職種からなる関係者（チーム）全員が、利用者本人や家族と十分話し合い、方針を決めるというものです。ガイドラインは決して医療者側の考える治療方針に誘導する目的で利用してはなりません。人生の最終段階を本人や家族がどう考え、どのように過ごすことを望むのかということをしっかりと聞きましょう。本人や家族は一度決めた後でも迷いは生じますし、時には方針変更・転換したいと望むこともあります。場合によっては本人や家族の意向を、ケアマネジャーからチーム関係者へ代弁・補助することが必要となる場合もあります。看取り期だからといって決して主治医や訪問看護へ依存するのではなく、ケアマネジャーとしての役割をしっかり果たすことが求められます。

5　特定事業所加算Ⅳ

2018 年改定で「特定事業所加算Ⅳ」が新設されました。「特定事業所加算Ⅳ」は特定事業所加算Ⅰ～Ⅲのいずれかを算定した上で、①退院・退所加算を年に 35 回以上実施している、②ターミナルケアマネジメント加算を年 5 回以上算定している場合に特定事業所加算Ⅰ～Ⅲと併算定できる加算です（**図表 2-5**）。ターミナルケアマネジメント加算の算定は看取り期の主治医との連携が要となりますが、年間 5 回の実施や主治医が異なる利用者のそれぞれの主治医との連携を図ることを考えると、ハードルが高い加算となるでしょう。

図表 2-5 特定事業所加算IVの算定要件

特定事業所加算Ⅰ～Ⅲのいずれかを
算定（併算定可能）

退院・退所加算
算定にかかる医療機関との
連携を年 35 回以上

ターミナルケア
マネジメント加算を
年 5 回以上算定

人生の最終段階における医療・ケアの決定プロセスに関するガイドライン

　元々、人生の最終段階における治療の開始・不開始および中止等の医療のあり方の問題は従来から医療現場で重要な課題でした。1987 年以来厚生労働省で検討会を重ね、2007 年度版のガイドラインが作成されたのが最初です。その時は、「人生の最終段階における医療」ではなく、「終末期医療」という名称でした。その後 2015 年 3 月には、最期まで本人の生き方＝人生を尊重することが重要であるとし、「終末期医療」から「人生の最終段階における医療」へ名称変更がなされました。最初のガイドライン策定から約 10 年の歳月を経過し、在宅や施設での療養や看取りが増えていること、そして地域包括ケアシステムの構築が進められていることを踏まえ、また近年諸外国で普及しつつある ACP（アドバンス・ケア・プランニング：人生の最終段階の医療・ケアについて、本人が家族等や医療・ケアチームと事前に繰り返し話し合うプロセス）の概念を盛り込み、医療・介護現場における普及を図ることを目的に 2018 年 3 月、今回のガイドライン改訂となりました。

＜基本的な考え方＞

1. 最善の医療・ケアを作り上げるプロセスを示すもの
2. 医療・ケアチームで本人・家族等を支える体制を作ること
3. 医療・ケア行為の開始・不開始、内容変更、中止等については本人の意思確認が必須。そのためにはインフォームドコンセントが大切
4. 本人の意思尊重のため、本人の人生観、価値観、どのような生き方を望むか等の把握が必要。意思は変化しうるし、話し合いを繰り返し行うことが大切
5. 本人の意思が伝えられない状態になった場合、本人の意思が明確でない場合は事前の本人の意思の有無を確認し、本人の意思を推定しながら本人にとっての最善策を、チームで話し合うことが必要
6. 本人、家族等、医療・ケアチームが合意に至った場合でも、本人の意思が変化しうるものであることを踏まえ柔軟な姿勢で臨むこと
7. 話し合いを繰り返し行っても合意に至らない場合は、複数の専門家からの助言により方針検討、合意形成をはかるよう努めること
8. プロセスにおいて話し合った内容は、都度、文書にまとめておき、話し合いの際は、特に医師や、強い意見の人の考えに追認するだけということを避ける必要があります。また、積極的安楽死は本ガイドラインの対象とはなりません

　　　資料：人生の最終段階における医療の普及・啓発の在り方に関する検討会改訂　平成 30 年 3 月

入退院支援における診療報酬と介護報酬の関係

① ケアマネジャーが知っておきたい病床機能と診療報酬

　2018年診療報酬改定において入院医療では、①急性期入院医療を提供する機能、②集中的なリハビリテーションの提供や自宅や居住系施設等への退院支援機能、③長期療養を要する患者への入院を提供する機能の3つの機能に病院を整理しました。粗診・粗療や非効率な医療を回避する診療報酬が構築されました（**図表 2-6**）。

　ケアマネジャーは病院と連携するに当たり、利用者がどのような機能の病院へ入院したのか、入院先の病院の在院日数はどの程度なのか、また、ケアマネジャーと連携をするに当たって医療機関が算定できる診療報酬はどのようなものがあるのか等を理解することは、ケアマネジャーにとってとても重要なポイントです。

　2018年の診療報酬改定のポイントは「スムーズな入院と在宅復帰」です。その

図表 2-6 入院医療の評価の基本的な考え方

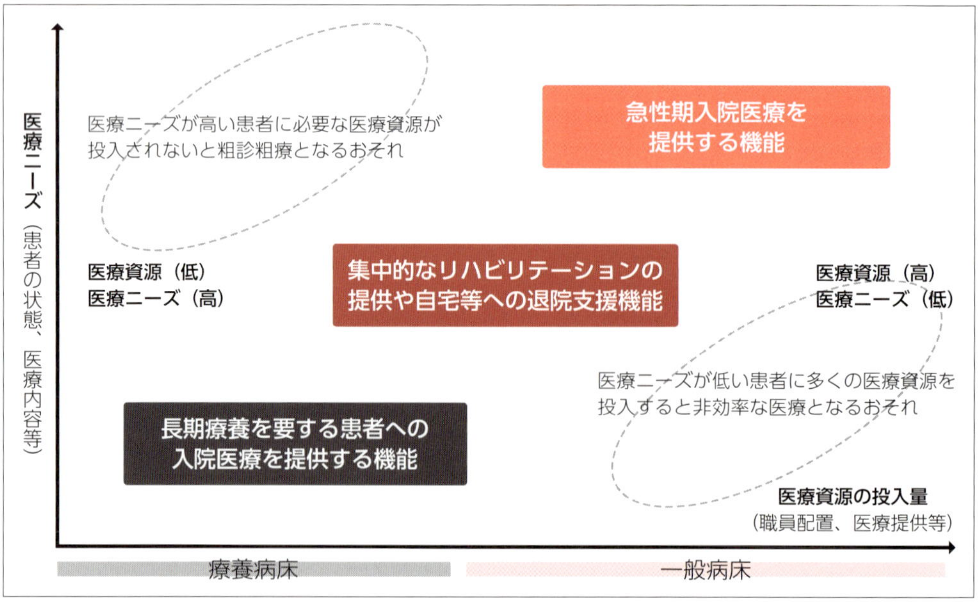

　医療ニーズが高い患者に必要な医療資源が投入されないと粗診粗療となるおそれ

急性期入院医療を提供する機能

医療資源（低）
医療ニーズ（高）

集中的なリハビリテーションの提供や自宅等への退院支援機能

医療資源（高）
医療ニーズ（低）

医療ニーズが低い患者に多くの医療資源を投入すると非効率な医療となるおそれ

長期療養を要する患者への入院医療を提供する機能

医療資源の投入量
（職員配置、医療提供等）

医療ニーズ（患者の状態、医療内容等）

療養病床　　　一般病床

資料：厚生労働省資料より

ためには医療機関もケアマネジャーとの連携を望んでいます。以下、医療機関の収入となる入退院に関する診療報酬をケアマネジャーが算定する介護報酬と対比しながら説明します。

2 入院時支援加算 （図表 2-3 ① 参照）

入院を予定している患者が入院中に行われる治療の説明、薬の確認、褥瘡・栄養スクリーニング等を入院前の外来において実施した場合に評価されます。

医療機関側は、より早期に（入院前から）担当ケアマネジャーを確認して、身体的・社会的・精神的背景を含めた情報や入院前に利用していた介護・福祉サービスの情報、退院困難な要因の有無等の情報を入院前に収集することが重要となります。

連携のポイント

ケアマネジャーは医療機関の窓口担当を確認し、早期に顔合わせをしておくこともスムーズな連携に役立ちます。その際は相手に迷惑にならないよう、事前にアポイントを取っておくことが大切です。急な場合は名刺のみ渡してもらう等臨機応変な配慮も必要です。

3 入退院支援加算 1 （図表 2-3 ② 参照）

2018 年の診療報酬改定では、入院前から切れ目のない支援ができるように「退院支援加算」から「入退院支援加算」と名称が変更になりました。医療機関が入院時から退院支援を行うことで、在院日数を短縮することを目的としていることが伺えます。

退院支援の流れ

・入院 3 日以内に退院困難な要因を抽出

↓

・入院 7 日以内に「退院支援計画」を作成に着手

↓

・入院 7 日以内に病棟専任および退院支援看護師、社会福祉士等がカンファレンスを実施し「退院支援計画」を患者家族に説明・交付

> ↓
> ・病棟または退院支援部門の退院支援職員がほかの医療機関や介護サービス事業所と面会し、転院、退院体制に関する情報を共有する

　医療機関が「退院支援計画」を作成する際、ケアマネジャーから提供される「入院時情報連携加算」（**図表2-3 ❶**参照）からの情報が必要となります。

連携のポイント

　医療機関側の担当者が、「在宅生活支援」に詳しいとは限りません。利用者が在宅生活に戻れるように、最低限の伝達や確認が必要な内容をケアマネジャーは整理しておくことが必要です。

4　介護支援連携指導料（図表2-3 ③参照）

　入院中の患者に対して、医師の指示を受けた看護師、社会福祉士等がケアマネジャーと協働して心身の状況を踏まえて導入が望ましい介護サービスや退院後に利用可能な介護サービス等について説明および指導を行った場合に、入院中2回に限って算定することができます。ケアマネジャーは医療機関の職員と面談を行い利用者に関する必要な情報を得た上で、利用に関する調整を行うことにより「退院・退所加算」を算定することができます（**図表2-4**）。

連携のポイント

　ケアマネジャーは確認したい内容を準備してから、入院先医療機関へ伺い、約束の時間に遅れることのないようにします。医療機関のスタッフと協働で利用者へ話す際は、医療機関スタッフへ配慮を行うことはもちろんですが、医療連携という名のもとで医療ニーズのみに偏ることなく利用者の思いを大切にして「生活全般」を支援する視点を忘れてはなりません。

5　退院前訪問指導料（図2-3 ④参照）

　患者の円滑な退院のため、医師の指示を受けた医療機関の保健師、看護師、リハビリテーション専門職（以下、『リハビリ職』という）等が、入院期間が1か月を超えると見込まれる患者の家を訪ねて、患者の病状、家屋構造、介護力等を考慮しながら患者または家族に指導した場合、入院中に1回に限り算定します。

ケアマネジャーは同行し、利用者の退院後の生活課題を把握します。

連携のポイント

　各専門家の意見を伺う機会となります。利用者の状態によっては住宅改修を早期に勧められることもありますが、早合点せず多視点から熟慮することが大切です。

6　退院時共同指導料 2 （図表 2-3 ⑤参照）

　入院中の患者が退院後に安心して療養生活を送ることができるよう、関係機関の連携を推進するために、入院医療機関の医師、看護師、薬剤師、管理栄養士、リハビリ職、社会福祉士等の医療従事者や退院後に係る在宅医療を担う医師、看護師、歯科医師、歯科衛生士、薬剤師、リハビリ職、訪問看護ステーションの看護師等、ケアマネジャー、相談支援員が患者に対して在宅での療養上必要な説明および指導を共同して行った場合算定します。

　ケアマネジャーが「連携3回目」を算定できる「退院・退所加算」で必要となるカンファレンスの出席者は入院中の医療機関の医師または看護師等、ケアマネジャーに加えて以下のいずれか2者以上の参加が求められています。

①在宅医療を担う医療機関の医師または看護師等

②在宅療養を担う歯科医師または歯科衛生士

③保険薬局の薬剤師

④訪問看護ステーションの看護師、理学療法士、作業療法士、言語聴覚士

連携のポイント

　入院中の医療機関と、在宅医療を担う各機関との情報共有や情報の擦り合わせは必須です。同じ医療者であっても立場が異なれば視点も異なるため、相手の立場を理解してかかわることが大切になります。関係者全員が、利用者を支援するという共通の視点に立ち、ケアマネジャーはポジティブな面にも目を向けた発言ができるとよいでしょう。

7　診療情報提供料（Ⅰ）（図表 2-3 ⑥参照）

　医療機関が市町村または指定居宅介護支援事業所等に対して必要な情報を提供した場合に算定します。退院の日前後2週間の期間に診療情報の提供をした場合に算定します。退院前に算定する場合、「介護支援連携指導料」を算定した患者につい

ては算定できません。

連携のポイント

　ケアマネジャーに対して主治医からの情報を診療情報提供書でもらうこともあります。その際は利用者の医療費自己負担が発生します。

8　退院後訪問指導料 （図表 2-3 ⑦参照）

　医療ニーズが高い患者が在宅療養に移行し、在宅医療を継続できるよう、入院医療機関の医師の指示を受けた保健師、助産師または看護師が患者の家を訪ねて療養上必要な指導を行った場合、退院した日から１か月を限度として５回に限り算定することができます。

　ケアマネジャーが同行し、退院後のモニタリングの報告を入院医療機関へフィードバックすることにより入院医療機関との連携が深まります。

連携のポイント

　入院医療機関のスタッフに対して、「在宅生活」の現状等を啓発し、学習してもらう機会として、本指導料を活用することもできます。ただし医療機関によっては、本指導料算定の体制が整っていないところもありますので、決して無理強いすることのないよう注意が必要です。

在宅医療における診療報酬と介護報酬の関係

　病院完結型の医療から地域完結型の医療への移行が求められています。しかし在宅医療を担う在宅療養支援診療所の届け数の伸びは鈍化しており、2015年には減少に転じてしまいました。そこで2018年診療報酬改定では在宅医療を担う診療所や病院の量を増やすために、在宅療養支援診療所や在宅療養支援病院以外の医療機関が在宅医療を行う評価を拡充することにより担い手を増やす改定となっています。

　ケアマネジャーは在宅医療を提供する医療機関との連携を図るため、在宅医療を提供する医療機関の種類や役割を理解することが大切です。

❶ 在宅療養支援診療所・在宅療養支援病院

　在宅療養支援診療所とは、在宅医療を行う医師を増やすことを目的に、2006年度に新設されました。一般診療所と比較して報酬が高くなるよう設定されています。原則的に24時間体制の往診や急変時の入院先の確保などの基準を満たすことが必要となっています。

❷ 訪問診療と往診

　在宅医療には医師が患者の自宅に出向いて行う「訪問診療」と「往診」の2種類があります。不定期に赴いて診療を行う「往診」と定期的に赴いて診療を行う「訪

 図表 2-7 訪問診療と往診の違い

往診	訪問診療
急変時など患者や家族の要望を受けて医師が、不定期に、自宅等に赴いて診療を行うことです 診療上必要があると認められている場合に行うこととされています	あらかじめ立てた診療計画をもとに、通院が困難な患者の同意を得て、定期的に訪問して診療、治療、薬の処方、療養上の相談、指導等を行うことです 継続的な診療の必要のない患者や通院が可能な患者に対して安易に算定してはならないとされています

問診療」の違いを認識しておきましょう（**図表 2-7**）。

連携のポイント

主治医との関係は大切です。主治医への連絡をしないまま、ケアマネジャーが独自判断で別の診療科の医師等へ往診を依頼するということがないよう注意します。

③ 医師が実施する居宅療養管理指導

医師が実施する「居宅療養管理指導」（介護報酬）とは、医師が通院困難な要支援者・要介護者の居宅を訪問し計画的かつ継続的な医学管理に基づく2つの指導を行うこととなっています。

①ケアマネジャーに対するケアプラン作成などに必要な情報提供。

②利用者および家族に対する、ケアプラン上での留意点、介護方法などについての助言指導。

また、居宅療養管理指導は「訪問診療」等により常に利用者の病状および心身の状況を把握し、計画的な医学管理を行っている利用者に対して行うものであることから、訪問診療等を実施していることが算定要件になっています（**図表 2-8**）。ケアマネジャーは主治医が居宅療養管理指導を実施しているか否かを確認して、居宅

図表 2-8 居宅療養管理指導の範囲

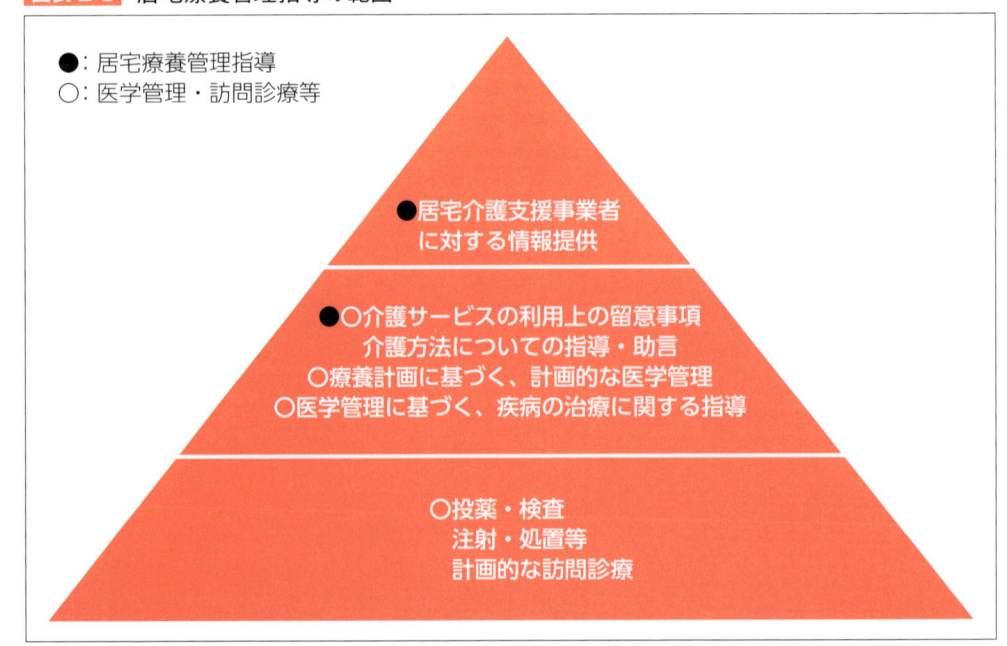

● : 居宅療養管理指導
○ : 医学管理・訪問診療等

●居宅介護支援事業者
に対する情報提供

●○介護サービスの利用上の留意事項
介護方法についての指導・助言
○療養計画に基づく、計画的な医学管理
○医学管理に基づく、疾病の治療に関する指導

○投薬・検査
注射・処置等
計画的な訪問診療

療養管理指導を有効に活用することが重要です。

 在宅患者緊急時等カンファレンス料（図表2-3 ⑧参照）

　訪問診療を実施している医師は、歯科訪問診療を実施している歯科医師、訪問薬剤管理指導を実施している薬剤師、訪問看護ステーションの保健師、看護師、リハビリ職やケアマネジャーまたは相談支援員と共同でカンファレンスを行い、療養上必要な指導を行うことで、「在宅患者緊急時等カンファレンス料」を算定することができます。

　カンファレンスに招集されたケアマネジャーは「緊急時等居宅カンファレンス加算」（図表 2-3 ❸参照）を算定することができます。

第2章　医療連携に係る診療報酬と介護報酬

その他の場における医療と
介護の連携強化

特定施設入所者生活介護における医療と介護の連携強化

退院・退所時連携加算

　2018年の介護報酬改定で医療機関等からの受け入れを評価する目的で新設されました。

　病院、診療所、介護老人保健施設、介護医療院から入居者を受け入れた場合、退院・退所元の職員と面談などを行い、特定施設入所者生活介護サービスの調整を行った場合に入所日から30日間算定ができます。受け入れることで算定は可能ですが、ケアマネジャーは受け入れるために、退院・退所元の職員との連携が必要となります。

2 認知症対応型共同生活介護における医療と介護の連携強化

医療連携体制加算

　2018年の介護報酬改定で医療ニーズへの対応を評価する形で加算Ⅱ、Ⅲが新設されました。Ⅱは看護職員が常勤換算で1名以上、Ⅲは看護師が常勤換算で1名以上という違いです。算定の前提条件としては、算定日の月の前12月間において、喀痰吸引を実施もしくは経鼻胃管栄養や胃ろう栄養を実施している状態のいずれかに該当する入居者が1人以上いることです。つまり看護職員を通じて医療連携が必要となります。

初期加算

　入居者の入退院支援の取り組みとして新設されました。

　病院・診療所へ入院後3か月以内に退院が見込まれる入居者について、退院後の再入居の受入体制を整えている場合に1月に6日を限度として算定できます。算定要件追加として、30日を超える病院・診療所への入院の後に再入居された時も同様となりました。退院準備（再入居の受入体制準備）のためには、ケアマネジャーは早い時期に入院先の職員と連携を図ることが必須となります。

介護老人福祉施設における医療と介護の連携強化

配置医師緊急時対応加算

　介護老人福祉施設における医療ニーズへの対応強化の一環として新設されました。算定要件として、配置医師の複数名配置または配置医師と協力医療機関医師が連携し、施設の求めに応じて 24 時間対応できる体制を確保していること、入所者に対して、緊急時の注意事項や病状等についての情報共有の方法や医師との連絡方法、そのタイミングなどについて配置医師と施設間で具体的に取り決めていることが求められます。

 ## 医療提供施設のリハビリ職と福祉系サービスの連携強化

生活機能連携加算

　リハビリ職の視点を生かして生活機能を向上する目的で新設されました。訪問リハビリテーション、通所リハビリテーション事業所もしくは疾患別リハビリテーション料の届け出を行っている病院（原則、200 床未満）および診療所、介護老人保健施設、介護療養型医療施設、介護医療院の理学療法士・作業療法士・言語聴覚士・医師が通所介護や認知症対応型共同生活介護、介護老人福祉施設、特定施設入居者生活介護等の福祉系サービス事業所を訪問し、事業所の職員とアセスメントを行い、個別機能訓練計画を作成し、3 か月に 1 回以上訪問して評価、見直しを行った場合に算定することができます。同じようにリハビリ職、医師の助言を受け、訪問介護や定期巡回・随時対応訪問介護看護、小規模多機能型居宅介護のサービス提供責任者などが介護計画を作成・変更し、3 か月後にリハビリ職等に報告した場合に算定することができます。ただし、医療提供施設のリハビリ職に対する加算はありません。

 ## 口腔ケアや栄養管理における医療と介護の連携強化

口腔衛生管理体制加算

　口腔衛生管理体制加算は介護保険施設において、歯科医師または歯科医師の指示を受けた歯科衛生士が介護職員に口腔ケアに関する技術的助言および指導を月 1 回以上行っている場合に算定されていました。口腔衛生を管理する体制を整えること

で、入所者の肺炎の発生率が低下し、入院防止やＱＯＬ改善につながっていたことが調査結果より裏づけられ、2018 年改定では特定施設入居者生活介護や認知症対応型共同生活介護などにも新設されました。

栄養スクリーニング加算

通所系サービス、居住系サービスで栄養状態のスクリーニングを実施し栄養状態の管理を評価する加算が新設されました。算定要件は、管理栄養士以外の介護職員等でも実施可能な栄養スクリーニングを利用開始時および利用中 6 か月ごとに行い、ケアマネジャーに栄養状態にかかわる情報を文書で共有した場合 6 か月に 1 回を限度に算定することができます。ただし、算定要件として他事業所ですでに栄養スクリーニング加算を算定している利用者の場合は、複数事業者での算定ができないので、ケアマネジャーによる、調整、判断が必要となります。

再入所時栄養連携加算

介護保険施設の入所者が医療機関に入院し再入所する際に、以前と大きく異なる栄養管理が必要となった場合で、介護保険施設の管理栄養士が医療機関での栄養食事指導に同席し、再入所後の栄養管理について医療機関の栄養士と相談の上栄養ケア計画の原案を作成し、介護保険施設に再入所した場合に 1 回算定することができます。病院の管理栄養士と介護保険施設の管理栄養士との連携が必須となります。

第**6**節　多職種連携、医療連携の際に注意したいポイント

　各項目でそれぞれ解説してきましたが、ここでは、最後にいくつか多職種連携、医療連携の際に注意したいポイントを述べたいと思います。

①医療機関は最終的には主治医からの指示がなければ動けないことがある、というシステムを理解しておくことが必要です。ほかの機関と連携する前に院内でのチーム連携が必要とされます。例えば、退院後、訪問看護利用希望があった場合、主治医からの指示書がなければ利用できません。提供内容についても指示書に記載がないものは提供できません。そのため事前に病棟スタッフ等と話して訪問看護の必要性について理解してもらい、主治医へつないでもらうことも大切です

②入退院についての窓口は各医療機関で異なり、加えて窓口での業務も各医療機関で異なっていることを押さえておきましょう。例えば、入院から退院までのすべてを医療連携室がワンストップで窓口になる場合や、入院時は医事課や外来が担当し、入院後は病棟師長や医療連携室が窓口になる場合等、医療機関によってさまざまです。また窓口業務についても、内容に応じて看護スタッフ、相談スタッフ、リハビリスタッフ、事務スタッフなどさまざまな職種が対応する場合や、医療ソーシャルワーカーがワンストップで対応する場合等、医療機関によって異なります

③医療機関の種別により、入院対象患者レベルや平均在院日数等が異なることを理解してかかわりましょう。決してケアマネジャーが退院日を操作誘導することのないように注意が必要です。例えば、急性期一般入院基本料を算定する医療機関では、平均在院日数18日以内（入院料1）、21日以内（入院料2〜入院料7）が算定の要件になっています。また、地域包括ケア病棟入院料の算定上限は60日であり、60日を超えての入院は大幅な減算（減収）となる事情があります

④連携先の医療機関を知るために、医療機関や地方厚生局のホームページを活用して、医療機関が取得している施設基準等を確認しましょう。地方厚生局のホームページには、地域の届出受理医療機関名簿が掲載されており、医療機関

の名称、所在地、病床数、施設基準の名称、算定開始年月日が一覧表で掲載されています

⑤同じ医療機関であっても、入院している病棟単位で入退院窓口が異なる場合もありますので確認しましょう。例えば、同一医療機関でも、急性期病棟の窓口は病棟師長と医事課スタッフ、地域包括ケア病棟の窓口はすべて医療ソーシャルワーカーが担当する、という場合があります

⑥主治医との連絡方法、手段については各医療機関や同じ医療機関内でも医師によって異なることがありますので確認しましょう。例えば、直接出向き受付を通して連絡をとる場合や、主治医へ直接電話で連絡をとる形になっている場合、また同じ医療機関でもA医師は連携室を通して、B医師は直接連絡をという場合があります

⑦連携相手に失礼のないよう、専門職の正式名称を確認すること、正確な言葉の共通言語を用いることが大切です。例えば、担当看護師だと思って話をしていた職員が実は看護師長だったり、話の中で「認知症」と表現すべきところを「認知」と表現したために主治医から注意されることもありえるでしょう

⑧医療機関でのカンファレンスでは、日常的に医療用語が飛び交うことを念頭において臨むことが大切です。事前に学んでおきましょう。医療用語辞典などを活用することもよいでしょう

⑨情報収集する際は、目的を明確にして端的に行えるよう日頃から説明能力を磨く努力をしましょう。例えば、何のために必要な情報であるのかを明確にして、相手に長時間の負担を強いることなく必要な情報を収集することです　ただ単に時間をかけるだけの情報収集は避けましょう

⑩ケアマネジャーが必要な情報と、連携先医療機関や他職種が必要としている情報は何かを常に考えて「ウィン・ウィン」の連携を図りましょう。例えば、外来診察室では見られない認知症の人のBPSDの状況を、主治医や看護スタッフに報告することや、説明時に工夫が必要な利用者への対応方法を伝えること、再入院を防止するために自宅での生活実態を伝えること、などです

⑪多忙な相手と連携する際には、結論から先に話し、次にその理由を話すという習慣を身につけておきましょう

⑫連携の際はできるだけ窓口を一つにして、医療機関や他機関に迷惑がかかるこ

とのないよう、連携をスムーズにしましょう

⑬特定疾患罹患者や訪問看護特別指示書が出ている、ターミナル期等、状況によっては介護保険よりも医療保険優先の場合もあります。しかし関係者全員が理解しているとは限りませんので、ケアマネジャーは十分に注意が必要です。

⑭診療報酬改定は原則として2年に1度行われます。その都度、医療機関の特徴等も変更になる可能性がありますので、医療関連の情報も日頃から収集しておくことが連携をスムーズに行うことにもつながるでしょう

⑮多職種連携の際、本人や家族の思いがなおざりにされることのないよう細心の注意が必要です。特にコミュニケーションが取りづらい人や認知症の人の場合、周囲の意見で支援方針が決まることのないよう十分な配慮が求められます。「認知症の人の日常生活・社会生活における意思決定支援ガイドライン」も参考にしましょう

⑯急な状態変化や環境変化に伴い、本人や家族の感情が不安定になることは珍しくありません。本人や家族が不利益を被ることのないよう、日頃の状態をケアマネジャーから伝えましょう

⑰連携先にとっては「困った患者さん」という情報でも、具体的に「誰が」「なぜ、何のために」困っているのかを知ることが大切です。バイアスをかけずにアセスメントしましょう

⑱連携の際、時としてICTの活用は有効ですが、それだけに頼ることなく日頃から顔の見える関係を構築しておきましょう

⑲医療機関が開催する研修会や連携会には積極的に参加しましょう

高良 清健

所属：社会医療法人友愛会　友愛会ケアプランセンター南部

管理者・主任介護支援専門員

　私は、居宅介護支援事業所の管理者、主任介護支援専門員で地域では沖縄県介護支援専門員協会会長や糸満支部の幹事を務めており、地域の介護支援専門員とともに研修会や交流会の企画や運営を行なっています。

1 私のフィールド

● 事業所：居宅介護支援事業所（特定事業所加算Ⅰ）管理者

● 主任介護支援専門員４人、介護支援専門員２人

● 地　域：糸満市は沖縄本島の最南端に位置し、農業や漁業、糸満ハーレーや糸満大綱引きなど昔ながらの沖縄の風景が残る地域であり、人口も毎年増加しています。総人口 60,673 人。高齢化率 18.7%。要介護認定率は 19.2%。地域包括支援センター（直営 1 か所、地域相談センター 4 か所）。病院数は、総合病院 1 か所、慢性期病院 2 か所、精神科病院 3 か所。その他 7 か所（特別養護老人ホーム 2 か所、老人保健施設 2 か所、グループホーム 3 か所）。

2 医療連携の取り組みと工夫

　2018 年 4 月の介護報酬、診療報酬の同時改定により医療と介護の連携はますます強化されています。とりわけ、入院時情報連携加算については情報提供の手段よりも情報提供のスピードが求められています。そのため、情報提供の手段は FAX などでもよいこととなっていますが、当事業所は日頃から「顔の見える関係作り」を構築するために、可能な限り病院へ足を運び、利用者情報を直接医療スタッフへ手渡しするように務めています。平時からの医療連携の促進です。

　また、介護保険サービスを利用する際の契約時には重要事項説明書と一緒に「利用者、ご家族へのお願い」という文書を作成し、①入院した場合は担当の介護支援専門員に連絡すること、②入院先へ介護支援専門員の氏名や連絡先を伝えること、

③病院からの説明内容やカンファレンス等があれば同席したいことなどを文書で周知しながら、丁寧に説明するよう心がけています。

3 医療連携による成果・効果

2018年4月～8月末に当事業所の担当利用者が入院し、医療機関へ情報提供をした件数は72件ありましたが、そのうち入院時情報連携加算Ⅰ（入院後3日以内の情報提供）を算定した件数は55件となっており、約76%が入院後3日以内に医療機関への情報提供を実施できたことがわかります。

また、可能な限り病院へ足を運び情報提供を行うことで、紙面だけでは伝えられない細かな情報やこれまでの生活背景、利用者や家族の想い等を情報提供・共有し、退院後の在宅生活のイメージを描くことができることとなり、入院から退院までをシームレスに支援していく体制を整えることへとつながっています。

入院した際の連絡も58%が家族などの主介護者からとなっており、徐々にではありますが利用者、家族も「入院したら介護支援専門員に連絡する」という意識が高まっているように思います。

それから、早めの入院をキャッチすることでサービス事業所への連絡もスムーズに行えるようになっています。ほかにも日頃から地区医師会や看護協会、リハビリ専門職協会での研修会や事例検討会、懇親会にも積極的に参加し、医師や看護師、MSW、退院支援看護師、リハビリ職等と交流を図り、顔の見える関係、気軽に相談できる関係作りに努めています。

最近では、シンポジウムや合同研修会の企画・実施等、個々の連携から職能団体同士の連携を図るように努めています。

4 私が心がけていること

当事業所は病院併設の居宅介護支援事業所となっており、事務所も病院の地域連携室や入退院支援室と同じ部屋にあるため、日頃から医療との連携が取りやすい体制となっています。

しかし、スピーディーに入院時情報提供書や退院時サマリー等の書類のやり取りがあればそれですべての連携がうまく図れるというわけではなく、本当の意味の連携とは「利用者を中心に置き、どうしたら利用者の望む暮らしを実現することがで

きるかをともに考えること」だと考えています。そのため、利用者が入院した際には可能な限り早めに病院へ足を運び、利用者に顔を見せることで「今後の生活を一緒に考えてくれる人がいる」という安心感を持ってもらえるよう心がけています。

　また、これからの課題ですが沖縄県の人口は 2020 年まで増加すると推計されているものの、生産年齢人口（15 ～ 64 歳）は 2010 年をピークにすでに減少しており、高齢者人口（65 歳以上）が増加しています。そのため、医療や介護を必要とする人の増加も見込まれ、医療需要の変化や医療現場のマンパワーの確保等の課題など、医療と介護を取り巻く環境は今後大きく変化していくものと考えられています。

　2015 年の沖縄県病床機能報告の結果と必要臨床を比べると、将来的に不足する機能は回復期病棟となっており、2015 年で 1,533 床に対し、2025 年は 4,674 床が必要と見込まれており、特に人口が集中する中部圏域、南部圏域で不足する推計値となっています。

　そのため、医療と介護の連携の基礎作りが急務となっており、2016 年度には沖縄県や医療ソーシャルワーカー協会、沖縄県介護支援専門員協会等、関係機関が連携・情報共有を目的とする「入退院連携デザインシート」を作成し、医療と介護の連携の基盤作りを行い、普及・啓発に向けて取り組んでいます。

第 3 章

医療連携の実際

病院との連携

① 病院で連携を行う職種の仕事について

居宅介護支援事業所の介護支援専門員（以下、『ケアマネジャー』という）が利用者の病院の入退院時に連携を図る相手は、医師にはじまり、看護師、ソーシャルワーカー、リハビリテーション専門職（以下、『リハビリ職』という）、管理栄養士等、多岐にわたりますが、ここでは、直接連絡を取り合うことが多い、病院側の連携担当者である「退院調整看護師」と「医療ソーシャルワーカー」、加えて「リハビリ職」について解説をします。

退院調整看護師

病院の退院調整部門は、医師、看護師、医療ソーシャルワーカー（以下、『MSW』という）、事務職員で構成されていることが多く、看護師は退院調整看護師として退院調整や在宅生活への移行支援を行います。業務内容は、利用者の入院直後から病棟と連携を取り、利用者や家族の意向を確認して、退院後も安心して療養生活が送れるように退院調整の計画を立案し実施します。入院中は、主治医や病棟看護師、薬剤師、MSW、リハビリ職等と情報を共有し、退院に当たってはケアマネジャーや訪問看護師などと連携して在宅支援を行う役割を持っています。

MSW

社会福祉の立場から利用者や家族が抱える経済的・心理的・社会的問題の解決、調整を援助し、社会復帰の促進を図る業務を行います。MSW の業務指針には、「地域における在宅ケア諸サービス等についての情報を整備し、関係機関、関係職種等との連携のもとに、退院・退所する患者の生活および療養の場の確保について話し合いを行うとともに、傷病や障害の状況に応じたサービスの利用の方向性を検討し、これに基づいた援助を行うこと」[1] とされています。

リハビリ職

理学療法士（PT）

発症直後から合併症予防や廃用症候群予防のリハビリテーション（以下、『リハビリ』という）を行います。全身状態が安定してきたら、身体機能の維持向上、基

本的動作の指導や訓練を行います。また、退院後の生活に向けて自宅でできる運動指導、家庭環境に応じた日常生活動作指導、住宅改修の助言を行います。

作業療法士（OT）

作業や趣味活動を通して心身へのアプローチを行い、応用的動作能力、社会的適応能力の回復を行います。理学療法師と同様に、退院後の日常生活動作指導や住宅改修の助言も行います。

言語聴覚士 (ST)

コミュニケーションにかかわる言語、聴覚、発声、認知等の機能回復や摂食・嚥下機能の訓練を行います。

急性期リハビリでは、発症後早期にリハビリを開始し残存機能の維持・合併症予防に取り組んでいます。2018 年診療報酬改定では、特定集中治療室（ICU）でのリハビリに「早期離床・リハビリテーション加算」が新設されました。また、病院や地域によっては、脳血管疾患や整形疾患、心疾患などについては、クリニカルパスを用いて治療や検査、リハビリを計画的に行っていることもあります。そのため利用者のリハビリの開始時期や退院までのスケジュールがわかりやすくなっています。脳血管疾患や大腿骨骨折、膝関節置換術等は病状が安定した段階で回復期リハ病棟への転棟や転院となる場合もありますので、入院後の利用者のリハビリスケジュールを入院先のリハビリ職や連携担当者に確認しておくことが必要です。

❷ 連携のタイミング

入院から退院までの場面に応じた連携のポイント

入院前（入院を想定した準備）

入院する際は、必ずケアマネジャーに知らせてもらうようあらかじめ利用者や家族にお願いしておくことが大切です。また、入院する病院の担当者にケアマネジャーの連絡先が確実に伝わるよう、日頃から担当ケアマネジャーの名刺を診察券と一緒に健康保険証入れ等に入れてもらうと安心です。

主治医の指示で入院する場合などは、事前に入院先の病院と連絡を取り合って準備をすることができますが、転倒による骨折や既往症の急性増悪などで緊急に医療措置が必要となった場合は救急車で搬送されることになります。その場合、救急隊が搬送先の病院を探すのですが、例えば、心疾患で入院治療を行ったことのある利

用者が再び既往症の増悪で救急搬送される場合は、入院歴のある病院で対応してもらうことがたいへん有効であり、多くの場合受け入れてもらえるでしょう。

　ただし、このような情報を本人が直接伝えることは困難であるため、ケアマネジャーや訪問介護員、デイサービスの職員等が救急搬送の現場に立ち会った場合は、的確にサポートすることが大切です。このため、ケアマネジャーは利用者の入院歴や入院先の医療機関の情報を把握して、訪問介護や通所介護などのサービス事業者と情報の共有を図っておくことが必要です。また、緊急時の対応に備えて普段からかかりつけ医と連携を図り、利用者の療養上の留意点などについても十分に把握しておくことが重要です。

入院時

　利用者が入院したらできれば3日以内に情報提供し、病院側が治療やケアに役立てられるようにすると同時に、在宅生活の課題を共有し、退院後の生活に向けて早めに着手できるようにしておくことも大切です。病院側への情報提供の方法はさまざまですが、病院へ訪問して連携担当者と直接面接し、名刺交換をしておくとその後の相談がしやすい関係になります。また、利用者や家族にとってもケアマネジャーと連携担当者が情報を共有していることは安心につながります。

入院時の情報提供の手順

①情報の整理

　基本情報のほかに、入院に至った経緯、服薬状況、痛みの部位や程度、褥瘡処置など医療的な処置なども入院時情報に記載します。

②情報提供の方法

　まず、病院の連携室へ電話し連携の窓口となる担当者を確認します。

- ・病院へ訪問し面接する場合：担当者の都合を確認しアポイントを取り、訪問日を決定
- ・電話の場合：担当者の都合を確認し情報提供
- ・FAXや郵送の場合：電話で担当者へ送付することを伝え、送付先や宛名を確認

　急性期病院に入院するすべての患者に連携室がかかわっているわけではありませんが、かかわっていない場合でも、まず連携室に電話をすれば入院している病棟看護師へつないでもらえます。病棟に電話がつながったら、「〇月〇日に入院した〇

山〇子様の担当ケアマネジャーの〇〇です」と告げてから、話を始めましょう。慌ただしい病棟を想像すると電話も緊張しますが、病院側も早期退院のために地域連携に力を入れていますので、ケアマネジャーとの連携を必要としていますから物怖じせずにしっかりと話を進めましょう。

救急搬送で入院になった時

　病状が重篤で、救急搬送で入院した場合は、集中治療室に入室されることもあります。命にかかわる状況下での情報提供は躊躇しがちですが、利用者の生活状況を知って治療やケアに役立てることは、一般病棟であれ、集中治療室であれ同じです。特に認知症を患う利用者の場合は、環境の変化による周辺症状の悪化で、治療の中断を余儀なくされたり、入院が継続できないことのないよう、情報の共有が重要となります。この場合も、一度、連携室へ情報提供先を確認しましょう。

入院中

①入院後の病院訪問

　入院すると主治医による説明や「入院診療計画書」に入院に必要な期間が記載されます。その期間は入院時に想定されたものであり、その後の検査や治療の状況によって入院期間は変わってきます。一方で、急性期病院は入院期間の制限もあり、入院が長期化することが少なくなってきました。急な退院で利用者や家族の生活が困ることがないよう、入院中から関係職種と連携を取ることが重要です。家族や連携担当者に病状の安定が確認できたら、病院に訪問し、治療やリハビリの経過を把握しておきましょう。特に、ADL に影響を及ぼす疾患での入院（脳血管疾患、骨折）では、リハビリ職と連携を取り、入院中に家屋調査を行い、身体状態にあった環境や生活様式を退院までに完了しておくことも必要となります。要介護認定の区分変更申請が必要な場合は、申請を出すタイミングを連携担当者に相談し、訪問調査の日程調整や病棟への連絡を依頼します。

②入院中に転棟した場合

　入院中に、入院の原因疾患とは別の疾患が見つかり、診療科の変更に伴って転棟する場合や、急性期病棟での治療後に病状が安定し、リハビリのために地域包括ケア病棟や回復期リハビリテーション病棟へ転棟することがあります。ケアマネジャーからの入院時情報は電子カルテで管理されており、病棟が変っても共有できますが、転棟による連携担当者の変更がわかった時点で、電話や面接で改めて情報

提供を行い、相互に連絡を取りやすい関係を作りましょう。

③入院後に転院した場合

　利用者の転院が決まったら、連携担当者か家族からケアマネジャーに連絡があります。初めに入院した際の病院から転院先へケアマネジャーの入院時情報は申し送られることもありますが、情報が途切れてしまうこともしばしばです。「入院時の情報提供の手順（58頁参照）」を参考に、転院先の連携担当者へもケアマネジャー側から積極的にかかわりを始めましょう。

退院調整期間

　退院の時期が決まると連携担当者からカンファレンス参加の依頼があります。病院内で開催されるカンファレンスは、連携担当者が参加者や日時、場所を調整し、司会進行を行います。ここで退院に向けての方針や退院後の生活課題を明らかにし、調整期間の目途を立てます。カンファレンスの開催がない場合は、ケアマネジャーから連携担当者へ開催の依頼を申し出て行う場合もあります。筆者が経験した調整内容は、住宅改修、福祉用具の選定、医療処置や医療機器の物品準備や手順の習得、試験外泊、サービスの変更や追加、有料老人ホームへの入居支援などがありました。調整期間は内容や介護力、社会資源に大きく左右されますので、余裕を持って準備するためにも入院時から連携を密に取ることが大切です。この時期に、介護サービス事業者へ利用者の状況と退院予定時期を報告し、退院後のサービス調整と退院前カンファレンスの参加を依頼します。

試験外泊時に利用できる訪問看護

> **外泊時訪問看護**：入院患者が在宅療養に向けて、一時的に外泊する際に、主治医から交付を受けた訪問看護指示書および訪問看護計画書に基づき、指定訪問看護を行った場合に算定できます。

退院前

　退院前カンファレンスが開催される前に、利用者や家族と面接して介護サービスの確認や必要物品の最終確認をすませておきます。カンファレンスの参加メンバーは、病院側は連携担当者が、在宅側はケアマネジャーが呼びかけます。退院後の診療がかかりつけ医（在宅医）に戻る場合は、病院側がかかりつけ医へ参加を依頼します。退院前カンファレンスは、退院後の治療方針や生活について関係者が共通認

識を図ることが目的ですので、介護サービスの細かな調整はカンファレンス終了後に行うか、退院後のサービス担当者会議で話し合うようにしましょう。退院前カンファレンスは、効率的で効果的な進行が大切です。

退院時から在宅

サービス担当者会議は、退院日か翌日が理想的ですが、利用者の体調や家族の疲労感などに配慮して日程を調整します。

③ 連携先・連携の取り方

入院初期に連携する相手は、連携室担当者や主治医、病棟看護師が主となりますが、治療が安定するとリハビリの開始や栄養指導など利用者のサポートチームのスタッフも増えてきます。リハビリの状況を知るにはリハビリの時間に合わせて訪問し、許可を得た上でリハビリ室での訓練を見学しながらの情報交換を行うのが効果的です。また、食事療法が必要であれば、実際に調理を支援するヘルパーと一緒に病院の管理栄養士からアドバイスをもらうこともあります。

在宅での生活状況や介護者の状況に合わせて、自宅でも続けられる工夫について知恵を出し合い、探ることでお互いの連携が深まります。

④ 情報の整理

入院時の情報提供に際しては、本人・家族の同意を得た上で効果的な情報提供が行われるよう配慮することが大切です。

しかしながら、「ケアマネジャーからの情報が一方的に送られてきて困る」という医療機関側の声をよく耳にします。ケアマネジャーが提供する情報と医療機関側が必要とする情報には、乖離が見られるという報告[2]（**図表 3-1**）もあり、提供側のマナーや質が問われています。

第**3**章
医療連携の実際

61

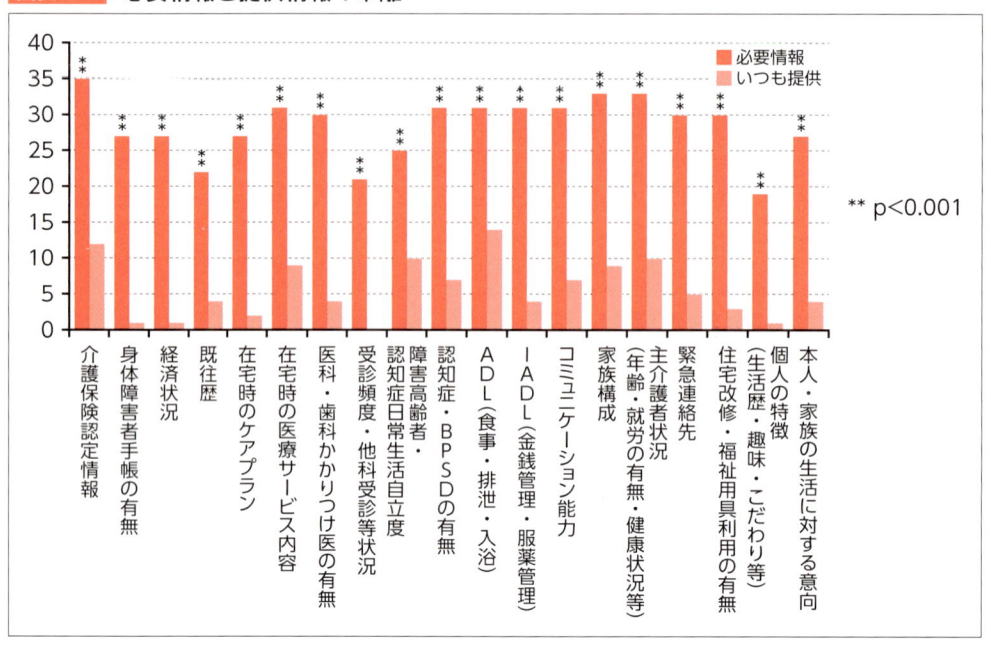

図表 3-1　必要情報と提供情報の乖離 2)

凡例: 必要情報 / いつも提供

縦軸: 0, 5, 10, 15, 20, 25, 30, 35, 40

** p<0.001

横軸項目:
介護保険認定情報、身体障害者手帳の有無、経済状況、既往歴、在宅時のケアプラン、在宅時の医療サービス内容、医科・歯科かかりつけ医の有無、受診頻度・他科受診等状況、認知症日常生活自立度、障害高齢者・認知症高齢者・BPSDの有無、ADL（食事・排泄・入浴）、IADL（金銭管理・服薬管理）、コミュニケーション能力、家族構成、主介護者状況（年齢・就労の有無・健康状況等）、緊急連絡先、住宅改修・福祉用具利用の有無、個人の特徴（生活歴・趣味・こだわり等）、本人・家族の生活に対する意向

これまで、居宅介護支援の「入院時情報連携加算」は、入院後7日以内に情報提供を行うことが算定の要件となっていましたが、2018年度からは、訪問や文書送付など情報の伝達方法にかかわらず、3日以内に実施した場合には上記の加算が算定できるよう改定されました。このため、ケアマネジャーからの一方的な情報提供にますます拍車がかかることが懸念されます。

医療機関側が特に必要とする情報は、治療方針や今後の生活に関する利用者や家族の意思や退院後の医学的な管理能力等を確認する上で大切な情報（認知面、本人・家族の意向、キーパーソンなど）であり、生活の細部や家族関係など書面による基礎的な情報のみでは十分に伝えきれないものも含まれています。このため、ケアマネジャーは文書による情報伝達に加え、医療機関を訪問して担当者と面談するなど、必要な情報提供を行うことが求められています。

⑤ 連携の流れ

入院から退院までの連携の流れをフロー図にまとめました（**図表 3-2**）。

図表 3-2 入院から退院まで連携フロー

	①入院時	②入院中	③退院調整期間	④退院前	⑤退院〜在宅
目的	・在宅の生活状況を情報提供し、治療やケアに役立てる ・在宅での課題を共有し退院後の生活に早めに着手する	・治療やリハビリの経過を把握する	・退院時期の把握 ・必要時家屋調査 ・医療処置や医療機器が必要な場合の対応準備	・入院中の経過の把握 ・在宅生活上の留意点 ・リハビリの継続方法 ・家屋調査等環境整備の最終段階	・在宅生活の援助方針決定
ケアマネジャー	入院時情報共有 1）病院へ訪問して面接 2）電話・FAXで連携 **ケアマネジャー→連携担当者** **①入院時情報提供書**	入院後病院訪問	退院調整のための病院訪問 1）アセスメント 2）必要時要介護認定区分変更申請 3）試験外泊時の準備	退院前カンファレンス参加 **ケアマネジャー→保険者** **⑤住宅改修申請書** **⑥福祉用具購入申請書** **ケアマネジャー→保険者**	サービス担当者会議開催 **ケアマネジャー→本人・家族・サービス事業所・関係機関・病院連携室** **⑦居宅サービス計画書原案**
連携相手	連携担当者 （退院調整看護師・MSW・病棟看護師）	連携担当者 主治医 担当看護師 リハビリ職 **④退院支援計画書** **病院担当医→本人・家族**	連携担当者 主治医 担当看護師 リハビリ職	連携担当者 主治医 担当看護師 リハビリ職 薬剤師 管理栄養士	**病棟看護師→ケアマネジャー・訪問看護** **⑧看護サマリー** **⑨リハサマリー** **担当リハビリ職→ケアマネジャー・在宅リハビリ職**
在宅関係者	かかりつけ医（在宅医） かかりつけ歯科医 かかりつけ薬剤師 **かかりつけ医（在宅医）→病院担当者** **②診療情報提供書** **③訪問看護サマリー** **訪問看護→病棟看護師**				かかりつけ医（在宅医）・かかりつけ歯科医師・かかりつけ薬剤師・訪問看護・訪問介護・通所サービス・福祉用具等介護サービス事業者 地域包括支援センター職員 民生委員

連携の実際

● **難病で入退院を繰り返す一人暮らしの事例**

A さん・70 代・女性

要介護認定：要介護 1

障害高齢者の日常生活自立度：A1

認知症高齢者の日常生活自立度：自立

基礎疾患：特発性間質性肺炎・糖尿病・慢性心不全

家族構成：夫と死別後一人暮らし。市内に長男長女がおり、週に 1 ～ 2 回訪問
し、掃除や買物を支援している。

利用サービス：介護保険で訪問介護（2 回 / 週）、訪問看護（1 回 / 週）、デイ
サービス（2 回 / 週）、権利擁護事業で金銭管理

入院のきっかけ：特発性間質性肺炎で、在宅酸素療法、薬物療法（免疫抑制剤、
ステロイド）を行っていましたが、食欲低下と呼吸困難の悪化
があり、訪問看護がかかりつけ医へ報告。かかりつけ医から総
合病院呼吸器医師へ相談後、入院となりました。

入院時（入院から 2 日目）

　連携室へ電話し、連携担当者へ入院時情報提供書を持参することを伝えて日時を
調整後に訪問しました（**図表 3-3**）。入院時情報提供書の内容に加え、生活状況・
生活上の課題を情報伝達し、特に伝えたかったことを伝えました。例えば、宅配弁
当が配達エリア外になって以降、ヘルパーの調理は口に合わず、長男に揚げ物や炭
酸飲料を頼んで購入しており、食事療法が守られていなかったことや犬の散歩では
酸素カートが邪魔なので酸素を吸わずに息を切らしながら行っていたこと、本人が
「薬を飲んでいるのによくならない」と病気の理解不足と思える発言をよくされて
いたことなどです。

　また、その際に本人と面接を行い、「少し楽になりました」「犬が心配なので早く
帰りたい……」という本人の思いを伺いました。主治医からは、肺炎が悪化してい
るため抗生剤を開始したことや血糖値を下げる薬の使用を検討していることなどを
聞き取りました。

　この時点でケアマネジャーは、在宅では守れず、課題であった食事療法や薬に対

する理解不足を病院側へ伝えることで、入院中に改めて指導を受けることができ、今後の疾患管理が改善できると考えました。

図表 3-3 事例の展開　入院時〜入院中（入院 1 週目頃）

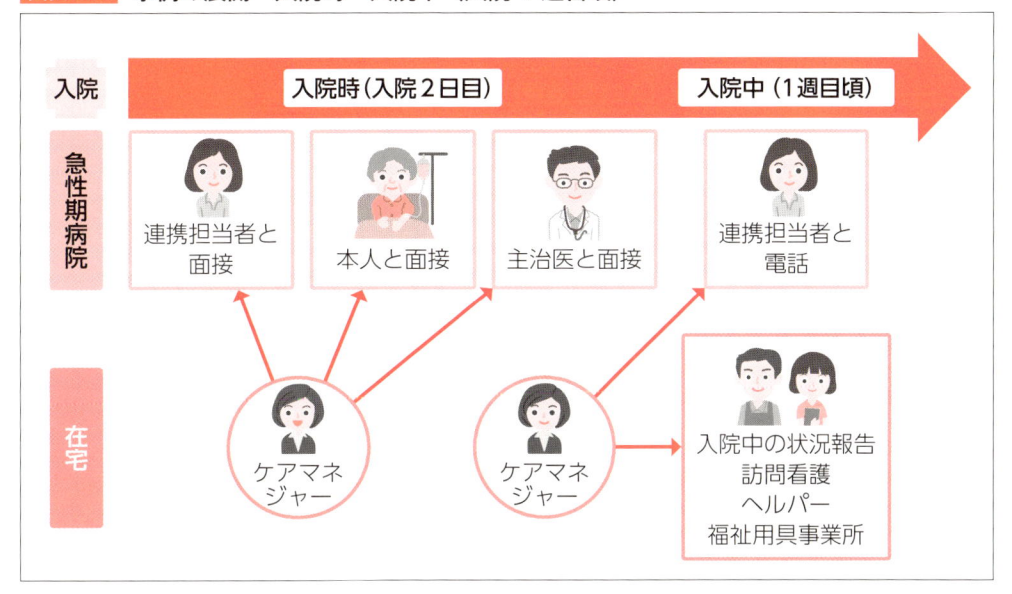

入院中（入院 1 週間目）

ケアマネジャーから連携担当者へ電話をし、本人の様子・治療状況の確認を行いました。肺炎の抗生剤の点滴が終わり、リハビリが開始されたことや主治医が薬の内容を変更して、状態を見ている状況であることを確認しました。

ここでは、主治医による症状の安定が確認できれば、退院の方向となるため、早めに本人の ADL を把握しておく必要があると判断しました。

入院中（入院 2 週間目）

リハビリの時間に合わせて病院へ訪問。本人と担当理学療法士（PT）に状況を確認しました。本人からは、「リハビリでは歩行訓練を行っていますが、息切れがするので長く歩けなくなった。犬の散歩は無理かもしれない……。食欲はありますが、味が薄いし野菜が多い。少しやせなさいと先生にいわれています」とのことで、担当の PT とはこんなやりとりをしました。

PT：「歩き始めると酸素飽和度が下がり、咳が出始めるので休憩を入れながら歩く練習をしています」

CM：「犬の散歩ができなくなるのではと心配されていました。A さんの自宅前

は坂道ですが、犬の散歩が唯一の外出なので退院後も続けられるように一緒に考えていただけませんか」

　この場面では、担当の PT が生活環境を実際に見て具体的なアドバイスをすることで、本人の不安が解消されると判断し、家屋調査を提案しました（図表 3-4）。

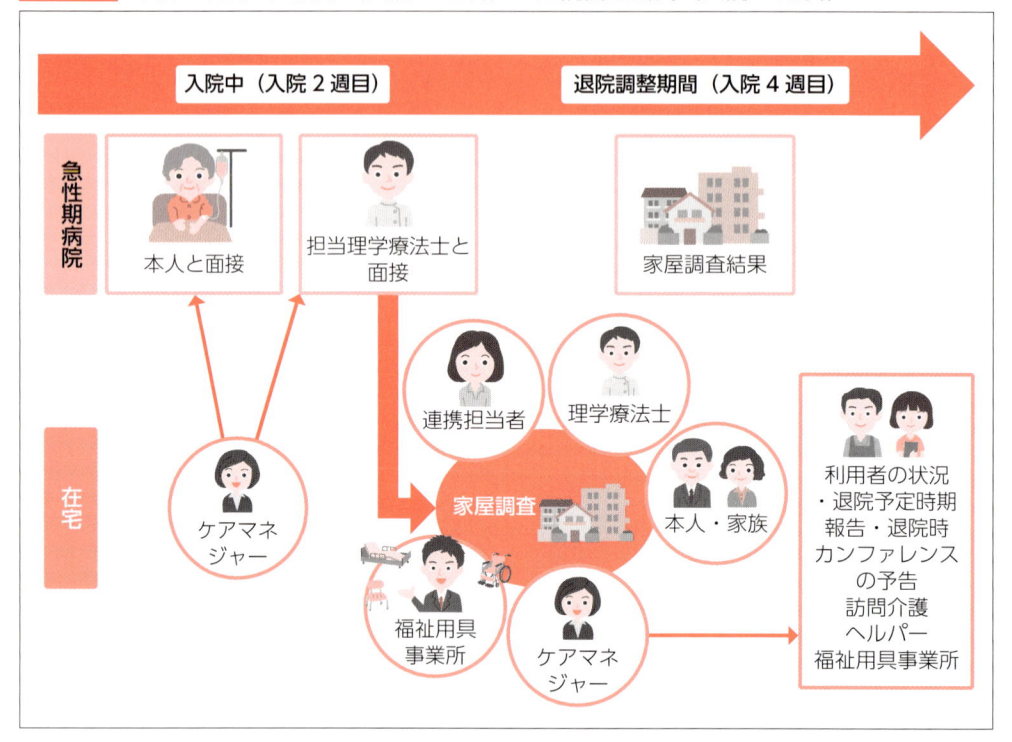

図表 3-4　事例の展開　入院中（入院 2 週目）〜退院調整期間（入院 4 週目）

退院調整期間（入院 4 週間目）

　本人、長女、理学療法士、連携担当者と家屋調査を実施。久しぶりに愛犬との再会に喜ぶ利用者と散歩コースを一緒に歩き、休憩ポイントを決定しました。以下、家屋調査の結果です。

- ●屋内の居室からトイレまでの歩行で息切れがあるため、廊下に休憩用の椅子を設置する
- ●玄関の段差に手すりのレンタル、玄関前に椅子の配置
- ●犬の散歩コースはこれまでの半分に短縮し、座面がある押し車タイプの酸素キャリーに変更し、座って休憩を取りながら行う

退院前（入院 6 週間目）

退院前カンファレンスが開催され、本人、長女に加え、病院側は主治医、薬剤師、病棟看護師、理学療法士、退院調整看護師が参加。在宅側は訪問看護師 、デイサービス管理者、訪問介護事業所のサービス提供責任者、福祉用具相談員、ケアマネジャーが参加しました。ここでの検討内容は、「入院中の様子と在宅生活の注意点について」「本人の生活に対する意向の確認」「住宅改修の内容について」「緊急時の対応について」「訪問看護の訪問頻度について（退院直後 2 週間は訪問看護特別指示書で毎日訪問）」などでした。

カンファレンスには顔なじみの在宅スタッフが参加していたことで、本人も安心した表情でした。

退院（入院 7 週間目）から在宅へ移行

退院当日は、退院の荷物を運ぶことで呼吸困難と咳が強くなるため、一人で退院する A さんのタクシーを追いかけながら、ケアマネジャーと訪問看護師とで自宅に同行しました。訪問看護師が薬と在宅酸素のセットを行いました（退院支援指導加算）。また、翌日サービス担当者会議を開催し、以下のことが確認されました。

- ● ケアプラン原案の確認
- ● 退院前カンファレンス時と状態の変化なく、今後生活をしてみて新たに課題がある場合に対応することで決定
- ● デイサービスの再開は、訪問看護の特別指示期間 2 週間後の様子を見て判断する
- ● 入院前から使用していた多職種連携ノートを継続し、デイサービスと受診時にも活用する

退院初日の生活が滞りなく送れるように、生活面と医療面の両方を確認しました。

在宅生活安定期から日頃の医療連携

その後の A さんの在宅生活をバックアップする、医療連携については、図表 3-5 を参照してください。

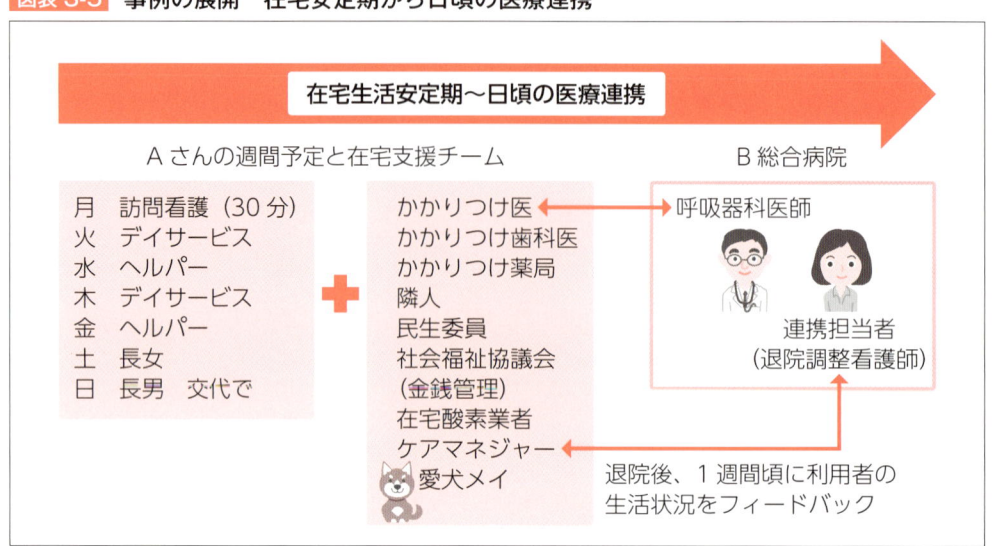

図表 3-5 事例の展開　在宅安定期から日頃の医療連携

在宅生活安定期〜日頃の医療連携

Aさんの週間予定と在宅支援チーム　　　　B総合病院

月	訪問看護（30分）
火	デイサービス
水	ヘルパー
木	デイサービス
金	ヘルパー
土	長女
日	長男　交代で

かかりつけ医
かかりつけ歯科医
かかりつけ薬局
隣人
民生委員
社会福祉協議会
（金銭管理）
在宅酸素業者
ケアマネジャー
愛犬メイ

呼吸器科医師

連携担当者
（退院調整看護師）

退院後、1週間頃に利用者の
生活状況をフィードバック

⑦　チーム支援の効果

　入院すると利用者を中心に、主治医、看護師、薬剤師、リハビリ職、管理栄養士、臨床工学士、臨床検査技士など多くの専門スタッフにより構成されたチーム医療が行われます。最近は、緩和ケアチーム、栄養サポートチームなどさらに専門的なサポートが受けられるようになっています。利用者にとってよりよい治療を目標に、チームが情報を共有し課題解決に向けて取り組んでいく仕組みは、在宅チームのあり方や目指すものと共通しています。医療チームの構成メンバーがより専門的に広がって行くように、在宅では、地域住民の方や認知症サポーター、警察署、消防署などチームもどんどん広がりを持ってきました。どちらも中心は利用者とその家族であり、ケアマネジャーは医療と介護のチームをつなげる重要な役割です。

　入退院を繰り返す利用者や入院を機に新たな治療や医療機器の管理を始めることになった利用者や家族にとって、退院は喜ばしいことである反面、病気の悪化や機器の管理をしながらの生活に不安を持たれていることも少なくありません。このような時に顔なじみのチームが支えにあれば安心につながるのではないかと思います。生活と医療は相互に深く関連しており、生活情報は病院での治療やケアに役立て、入院中の情報は在宅ケアに反映し、病気や障害を持ちながら地域で生活する利用者に切れ目のない一貫性のあるケアを提供することが必要です。そのためにもケ

アマネジャーは、病院スタッフが利用者の在宅生活をイメージしながらケアができるように質の高い情報提供を行う必要があります。利用者の入退院連携を通じて、それぞれのチームが相互の立場を理解し合うことでチーム力が向上することは、利用者へ個別性の高いケアの提供につながります。

🔴8 急性期病院連携担当者からケアマネジャーへのお願い

- 入院時情報はできるだけ早くほしい
- 入院病棟ごとに担当する連携室職員を決めているため、転棟の際は連携担当者が変わることを理解してもらいたい
- 要介護認定の調査は、身体状況によって可能か判断したいので、連携室を通じて日程を決めてほしい。連携室もできるだけ調査に同席したい
- 退院前カンファレンスを持ちたいが、連携室からケアマネジャーに病院に来てくださいと言いにくい。ケアマネジャーから行きますと言ってくれるとありがたい
- 進行性の病気の場合、入院中に状態が変わるということは十分ありうるため、退院時に胃瘻の管理等、医療依存度が高くなることがあると理解してほしい
- 尿路カテーテル留置や褥瘡があっても在宅で管理をしながら生活が可能と病院側が判断していても、「医療行為のある生活は無理」とケアマネジャーが退院調整をしないなど温度差がある。在宅医療への理解を持ってほしい

引用・参考文献
1）「厚生労働省健康局長通知発第 1129001 号」2002, 11, 29
2）NPO 法人ケアマネット 21 「要介護者等の円滑な在宅復帰を目指すための入院時における介護支援専門員と医療ソーシャルワーカー等との連携の在り方に関する調査・研究」平成 27 年度公益財団法人フランスベッド・メディカルホームケア研究・助成財団

1 「主治医」と「かかりつけ医」

概要

　主治医とは、治療方針を決め主たる責任を持つ医師を指します。それは、ある特定の疾病の治療に対する場合もありますが、健康問題全般を相談できる医師を指すこともあり、後者は特に「かかりつけ医」と呼ばれます。かつてはどの家庭にも家族の体調にかかわるすべてを相談することのできる「かかりつけ医」がいたものです。しかし医療の専門化が進み、国民皆保険制度によって誰もが日本中のどこの医療機関でも受診することができるようになり、人々が地域の特定の医師をかかりつけ医とする意識は徐々に薄れていきました。それが近年、地域包括ケアシステムの推進や、医療機関の機能分化の流れから改めて見直され、日本医師会でも「かかりつけ医を持ちましょう」と国民に呼びかけています。日本医師会では、かかりつけ医を「健康に関することを何でも相談でき、必要な時は専門の医療機関を紹介してくれる身近にいて頼りになる医師のこと」と定義します。日頃の健康状態、飲んでいる薬やアレルギーなどを知っており、その人のライフスタイルに合った治療を選択したり、的確に専門の医療機関を紹介し、かつその後のフォローを行ってくれる医師がかかりつけ医といえるでしょう。

　かかりつけ医が、医療と介護の連携において極めて重要な意味を持つことは皆さん経験されていることと思います。介護保険申請にあたり慌てて「主治医意見書」を書く医師を探す必要が出てきたといった場面に出くわすことは多いでしょう。日頃から受診している医師がいる場合はその医師に依頼することが多いですが、総合病院の専門医は、病状についてはよく知っていても、その病気や体調がその人の生活にどのような影響を与えているか、生活上どんなことに困っているかについてまでは把握していないこともあります。高齢になれば徐々に複数の疾病が並存したり、さまざまな機能の低下が起こります。それら全体をマネジメントしてくれる地域のかかりつけ医が主治医として意見書を書くことが理想的です。利用者が複数の医療機関や診療科にかかっている場合も、その医師に情報が一元化されるようケア

マネジャーとして意識を払う必要があります。

プライマリ・ケアの概念

　では、「かかりつけ医」とはどのような医師なのでしょうか。それを説明するものに「プライマリ・ケア」という概念があります。「プライマリ・ケア医」は、子どもからお年寄りまで、年齢・年代や性別、疾患部位に関係なく幅広く診ることができ、そこには予防的な対応も含まれます。単に病気を治すだけでなく、病気や障がいとどのように付き合っていくのか、地域でどのようにその人らしい生活を送るのかといった視点を持ち全人的に対応する機能があります。図表 3-6 の「Ⅲ Coordination（協調性）」にもありますが、専門医との連携に加えて地域住民や社会的医療資源の活用なども重視されており、超高齢社会を迎えた日本において、今後より重要性を増していくと考えられています。プライマリ・ケア医は近年大学病院や総合病院でも「総合診療科」といった名称で増えてきてはいますが、主に地域の診療所や在宅医がその役割を担っています。

図表 3-6　プライマリ・ケアの5つの理念

Ⅰ.Accessibility（近接性）	Ⅳ.Continuity（継続性）
1. 地理的 2. 経済的 3. 時間的 4. 精神的	1. 「ゆりかごから墓場まで」 2. 病気の時も健康な時も 3. 病気の時は外来 - 病棟 - 外来へと継続的に
Ⅱ.Comprehensiveness（包括性）	Ⅴ.Accountability（責任性）
1. 予防から治療、リハビリテーションまで 2. 全人的医療 3. Common diseaseを中心とした全科的医療 4. 小児から老人まで	1. 医療内容の監査システム 2. 生涯教育 3. 患者への十分な説明
Ⅲ.Coordination（協調性）	
1. 専門医との密接な関係 2. チーム・メンバーとの協調 3. Patient request approach（住民との協調） 4. 社会的医療資源の活用	

資料：一般社団法人日本プライマリ・ケア連合学会ホームページより

在宅医とは

　ケアマネジャーが連携する先が在宅医であることも多いでしょう。在宅医とは、

文字通り患者の住まいや施設を訪れて治療を行う医師を指します。主に外来診療を行っている医師が、診療上必要があると判断した時に患者の自宅などに赴いて行なう「往診」がイメージしやすく、それは在宅医療の一つの形ではあります。しかし、「訪問診療」とは区別されることに注意が必要です。「訪問診療」とは、医師のほか、訪問看護師、薬剤師や理学療法士などの医療関係者が、通院困難な患者宅を定期的に訪問して行う、計画的・継続的な医学管理、経過診療を指します。身体機能の低下や認知症などにより一人で通院することが困難な患者と事前に契約を結び、在宅医療計画書を作成し、訪問のスケジュールを決めて患者の自宅や高齢者施設にて診察します。1990 年代より外来、入院に次ぐ第 3 の医療として位置づけられ、2000 年の介護保険制度開始や、地域包括ケアシステム推進に後押しされています。

　「訪問診療」は、診療報酬上 1986 年にその概念が導入され、その後 20 年の時を経て、2006 年に在宅で療養する患者のかかりつけ医として地域において 24 時間の連絡および往診体制を持つ「在宅療養支援診療所」が定義されました。国は、高齢化に伴って増大し続ける医療費拡大の解決策の一つとして、また超高齢社会の次に訪れる多死社会で発生する「看取り場所不足」解消のためにも、在宅医療を推進しています。2013 年に 134.7 万床ある病床数は、何ら手立てを構じないままに高齢化を織り込むと 2025 年には 152 万床必要になると推計されていますが、厚生労働省はそれを 115 〜 119 万床程度まで絞り込む方針を示しており、その差分である約 30 万人が在宅や高齢者施設に移行することとされています（図表 3-7）。

図表 3-7 2025 年の医療機能別必要病床数の推計結果票（全国ベースの積み上げ）

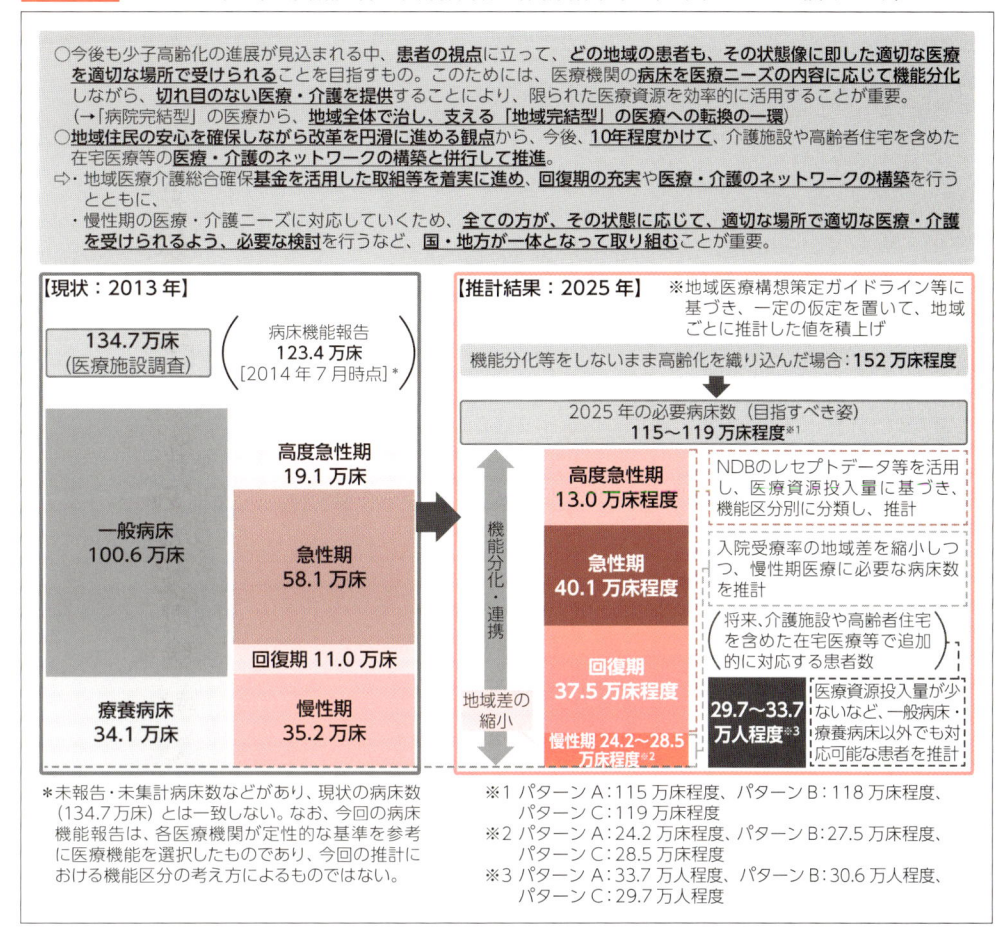

○今後も少子高齢化の進展が見込まれる中、**患者の視点**に立って、**どの地域の患者も、その状態像に即した適切な医療を適切な場所で受けられる**ことを目指すもの。このためには、医療機関の**病床を医療ニーズの内容に応じて機能分化**しながら、**切れ目のない医療・介護を提供**することにより、限られた医療資源を効率的に活用することが重要。
　（→「病院完結型」の医療から、**地域全体で治し、支える「地域完結型」の医療への転換の一環**
○**地域住民の安心を確保しながら改革を円滑に進める観点**から、今後、**10年程度かけて**、介護施設や高齢者住宅を含めた在宅医療等の**医療・介護のネットワークの構築と併行して推進。**
⇨・地域医療介護総合確保**基金を活用した取組等を着実に進め、回復期の充実**や**医療・介護のネットワークの構築**を行うとともに、
　・慢性期の医療・介護ニーズに対応していくため、**全ての方が、その状態に応じて、適切な場所で適切な医療・介護を受けられるよう、必要な検討**を行うなど、**国・地方が一体となって取り組む**ことが重要。

② 医師といつ連携をするのか

　医師との連携は、ケアマネジャーとして利用者を担当したタイミングから終了するまで続きます。

利用者の担当を開始したタイミングでの医師との連携

　利用者を担当することになったらすぐに医師との連携を開始する必要があります。まずは医師と利用者がどのような関係性なのかを把握するよう努めましょう。医師と利用者との関係は、それまでの経緯によってさまざまなケースがあり、医師が持っている利用者の情報の量と質にはかなりの差があることに注意が必要です。

①その医師がすでに利用者のかかりつけ医である場合

　定期的に通院している、訪問診療で往診しているなど、医師がすでに利用者のかかりつけ医としての役割を担っている場合は、その人の既往歴や家族歴、生活歴など多くの情報を持ち、信頼関係も確立していることが多いと思われます。その場合は、利用者から医師にケアマネジャーが決まった旨を伝えてもらうとよいでしょう。その上で、ケアマネジャーからも事業所名や氏名、連絡先等の詳細を紙面で伝えておくとその後の連携がスムーズです。医師は、医療機関側が求めて患者に聞かない限り、ケアマネジャーが誰なのかについて知ることができる仕組みがありません。積極的にケアマネジャー側から連絡を取ることで連携の下地が整います。

②入院治療から自宅療養に切り替えるに当たり初めてかかりつけ医となった場合

　入院していた人が退院することとなり、自宅療養を開始することになった場合、入院先の医療機関が地域の医師を紹介し、かかりつけ医となる場合があります。この場合は、紹介元の医療機関が「診療情報提供書」を作成し、既往歴や治療の経緯、飲んでいる薬の情報などを伝えます。しかしその他の生活環境についてなどは、詳細な情報を持っているとは限りません。ケアマネジャーからも新しいかかりつけ医に連絡を入れた上でそれらの情報を適切に伝えられるよう、整理しておくとよいでしょう。

③未治療だった人が介護保険申請をするに当たり初めてかかりつけ医となった場合

　特に病気などがなく、定期的な通院もしていなかったが、身体機能や認知機能の低下があって介護保険申請を行う場合、ケアマネジャーが医師を紹介するケースがあります。その場合は、生活環境などに加えてこれまでのおおまかな病歴なども含めて利用者から情報収集を行い、医師に伝えられるとよいでしょう。

連携方法

①日常的なコミュニケーション

　ケアマネジャーから医師に医療的な判断を求めたい時、相談をしたい時などは電話や対面などのコミュニケーションも必要となるでしょう。報告事項のみであれば書面をFAXで送付するなどの方法が簡便ですが、のちのち問題となりそうな変化などは、書面だけでなく電話などで一報を入れておく必要があります。忙しい医師への電話連絡はしにくいと感じることもあるかもしれません。医師は診療時間帯はなかなか電話に出にくいものです。看護師や事務スタッフに伝えておく、医師が電

話に出られる時間を確認して掛け直すのも有効です。できる限り端的に、相談したい内容を整理した上でタイムリーに伝える工夫をしましょう。双方にストレスの少ない連絡方法を見つけることは、スムーズなコミュニケーションの鍵となります。

②入院した時

　利用者が入院した時は、退院後の生活に向けて準備をする必要があるため、入院先の主治医および退院後のかかりつけ医と連携をする必要があります。入院は利用者の生活を大きく変えるタイミングとなることがあります。要介護度の区分変更や、利用サービス、福祉用具の変更が必要となるかもしれません。医学的な判断と本人や家族の意向、生活環境上の現実性など総合的な判断のもとで進めていきますが、難しい局面となることもあります。入院先の医療機関に必要に応じて家族への病状説明に同席できるかを確認するとよいでしょう。退院前カンファレンスに参加し、退院後のケアプランの案について意見をもらいます。退院後の療養を担当するかかりつけの医療機関の医師や看護師にもカンファレンスへの参加を打診します。参加ができなかった場合も話し合われた内容を適時に情報共有しておくようにすると退院後の療養生活への移行がスムーズになります。

❸　提供する情報、提供してほしい情報

　高齢者が地域で落ち着いた暮らしを続けるには、「薬とケアの最適化」が重要です。利用者の体調は毎日のように変化し、それによって本人も家族も気持ちが揺れることがあります。利用者にかかわるスタッフは、それらに惑わされることなく、一貫した対応が求められます。その際に重要なのは目標の共有です。その人がこの先どういう経過をたどるのかについて先を見据えた準備が必要であり、どのような道筋を見据えるのかをかかりつけ医と適切に情報交換、意見交換できる関係性を作る必要があります。

かかりつけ医に確認しておくべき情報

　ケアマネジャーはまず、利用者の身体的現状を理解する必要があります。また精神面においても日常的にどのようなことに注意する必要があるのか、どんなリスクがあるのかについて積極的に医師に確認します。可能であれば、かかりつけ医がどのような判断のもとでどのような治療を行っているのか、今後想定している変化についても理解できると、未来への予測が可能となり、それをもとに、今、何をする

必要があるのか、今後どのような準備が必要か、家族への説明方法やタイミング、サービスの変更や追加などさまざまな意思決定が可能となるでしょう。

医師に提供すべき情報

　訪問診療は2週間に一度程度ですので、その間に利用者がどのように過ごしたかは重要な情報です。利用者に発生した大きな変化はもちろん、小さな変化もキャッチして医師にとって有用な情報として伝えるには、上記に述べたようなかかりつけ医の考えや方向性を理解することが必要です。

　高齢者は、多くの疾患を抱えて複数の診療科にかかっていることも珍しくありません。またその結果、たくさんの薬が処方されているケースがあります。5剤以上飲むと転倒のリスクが上がり、6剤以上飲むと副作用を起こしやすくなるという報告もあり、厚生労働省も高齢者の適正な医薬品の使用のために検討を進めています。医師は患者の状態に合わせて、できる限り少ない種類の薬を効率的に処方する必要があり、それによって「薬を誤って服用するリスクを低減する」「患者や介護職の負担を減らす」ということが可能となります。

　特に認知症の人は、まずはケアの工夫などの非薬物療法を優先し、同時に薬を適正化していく「薬とケアの最適化」がキーワードとなりますが、それには利用者を最も身近で診ている家族や介護職からの情報提供が非常に重要です。医師は薬を選択する際、その対処すべき症状やそれまでにかかった病気などの情報以外に、「食事ができているか」「水分が摂れているか」「睡眠の状態はどうか」「排泄が適切にできているか」といったその人の生活の状況を重要な判断材料としています。また、生活上の情報から医師は思わぬ副作用に気づくこともあります。ヘルパーは同じ時間帯に訪問することが多いため、日々の変化を察知しやすいという面もあります。それらの判断材料となる情報をさまざまなスタッフから集め、整理して情報提供ができると、より適切な治療を行うことができます。

緊急事態を防ぐ工夫

　利用者や家族にとって、急激な体調変化や救急搬送、急な入院は大きなストレスとなります。入院している人のうち、認知症のある人は脳梗塞や肺炎、骨折の人が多いというデータもあります。不必要な入院のきっかけをつくらないようにするために骨粗鬆症予防や肺炎球菌ワクチンなどの医療的対応と転倒しにくい環境調整や栄養管理などのケアをバランスよく行うための連携が有効です。

図表 3-8　一般病棟（7 対 1 〜 15 対 1）※に入院する患者全体における疾患と認知症を有する患者の疾患（複数回答）

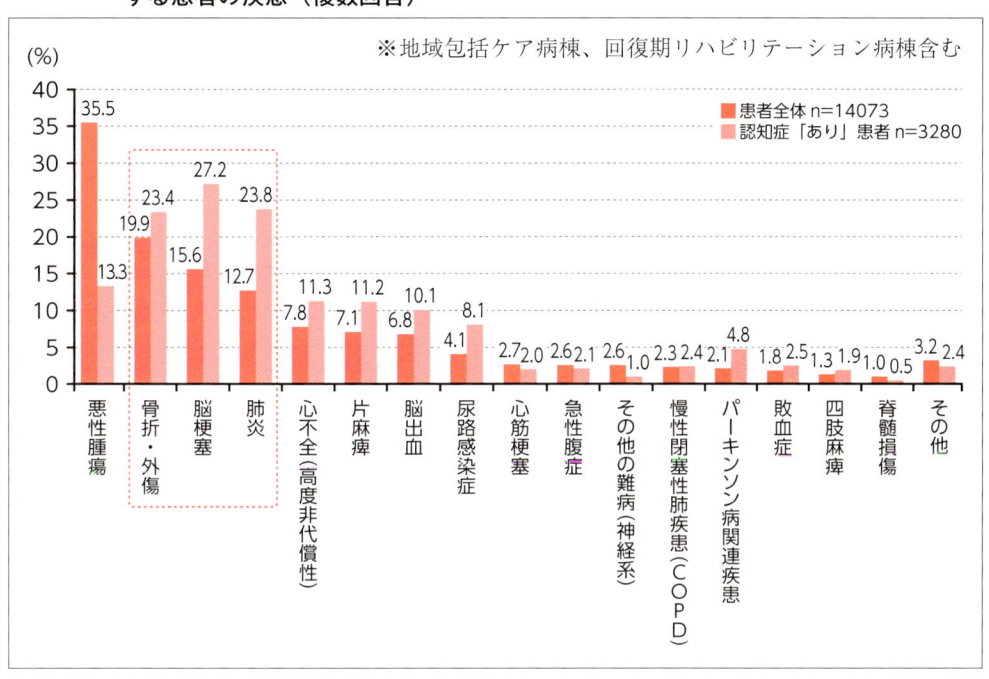

（%）　　　　　　　　　　　　　　　　　　　　　　　　※地域包括ケア病棟、回復期リハビリテーション病棟含む

■ 患者全体 n=14073
■ 認知症「あり」患者 n=3280

第 3 章　医療連携の実際

4 連携の実際

● 認知症で服薬管理ができない事例

Ｂさん・89 歳・男性・独居

高齢者住宅に入居

基礎疾患：狭心症、糖尿病、高血圧、認知症

家族構成：長男が近隣に住んでいるが関係性がよくないため、日常的な交流はほとんどない。

事例の状況：ADL は自立しているが、4、5 年前より認知機能の低下が見られ、外出して戻れない、被害妄想や易怒性があり、お金を盗まれたと訴える、何度も鍵を変える、ほかの入居者とのトラブルを繰り返すといった行動が増えていました。HDS-R18 点です。近隣の総合病院に通院していましたが、認知機能の低下により一人で通院することが困難となってきたことやより細かな観察と生活支援が必要となってきたため、医師との相談の上、訪問診療へ切替えました。本人の

強い希望により狭心症の治療については継続して総合病院へ通院。本人は薬剤師であったため、薬の管理を他人に任せることを拒否して自己管理をしていましたが、適切に服薬できておらず、訪問診療開始後、大量の残薬が自宅から発見されました。

　徐々に認知機能の低下があって通院が難しくなり、訪問診療に切り替えることとなったケースです。訪問診療の医師は、認知症の患者を多く診療しているクリニックに依頼をしました。訪問診療医は、総合病院からの診療情報提供書によって既往歴や検査結果などを把握しますが、患者の性格やこだわり、精神的な不安定さ、生活上の問題点などについてはケアマネジャーから書面および電話にて伝えました。さらに薬の管理について問題を抱えていることを詳しく説明し、初回の訪問診療の際には同席をしました。訪問診療医がこれまでの薬を見せてほしいと促したところ、大量の残薬が自宅内より発見されました。

写真1　残薬

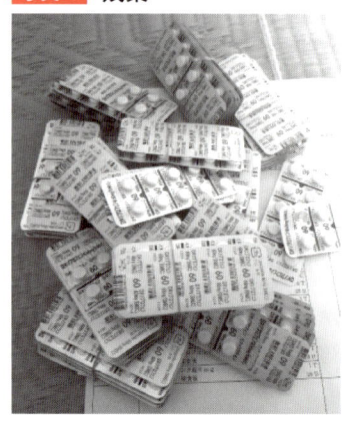

初診時に自宅内から出てきた残薬

　訪問診療開始後も本人の強い希望によって通院を続けている総合病院から同じ薬が継続して処方されていたため、残薬が大量にある旨を訪問診療医より診療情報提供書によって伝えてもらうとともに、ケアマネジャーからも連絡をしました。さらに訪問診療医は、1日3回だった服薬回数を1日1回に減らしてできるかぎり飲みやすい状態にするとともに、訪問薬剤師および訪問看護師による服薬の支援を開始することとしました。訪問薬剤師による服薬管理については、本人が薬剤師であっ

たため拒否をしていましたが、医師より必要性を説明したところ納得し、導入することとなりました。訪問看護師へは、服薬と薬の効果や副作用のチェック、物盗られ妄想による精神的不安定さへのケアなどを行うよう医師より依頼しました。

　総合病院への定期的な外来受診はその後訪問診療医との信頼関係構築に伴い、本人の意思により停止しました。その後は、訪問診療医が精密検査が必要と判断した時などのみ、数か月に1回程度、訪問診療医の指示によって受診しています。内服薬の服薬タイミングを朝食後から夕食後に変更した際、混乱して飲み忘れている様子があったため、医師に報告した結果、朝食後に戻すこととなりました。看護師によるケア、複数の専門職によるモニタリング（チーム・モニタリング）と連携によって細かな内服調整が行われた結果、徐々に精神的な落ち着きが見られ、来客を穏やかに嬉しそうに迎えるようになりました。

5 チーム支援がもたらすもの

　チーム支援によって、さまざまな視点で利用者を観察し、専門的なケアを行った結果、寝たきりだった利用者が散歩にいけるようになった、とても落ち着いたい最期の日を迎えることができたなどの効果をもたらします。先にも述べた通り、チームで協働するために重要なことは目標の設定とその共有です。要介護度が同じであっても、その背景や状況はさまざまで、身体機能の回復が見込める人もいれば、終末期に向けて身体機能が低下する過程にある人もいます。そしてそれに伴う本人や家族の思いもさまざまです。回復が見込める人はどのような状態を回復と定義し、終末期に向かう人は穏やかな最期に向けてどのような経過を目指すのか、その過程においてどのような治療とケアを行うのか、その合意形成ができると、チームは最大の力を発揮します。地域におけるチームは、利用者ごとに違うメンバーで構成する必要があり、ケア会議などを開催してメンバー同士が一堂に会することができればよいのですが必ずしもそうではありません。会ったことすらないメンバー同士が同じ目標を共有するためのハブの役割をするのがケアマネジャーです。本人や家族も含めたチームメンバーの一人だけに負担がかかることのないよう工夫し、チーム全体での目標達成を目指すことが重要です。

⑥ かかりつけ医との連携においてケアマネジャーが果たす役割

ケアマネジャーが知っておくべき医療の知識

ケアマネジャーの中には、医療的知識が乏しいという理由で医療者との連携を苦手だと考えている人も少なくありません。しかし、ケアマネジャーが知るべき医療知識はそれほど深く詳しいものではありません。まずは高齢者がかかりやすい慢性疾患、直接命にかかわる代表的な疾患、ケアが重要な疾患の概要を知っておくとよいでしょう。慢性疾患で重要なのは、高血圧や糖尿病、腎不全です。概要を知っていると「糖尿病だがコーヒーに砂糖を大量に入れて飲んでいる」「腎機能が低下しているが塩辛いものが好きだ」といった生活上の問題点を医師に伝えることができます。それらは医師にとっては診察時間内では得られない貴重な情報であり、患者や家族への指導や、治療方針の変更の検討に役立てることができます。

また、肺炎や脳梗塞など、直接命にかかわる疾患についてもある程度の知識があると緊急時の対応、医療者への連絡をスムーズに行うことができます。

ケアで重要なのは褥瘡です。褥瘡は、使っている寝具、日常的な姿勢、介護の状況など生活が反映しやすい疾患であるため、どの程度のリスクがあるかを判断するに当たっては、日常生活を知っているケアマネジャーの情報が役に立ちます。さらに処置の計画や悪化の兆候、その場合に気をつけるべきことなどを医療者と情報交換できると、寝具やケアの仕方の変更の検討などに有用です。

そして最後に認知症です。高齢者の多くは認知症となり、特に罹患率の高いアルツハイマー型認知症では、徐々に進行し日常生活への影響が大きくなる傾向があります。まずは認知症の主な種類と症状について理解しましょう（図表 3-9、3-10）。アルツハイマー型認知症の症状には、中核症状とそれに伴う心理・行動症状があり、利用者に生じている症状がいずれなのかによってすべき対処は変わってきます。

図表 3-9 治る認知症と治らない認知症

治る認知症	治らない認知症
硬膜下血腫 一部の脳腫瘍 一部の正常圧水頭症 甲状腺機能低下症 ビタミン欠乏症 複雑部分発作（てんかん）　など	アルツハイマー型認知症 レビー小体型認知症 前頭側頭葉変性症 血管性認知症　など

図表 3-10 認知症の中核症状と心理・行動症状

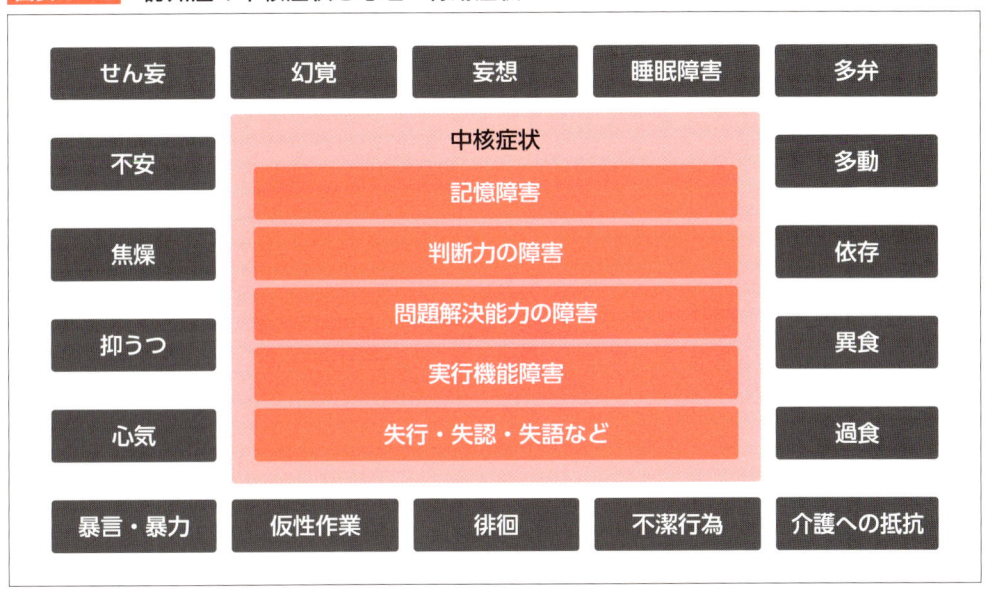

せん妄　幻覚　妄想　睡眠障害　多弁

不安　多動

焦燥　依存

抑うつ　異食

心気　過食

暴言・暴力　仮性作業　徘徊　不潔行為　介護への抵抗

中核症状
記憶障害
判断力の障害
問題解決能力の障害
実行機能障害
失行・失認・失語など

7　医療者がケアマネジャーに望むこと

　医療について大まかな知識を押さえておくと、医療者が行った判断に対する理解が進み、より効果的な連携が可能となります。一方、医師は介護保険制度についてあまり詳しくない場合もあり、ケアマネジャーが持つ介護保険制度の知識や地域での介護者とのネットワークが、医師が行いたい治療やケアの実現の鍵となることもあります。双方の知識を補い合って、同じ方向を向いてともに進むことが重要です。

　連携のためのコミュニケーションを単なる情報共有、情報交換で終わらせず、次の一手への足がかりとして機能させるという視点が、利用者のよりよい療養生活のためにケアマネジャー、医療者双方に求められています。

第3節 訪問看護との連携

① 訪問看護の仕事について

　訪問看護とは、病気や障害を抱えながら自宅で療養中の方に、看護師などのケアスタッフが訪問して療養生活の世話や診療の補助を行うサービスです。

　具体的には、「健康状態の観察と療養生活の助言」「病気治療のための看護」「療養生活の世話」「精神、心理的な看護」「在宅でのリハビリ」「介護する家族の相談や技術指導」「さまざまなサービスおよび制度利用の相談」「終末期看護および看取り」などを行っています。

　訪問看護で働くのは、看護師、准看護師、保健師、助産師、理学療法士、作業療法士、言語聴覚士の国家資格等を持っている専門職です。

　訪問看護のスタッフは、主治医の指示（訪問看護指示書）のもとにケアマネジャーや介護事業者等と連携しながら、自宅で療養中の利用者へ訪問して療養上の世話や必要な診療の補助を行っています。

　訪問看護は医療保険ないし介護保険での利用となります（**図表 3-11** 参照）。

② 連携のタイミング

　利用者にとって最も良いタイミングで訪問看護の導入を依頼することが大切です。ここでは3つのパターンで解説していきます。

パターン1：継続利用者の場合

　継続利用者が在宅生活中に医療的なサポートが必要と考えられるタイミングを具体的に考えてみましょう。

- 外来まで行くことや、待ち時間を座って過ごせないなど通院ができなくなった時
- 処方された薬の数が合わなくなる、または過剰に余るようになった時
- 廃用性の筋力低下または疾患によるリハビリが必要になった時
- 原因はわからないが、なんとなく身体の動きが悪くなり、それが継続する時

図表3-11　訪問看護の利用の流れ

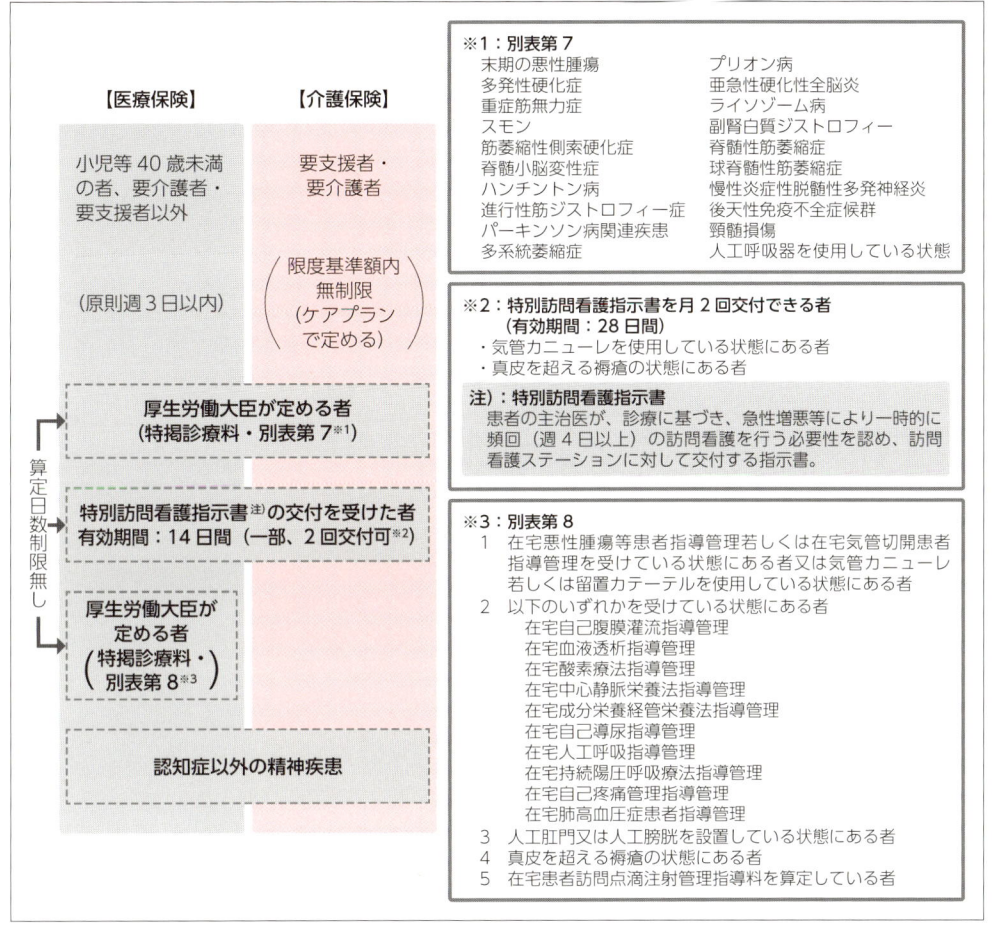

資料：社保審-介護給付費分科会 第142回 参考資料2 より

- ●救急搬送を繰り返すことが増えてきた時
- ●認知症状が悪化してきた時
- ●重篤な病気が見つかった時
- ●介護者がこれまで担ってきた医療的な支援を継続できなくなった時
- ●いくつも外来に通っており、総合的に考えていくほうが良い時

などさまざまなことが考えられます。こうした場合に、本人や家族に訪問看護を提案したい旨を伝え、目標達成に必要なサービスとしてサービス担当者会議等でチームにて話し合います。

パターン2：退院時の利用者の場合

　入院をして治療等を行った利用者の退院後に医療的サポートが必要になるパター

ンを考えてみましょう。

- 医療器具および医療行為が必要になった時（膀胱留置カテーテル・在宅酸素療法・点滴・中心静脈栄養・経管栄養・褥瘡処置・気管切開・人工呼吸器装着・インスリン・人工肛門・吸入・吸引等）
- 医療管理をしながらリハビリテーションを継続していく必要性がある時
- がん末期状態と診断された時
- 終末期に向かっている時
- 進行性難病と診断された時
- 病気への理解が乏しく生活に支障が出てくると予測された時
- 認知症の人で生活に支障が出てくると予測された時
- 薬による管理が必要な時

これらの時には、利用者本人だけでなく家族にも継続した指導や援助が必要となることが多いと思います。

パターン3：医療保険から介護保険の利用に切り替わる場合

医療保険ですでに訪問看護が導入されており、年齢等で介護保険も利用することになり連携を取ることになった時を考えてみましょう。

- がん治療を継続されている人
- 難病の人
- 精神疾患の人
- 障害により看護が必要な人

など、65歳になったため介護保険申請に伴いケアマネジャーが後からチームに加わることがあります。障害福祉分野の相談支援専門員との連携も必要となってきます。利用者によっては周囲が必要と考えても導入に対して拒否することもあるかと思います。しかし、生命にかかわることもあるので、地域包括支援センターおよび保健所等にも相談しながら一緒にかかわっていくことも視野に入れておきましょう。

3 連絡先・連携の取り方

依頼先の状況やタイミングを確認して依頼をしましょう。

地域によって差があるかもしれませんが、まずは依頼したい訪問看護ステーショ

ンの空き情報を得るために電話等で、個人情報を伏せたまま打診をすることが必要です。頻度や地域また利用者への支援の内容によっては「支援をすることが難しい」と断られてしまう場合もあります。どうして訪問看護を依頼したいのか、その理由をしっかり話せるようにしましょう。そして主治医の意見、訪問看護の頻度をどのように考えているのかなどを伝えます。

　訪問看護の相談窓口は管理者であることが多く、その場合、実際の訪問や退院支援等にて不在なことも多いため、相談窓口となる人の連絡の取りやすい時間等を把握しておくとよいでしょう。

　依頼を受けてもらえる場合には、正式な申し込みの仕方を確認しましょう。「電話で個人情報を伝えた後、個人情報を除いたほかの情報を付け加えた依頼用紙をFAXする」「メールで依頼する」「そのまま電話依頼で構わない」などさまざまです。各訪問看護事業所や地域によって依頼書を作成しているところもありますので確認してください。

　もう1点大切なことがあります。訪問看護を依頼する時には主治医から「訪問看護指示書」を発行してもらう必要があります。指示書の交付は医療機関や医師によって依頼方法が異なることもあるため、どのような手順を踏んだらよいか各訪問看護事業所に相談するとよいでしょう。

❹　情報の整理

　申込書がある場合には必要な情報が集約していますので、記入した上で打診の電話をすると慌てなくてよいでしょう。一般的に訪問看護事業所が提供してほしい情報は下記の通りです。

　利用者の「年齢」「性別」「病名」「主治医名」「医療処置の有無」「現病歴」「現在の内服薬」「家族構成および介護力」「介入する保険の種類」「訪問看護に求めること」「訪問してほしい曜日や時間」「ケアマネジャーが考える頻度」等を簡潔に伝えましょう。そして実際に訪問できるかを検討してもらいます。

　検討にあたって、「既往歴」「今後の治療方針」「利用者および家族の希望」「認知症の有無」「退院の目途・退院カンファレンスの設定」「ほかのサービスおよび内容」「病状によっては緊急時の対応の相談」等の情報も求められる可能性がありますので、答えられるようにしておきましょう。

5 チームでの情報共有の方法

　2018年改定では新たに『平時からの医療機関との連携促進を行うことが必要とされ利用者が医療系サービスの利用を希望している場合等は、利用者の同意を得て主治の医師等の意見を求めることとされているが、この意見を求めた主治の医師等に対してケアプランを交付することを義務づける』『訪問介護事業所等から伝達された利用者の口腔に関する問題や服薬状況、モニタリング等の際にケアマネジャー自身が把握した利用者の状態等について、ケアマネジャーから主治の医師や歯科医師、薬剤師に必要な情報伝達を行うことを義務づける』が加わりました。

　訪問看護師は医師の指示のもとに看護を行うことになっています。定期的に「訪問看護計画書」と「訪問看護報告書」の書面を作成し医師に発行しています。同様の内容をケアマネジャーへも看護計画やモニタリングとして発行している訪問看護事業所もあります。私たちケアマネジャーは医師への連絡だけでなく、医師とのつながりの深い訪問看護師ともしっかりと連携を取ることが医療と介護の連携として重要です。先述した通り、連絡先の担当者が訪問で不在にしていることが多いため、連絡が取りやすい時間に電話をしたり、時間の制約のないFAXやメール等で情報を発信することも必要でしょう。

　ケアマネジャーや訪問介護が訪問時に利用者の体調が悪かったり、急変している際には、遠慮なく訪問看護に電話で現況を伝え、対応について相談をしましょう。この際に重要なのは、「体調が悪い」という抽象的な報告ではなく、客観的にわかりやすい報告が望ましいです。例えば「昨日から嘔吐していて今も何も食べられません」「熱が38度あります。咳をしていて痰が絡んで呼吸が苦しそうです」「転倒して右足の付け根を痛がり動けません」など医療者が聞きながらアセスメントができるような報告を心がけましょう。

　最近では在宅医療介護連携のためにICTを活用し、医師、看護師、リハビリ職、ケアマネジャー、訪問介護等と一緒に利用者の情報共有を行っている地域や医療機関もあります。その際には「医療情報システムの安全管理に関するガイドライン（第5版）」（平成29年5月）に対応していることが必要となってきますので注意をしてください。

6　連携の流れと連携の実際

● **事例1　退院前カンファレンスの実際**

C さん・85歳・男性

要介護認定：要介護2

障害高齢者の日常生活自立度：A2

認知症高齢者の日常生活自立度：Ⅱb

基礎疾患：大腸がん　肝障害（転移疑い）前立腺肥大 ストマ造設

家族構成：妻と2人暮らし

図表3-12　事例1の連携の流れ

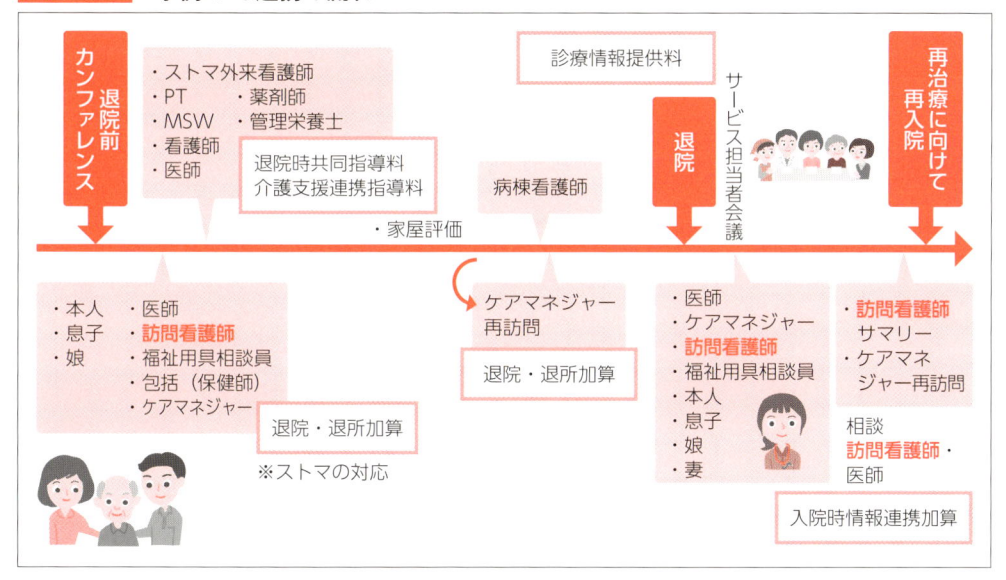

　利用者のCさんは、83歳のリウマチ疾病のある妻と2人暮らしです。2人の子どもがいて、主たる介護者は電車で30分ほどの他県に住んでいる息子です。娘は独身ですが自営業のため、土日も仕事で忙しいことから、電話での安否確認や買い物など妻のフォローをしてくれています。

　Cさんはゴルフが趣味で普段から健康には自信がありましたが、便秘が続き、腹痛を訴え受診し、そのまま精査入院することになりました。その結果、直腸がんの診断があり、人工肛門（以下、『ストマ』という）造設術を行いました。肝臓への転移も指摘され治療の提案もありましたが、家族は、緩和ケア的な在宅療養を望み

ました。本人にははっきりとした告知がされておらず、悪いものがあったが切除したため人工肛門になったという説明だけでした。退院と同時に介護保険を利用することになったケースです。

　ケアマネジャーは地域包括支援センターからの依頼で、入院中である総合病院で開催される退院前カンファレンスからかかわることとなりました。

　カンファレンスには病院側から担当医、MSW、理学療法士、病棟看護師、ストマ外来看護師、薬剤師、管理栄養士が参加していました。在宅チームとしては訪問診療医、訪問看護ステーションの所長、福祉用具専門相談員、地域包括支援センターの保健師、担当ケアマネジャーが参加しました。

　まずは、病気に対する説明を病院の担当医が行い、本人や家族から病気や今後の治療に関する質問を受けていました。医師同士、看護師同士の連携のための情報共有も行われ、ケアマネジャーとしては、「食事は繊維質の物を避けて腸閉塞の防止をすること」「もしもストーマが外れてしまった場合の対処法」「認知面の低下があり、ストーマ交換は自分ではできると話されるもなかなか手順が覚えられない」といった生活に影響が出そうな内容を確認していきました。

　そして、今後の治療については、本人も家族も「もう、年も年だからこれ以上の治療は望まない」ということで、化学療法は行わないことも話されました。そのため、今後の療養については、基本的に訪問診療医と話し合っていくことが決まりました。

　ストーマの交換に関しては、妻はリウマチで手先の細かいことはできないため、息子に覚えてもらうことになりました。必要に応じて仕事帰りに本人の家に寄ることが可能かを確認すると、息子も「そのつもりである」と快く請け負ってくれました。また、退院までに食事の内容や注意点を覚えてもらうために、妻に栄養指導を受けてもらうことになりました。

　訪問看護師からは緊急時訪問看護の説明があり、緊急の時には少し時間はかかるが臨時の訪問をすることが可能であること、訪問診療医も同様であることが話され、本人、家族も安心して療養できますと話しました。また、退院予定日までにちょうど1週間あったので本人の希望である2階の寝室への移動が可能であるか、再度リハビリで評価することになりました。

　その後、ストーマ装具が外れてしまった際の対処方法を話し合い、訪問看護師よ

りおむつパットをとりあえず当てておく方法がいいのではと提案がありました。

　退院前にケアマネジャーが再度病院を訪問し、カンファレンスで話し合った内容を確認しました。リハビリでの評価については、朝にふらつきが見られることから、安全性を考慮し2階の寝室での就寝は考え直し、1階に変更することになった結果を聞きました。

　退院日には、本人、家族も参加してもらいサービス担当者会議を開催しました。そこで、週に2回訪問看護が入ること、生活に慣れてきたら、以前行っていた地域のゴルフ仲間と打ちっぱなしに行くという目標などが設定されました。

　退院後、本人も思いのほか元気に過ごすことができているので肝臓の転移に対して治療ができるのであれば行いたい意向があり、訪問看護師、訪問診療医と相談の上、再度入院をすることになりました。

本事例のポイント

　ケアマネジャーは訪問のたびに夫婦の生活の様子をモニタリングしていました。その中で退院後、思いのほか元気に自分たちでできることを実感したことで、今後の治療についても考えてみたいという夫婦の希望の芽生え、気持ちの変化に気づき、そのことをケアマネジャーから訪問看護師に伝えることにより、医師と相談してもらうことができました。医師より現在の病状の話と今後受けられる可能性のある治療法について本人・家族にタイミングよく伝えてもらい、その結果、本人が自己選択できる場へとつながりました。

● 事例2　看取りにおける医療連携の実際

Dさん・51歳・男性

要介護認定：要介護5

障害高齢者の日常生活自立度：C1

認知症高齢者の日常生活自立度：Ⅱa

基礎疾患：肺がん末期　脳・肝臓・全身の骨転移

家族構成：妻・娘（高校生）・息子（小学生）の4人暮らし

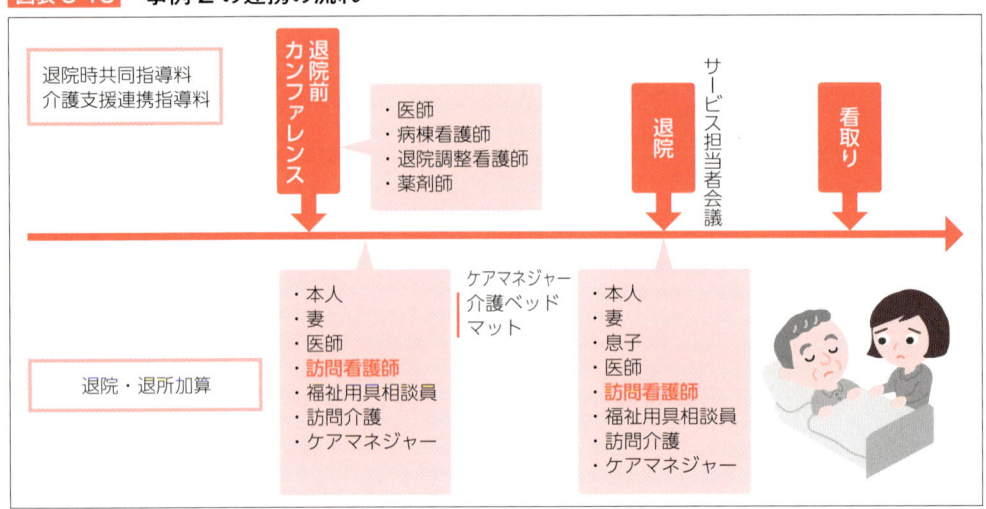

Dさんは、3年前に肺がんの手術、抗がん剤治療を行い、現在は症状も落ち着いており、仕事も行い、2か月に1回定期受診をしていました。その後骨、脳転移が見つかり、脳転移から目が見えなくなり、抗がん剤等の治療効果もないと判断されました。本人の意思で在宅療養へと移行となったケースです。

退院前カンファレンスには在宅側は在宅医、訪問看護師、訪問介護、ケアマネジャーが、病院側は担当医、病棟看護師、退院調整看護師、薬剤師が参加しました。

食事が摂取できていないため、毎日点滴を行っていることや首の痛みに対する疼痛コントロールのための医療用麻薬が開始されたことが申し送られました。病状については病院の医師と在宅医および訪問看護が直接確認し、今後起こりうる病状変化は家族を交えて再確認されました。

本人や家族が自宅に帰ってしたいことや病院との違いをどのようにイメージしているかを訪問看護師がカンファレンスの中でうまく聞いてくれました。

本人は目が見えないため、自宅のほうが安心して周囲のことがわかるので帰りたいと話し、合わせて妻がわざわざ毎日病院に来なくてもよくなるので少しは楽になるのではと介護者を気遣う発言がありました。家族は、病院にいて特別な治療を受けるのでないならば本人が安心して過ごせる自宅のほうがよいことや病院ではなかなか子どもたちが面会に行けないので家でゆっくり接する時間が持てるのでよいですね、と話しました。

　5日後に退院が決定し、急遽、介護ベッド、褥瘡予防マット、訪問入浴、訪問介護の準備を行いました。

　退院日の夕方に訪問診療医が来る時間に合わせてサービス担当者会議を開催しました。訪問看護からは、午前中、毎日体調管理と口腔ケア、オムツ交換、部分浴を行うことになりました。午後のケアは訪問介護により、オムツ交換、清拭、着がえなどの支援をしてもらうことがよいのではとの提案がありました。また、午後の訪問介護のケアの際に気をつけてもらいたいことをノートで共有することになりました。本人の希望で自宅では点滴を行わず、できるだけ妻の手料理を食べたい、と食事に対して意欲を示しました。量は少ないものの食事や水分を摂取することができました。そのような中、訪問看護師からタイミングを見て何度か妻の意向の確認がされました。その都度ケアマネジャーに連絡があり、少しずつ妻も在宅看取りに向けてイメージを作り覚悟を決めている様子でした。本人の様子は声も少しずつ小さくなり、水分等をむせこむことが多くなり、本人からは医療職と妻にケアをしてほしいと希望がありヘルパーは断わることにしました。再三の訪問により本人の両親が在宅療養に対して理解していない様子があり、妻はストレスを感じているようでした。そこで、訪問看護師と相談し、医師から両親に対して現在の病状を再度説明してもらいました。医師からも毎週訪問診療の様子が居宅療養管理指導としてFAX またはメールがあり、ケアマネジャーからも本人や妻の想いを医師へ伝えていきました。訪問看護からも細やかな様子の変化等の連絡があり、ケアマネジャーが本人の状態に合わせて訪問するタイミングを合わせました。

　夜間に呼吸が苦しそうと緊急のコールを訪問看護にし、誤嚥している様子で喘鳴が続き吸引等も必要となり、訪問看護より妻に吸引の行い方を指導しました。

　訪問看護よりそろそろ意識状態も血圧も落ちてきている旨の連絡があり、訪問入浴等に中止の連絡を入れ、訪問しました。家族も覚悟を決めている様子でその日の夜に家族そろって看取ることとなりました。

本事例のポイント

　がん末期ということで家族は訪問看護師との時間は身体の変化について質問したいことを準備し、今後の不安についてよく話を聞いてもらっている様子でした。ケアマネジャーとしては体調ではなく、本人や家族または子どもたちそれぞれの楽しい行事や今までのお父さんぶり等の話を聞くように役割分担していました。「運

動会の日はいつも一番に場所取りに出かけどんなに忙しくても休んで応援してくれた」と息子さんから話を聞き、訪問看護師に伝えると、「だから本人も奥さんもお子さんが通う小学校の運動会の音がよく聞こえるのですよと話していたのですね。この日は定期の訪問も断られてどうしてなのかと思っていました。ではできるだけ苦痛なく前日には排便も出しておきましょう」と家族の大切な共有時間を処置や訪問時間に取られることなく過ごしてもらうことができました。

● 事例3　精神科訪問看護との連携の実際

Eさん・65歳・男性

要介護認定：要介護5

障害高齢者の日常生活自立度：C1

認知症高齢者の日常生活自立度：Ⅲa

基礎疾患：脳血管障害　誤嚥性肺炎を繰り返し胃瘻造設　脳出血後右麻痺後遺症
　　　　　　統合失調症　誤嚥性肺炎

家族構成：妻と2人暮らし妻は8時半から17時半まで毎日パート勤務

図表3-14　事例3の連携の流れ

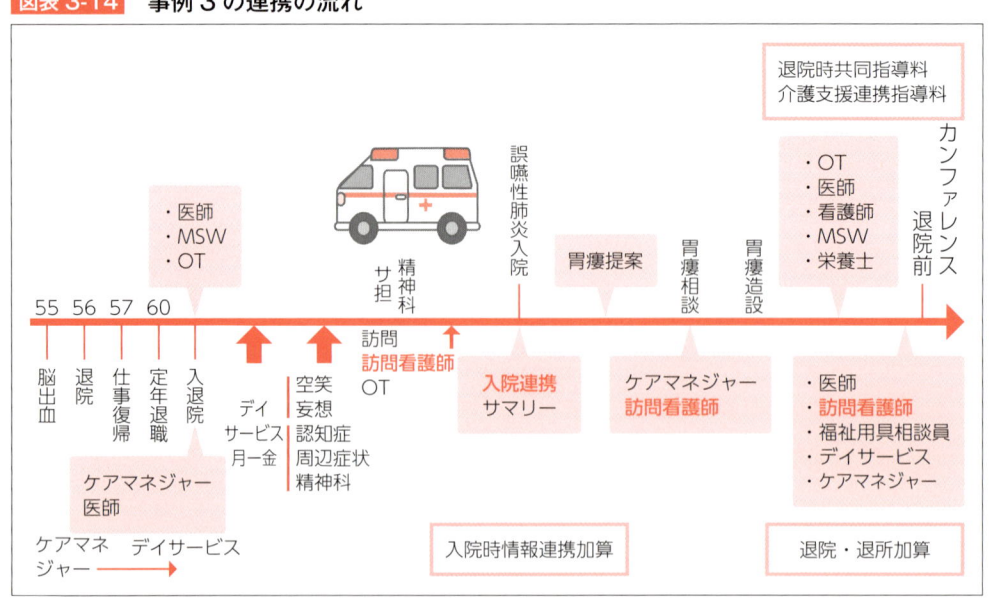

　Eさんは55歳で脳出血のため右片麻痺となり、リハビリ病院を経て仕事にも復帰をしました。60歳で定年退職となりましたが、その頃には、時折無動になった

り、空笑があったり、口が溶けるなどの発言が聞かれるような精神症状が出現し、薬物調整のために3か月程入院することになりました。ADLが低下しての帰宅でしたが医師から行動を強いてはいけないと指示があり、家族も介護者もやや困惑していました。日中独居となるため月曜から金曜まで毎日8時から18時までデイサービスに行くことにするも、食事はほぼ摂取せず、水分摂取も極端に少ない日々が続いていました。自立支援医療にて精神科の訪問看護を受けることを提案したところ、当初は妻も拒否的ではありましたが、次第に訪問看護からの看護師、OTの訪問の受け入れが可能となりました。内服の時間、微熱の時の対応、生活リズムの相談、福祉用具の相談、家族の休息のアドバイスなどを相談するようになり、訪問看護への信頼も高まっていきました。月に1回はモニタリングの状況を訪問看護ステーションとケアマネジャーがお互いに情報交換することで妻への精神的なケアにもつながっていきました。経口摂取量が少なく口の中に食べ物をため込む傾向が増え、誤嚥性肺炎予防について訪問看護師がアドバイスをしたとの情報が入り、その数日後、発熱と痰がらみの呼吸困難のため救急搬送されることになりました。訪問看護から入院先に在宅の状況を伝え、退院時に必要な情報交換を求めることにしました。

　入院中に経口摂取以外の栄養摂取の選択として胃瘻造設の提案があり、妻より訪問看護とケアマネジャーへ相談がありました。夫婦の生活スタイルと在り方を一緒に話し、妻としては胃瘻の選択をしたいと意見が出てまとまりました。入院中に胃瘻からの栄養の注入や吸引などの手技の指導がありました。退院前カンファレンスを開催し、退院と同時に訪問診療を導入し、訪問看護は緊急時対応の加算を追加することになりました。妻の生活スタイルを考えると胃瘻からは半固形タイプを加圧バッグ（手動式圧注入調整装置）で注入する方法がよいだろうと訪問看護から提案され、病院へ持ち込み練習することになりました。

本事例のポイント

　長い療養経過の中で身体・精神状態の変化があり、まず精神疾患から訪問看護を導入し、胃瘻造設に伴いさらに医療の処置的な面で介入してもらうようになりました。生活の様子や夫婦の考え方をケアマネジャーが思い込みで勝手に伝えるのではなく、訪問看護師の前で、「以前は胃瘻は、延命処置だからしたくないと話されていましたが、ご家族で話し合って胃瘻造設を決めたと伺いました。息子さんや娘さ

第3章 医療連携の実際

んたちは何とおっしゃっていましたか？」と表現しにくい部分を質問して、伝えるようにしていました。ケアマネジャーは理解しているつもりでも、状態が変われば介護者の考えも変わることもあるので確認するようにしました。そうすることによって、胃瘻を造設したらベッドに寝かせておかなければならないなどと思い込み、出かけることができないのかなど生活の疑問が表出され、そこでケアマネジャーと介護者が一緒に考える機会を持つことができ、妻との2人暮らしのリズムを考えた介護のアドバイスをもらうことができました。

7 チーム支援の効果

ケアマネジャーはチーム作りの中で、医療と介護の分野の支援者とともに本人や家族もチームの重要な一員として考えます。チームワークがうまくいくと利用者の問題解決に対して、知恵が集結し、創造的な計画ができあがります。また、情報が行き渡ることによって迅速な実施につながります。そして、多くの資源や人材を最大限に生かすことができます。各専門職においても多職種と連携することによって自己内省し、互いに意識や能力を高め合うことにつながります。連携の力は人材育成の仕組みや技術の伝承に大きな成果が出てくると思われます。

ケアマネジャーが1人で考えさまざまな思考をこらすことには限界や偏りがあり、チームの仲間と一緒に考え、共通する価値観を持ち、同じ目的に向けて支援していくことによってともに達成感も出てくることとなります。何よりも利用者中心に考えるからこそ医療と介護の共通点が出てくるのです。医療的ケアに関する知識や、資源活用の幅が広がり、さらに医療従事者等との顔の見える関係構築につながります。そうなると医療的ケアを必要とする利用者や困難ケースのサービスプランについて確信が持てない時に、看護職員とともにケアプランを確認することができるようになります。一度相談したことをきっかけに顔の見える関係になり訪問看護がインテークの時期からかかわることも必要性があればできるでしょう。病状の変化が予測される利用者等はその後の経過を早い段階からイメージできるようなアドバイスが可能となるため、ケアマネジメントに非常に効果的となります。

8 訪問看護師からケアマネジャーへのお願い

ケアマネジャーが病気や医療処置について中途半端な理解をし、判断してしまう

と大きなリスクへつながることがあります。基礎職種や経験によって多少力量が異なるでしょうが、適切なタイミングで利用者の生活に必要な専門職のアドバイスやケアを導入してほしいと思います。

　また、訪問看護師等の役割を理解し、病気のことや病気の予後などは一緒に相談して予測していくほうがよいです。ケアマネジャーは利用者自身の考え（人生観など）や家族の考えをしっかり受け止め、本人たちが伝えきれない部分を専門職として伝えてほしいです。一緒に ACP（人生会議）を考えていきたいと思います。

　医療と介護の連携をしながらお互いの専門性を高め合えるようにしていく必要があるでしょう。

第 **3** 章
医療連携の実際

第4節 訪問リハビリテーションとの連携

① 訪問リハビリテーションの仕事について

「訪問リハビリテーション」とは「居宅要介護者（主治の医師がその治療の必要の程度につき厚生労働省令で定める基準に適合していると認めたものに限る。）について、その居宅において、その心身の機能の維持回復を図り、日常生活の自立を助けるために行われる理学療法、作業療法その他必要なリハビリテーションを行う」と定義されています。

訪問リハビリテーション（以下、『訪問リハビリ』という）を提供できる事業所は病院、診療所、介護老人保健施設、介護医療院です。利用者は訪問リハビリ実施事業所の医師の診療を受け、医師から指示を受けた理学療法士（PT）、作業療法士（OT）、言語聴覚士（ST）が通院困難な利用者の自宅においてリハビリテーション（以下、『リハビリ』という）を行い機能回復や維持・向上、生活の立て直しなどを支援します。

一般的には訪問リハビリは介護保険での支援を行いますが、疾患によっては医療保険が適応されることがありますので確認が必要です。

② 連携のタイミングとして

退院、退所後、リハビリの継続が必要な場合

- 生活不活発による機能低下予防と改善のため
- 進行性難病による機能低下予防のため
- ターミナル期の苦痛緩和やポジショニングのため
- 寝たきりの利用者へ離床や関節可動域の維持などによる介護負担軽減のため
- 訪問介護や福祉用具事業所、住宅改修事業所へのアドバイスのため

等の場合に訪問リハビリとの連携が必要となります。

③ 連携の取り方として

ケアマネジャーとして日頃より地域で提供できる訪問リハビリ事業所の把握は必

要です。また、退院・退所時は病院・施設の相談員との連携が必要となります。

　訪問リハビリ事業所を十分に把握できない場合は、地域包括支援センターや介護サービス情報公表システムなどを利用するなどして把握してください。

　提供できる事業所がわかれば、連絡を取り、サービスの提供ができるかの確認を行いましょう。

4　情報の整理について

　訪問リハビリ事業所が決定したらケアマネジャーから当該事業所へ情報の提供を行います（第5章に「ケアマネジャーから訪問リハビリへ情報提供」を収載）。

5　訪問リハビリが開始されるまでの流れ

自宅で生活している場合

依頼を受け自宅へ訪問、本人・家族と面談

　ケアマネジャーは依頼を受けると自宅に訪問し、利用者や家族に面談を行います。本人・家族の意向を確認しながら住環境など、本人・家族を取り巻く環境も併せてアセスメントを行います。アセスメント結果、訪問リハビリの必要性があるのではないかと判断した場合、かかりつけ医に相談します。

かかりつけ医に意見を照会

　介護保険サービス利用において医療系サービスを利用する場合、「主治の医師または歯科医師の意見を求めなければならない」となっています。訪問リハビリも医療系サービスの一つであるためかかりつけ医に意見を求める必要があります。

　ケアマネジャーとして訪問リハビリ利用について判断した根拠を医師に報告し、利用について相談・意見を求めます。かかりつけ医より同意が得られたら診療情報提供書の記載を依頼します（かかりつけ医→訪問リハビリ事業所の医師へ）。第5章に掲載した「かかりつけ医・ケアマネジャー連携シート」もご活用ください。

訪問リハビリ事業所の紹介・選択を支援

　訪問リハビリ利用についてかかりつけ医の同意が得られたら訪問リハビリ事業所の選択を支援します。事業所の選択においては公正中立の立場より複数の事業所を紹介し、利用者の意思に基づいた選択の支援が必要です。

　その地域において提供できる訪問リハビリ事業所の情報を、利用者へ提供し選択

を支援していきます。

訪問リハビリ事業所決定後からサービス提供開始までの流れ

　訪問リハビリ事業所が決定するとサービスの開始まで本人を含めかかわる担当者それぞれの流れがありますので、ここでは、それぞれ紹介します。

①利用者の流れ

　訪問リハビリ事業所の医師の診療を受けます。受診後サービス利用が可能になります（初回、継続時は３か月ごと）。

　居宅サービス計画書原案をケアマネジャーとともに作成していきます。その上でサービス担当者会議に参加します。

②ケアマネジャーの流れ

　利用者自身の計画書であることを自覚してもらいながら、居宅サービス計画書原案を作成していきます。それから、かかりつけ医へ居宅サービス計画書原案を届け意見を求めます。

　訪問リハビリ事業所へ情報提供書と居宅サービス計画書原案を渡します。

　その後、サービス担当者会議を開催し、居宅サービス計画書原案の合意が得られたら本案にします。

③かかりつけ医の流れ

　まず、訪問リハビリ事業所の医師へ診療情報提供書を提供します。さらに居宅サービス計画書原案内容についてコメントし、サービス担当者会議に参加します。

④訪問リハビリ事業所の流れ

　訪問リハビリ事業所の医師は理学療法士（PT）、作業療法士（OT）、言語聴覚士（ST）に訪問リハビリの指示を出します（訪問リハビリテーション指示書）。

　アセスメントの上、訪問リハビリ計画書を作成します。

　訪問リハビリ計画書は本人、かかりつけ医、ケアマネジャーに交付します。

　そして、サービス担当者会議へ参加し、訪問リハビリ計画書内容の確認や利用回数・時間など調整を行い開始時期について決定します。

　サービス担当者会議開催後より実際にサービスの提供を行います。

入院・入所している場合

入院・入所先へ訪問し情報収集を行う

　本人・家族、入院・入所先より相談を受けると、ケアマネジャーは入院・入所先

へ訪問し利用者や家族に面談、医師やコメディカルと連携を取り情報収集を行います。

入院・入所中のカンファレンスに参加

　入院・入所中のカンファレンスにおいては本人や家族も参加します。主治医より病状の説明や看護師による療養生活状況、リハビリ職によるリハビリ実施状況、ソーシャルワーカーより退院に向けての阻害要因など経過報告や残されている課題に対する支援の方向性について話し合います。

入院中実施される退院前自宅訪問に参加

　入院・入所中、自宅内外の環境や生活状況などを把握するため退院前自宅訪問を行い、退院後の環境整備について検討し退院に向けて準備を行います。この時可能であれば福祉用具事業者や住宅改修事業者も一緒に参加してもらいます。

　また、試験外泊がある場合もケアマネジャーは自宅を訪問することが望まれます。外泊中の生活状況を確認することでさらに退院後の生活についてイメージでき、新たな課題を発見することもあります。具体的にリハビリ職へ情報提供することによりリハビリメニューの変更が行われ、実生活に即したリハビリを入院中に受けることができます。

入院・入所先で行われる退院前カンファレンスに参加

　退院が近づくと退院前カンファレンスが開催されます。この場に退院後、介護サービスを提供する事業所の参加が望まれます。

　退院前カンファレンスでは主治医よりリハビリの必要性・健康上の留意点・運動時の注意点、看護師より服薬管理や排泄の状況など、リハビリ職より機能回復状況や継続が必要とされるリハビリ内容などを確認していきます。

　在宅側の介護サービス事業所の選択に関しては課題解決に必要と思われるサービスについて提案を行い、主治医・コメディカル、利用者などと相談して決定します。退院時には主治医や看護師・リハビリ職・ソーシャルワーカーなどに退院時サマリーを依頼することも必要です。

本人とともに居宅サービス計画書原案を作成

　病院側の情報提供と本人・家族の意向などによりアセスメント行い、居宅サービス計画書原案を作成します。また、退院後自宅で行うサービス担当者会議の開催日時も調整します。

かかりつけ医・訪問リハビリ事業所医師に診療情報提供書の依頼をする

　退院後も入院・入所先の主治医の診療を続けることもありますが、かかりつけ医が変更になる場合もあります。変更時は退院後、通院を行うかかりつけ医や訪問リハビリ事業所の医師に診療情報提供書の記載・提供を入院・入所先の主治医に依頼します。

退院後、自宅においてサービス担当者会議を開催

　利用者や家族を含め在宅支援者とともに自宅でサービス担当者会議を開催します。利用者・家族の状況により退院当日にサービス担当者会議を開催することもありますが、退院後自宅での生活を実際に行った後、早めにサービス担当者会議を開催し、居宅サービス計画書原案の内容を確認していきます。

　退院後実際に生活をしたことで居宅サービス計画書原案内容の変更や調整をこの場で行っていきます。

　居宅サービス計画書原案内容に対して利用者・家族、各サービス事業所より合意を得られれば本案にします。その後サービス提供が開始されます。

6　連携の流れ

　連携の流れを**図表 3-15** にまとめました。

図表 3-15　訪問リハビリ開始までの流れと連携

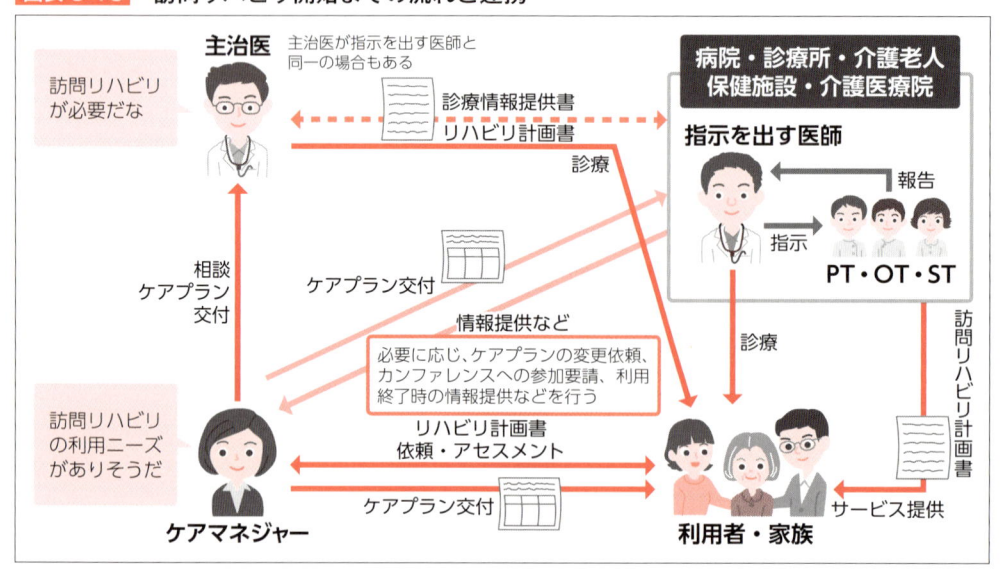

7　連携の実際

● 事例 1　在宅生活をしている中で訪問リハビリを開始した事例
事例概要

　利用者は自宅で生活していましたが、つまずきにより転倒したことで動くことに対して不安が強くなり、外出する機会が少なくなりました。徐々に意欲低下、日常生活動作に介助が必要な状況になり介助者の負担も多くなっていました。

　このような状態・状況をかかりつけ医に報告、介護保険申請や訪問リハビリ利用について相談しました。

Ｆさん・80 歳・女性

要介護認定：要介護 2

障害高齢者の日常生活自立度：A2

認知症高齢者の日常生活自立度：Ⅰ

基礎疾患：右変形性膝関節症、骨粗鬆症、腰痛

家族構成：夫と 2 人暮らし、長男・長女とも県外に在住。

環境：自宅周辺は坂道や階段があり、バス道路より自宅まで徒歩で移動。自宅内は段差が多く廊下・トイレ・浴室等手すりはない。

ADL・IADL：移動→自宅内は伝え歩き、室外は杖使用、右側介助

　　　　　　　入浴→浴室の移動や浴槽の出入り、洗髪や洗身など一部介助

　　　　　　　排泄→ズボンの着脱が不十分。

　　　　　　　調理→みそ汁など簡単調理は可能。

　　　　　　　買い物→夫が主に行う。配達サービス利用で食材確保。

利用サービス：訪問介護、訪問リハビリ、福祉用具貸与（杖、歩行器）、福祉用具購入（シャワーチェアー）、住宅改修（段差解消、玄関・トイレ・浴室・廊下に手すり設置）、配達リービス

利用後の変化

　再転倒への不安が強く自信を無くした利用者は夫の支援で生活を行っていました。生活不活発による機能低下・意欲低下・介護負担増のケースでした。訪問リハビリ利用により福祉用具事業者や住宅改修事業者と連携を取り住環境の整備を行いました。杖や歩行器、手すりの使い方などを訓練することで活動範囲が広くなり、

介助量も軽減しました。また訪問介護と連携を行い膝関節の負担軽減・悪化予防のための動作や道具の工夫と訓練、介助時の注意点などを伝えることで日常生活において維持・回復ができ、家事への参加も増えました。徐々に元気を取り戻したことで、夫の支援を受けながら歩行器を利用して買い物にも行けるようになりました。

利用者の気持ち

介護保険の申請やサービスを受けることに抵抗を感じていました。年だから仕方がないという思いや、夫に迷惑をかけたくない気持ちもありリハビリを受けました。しばらくすると日中夫とテレビを見る時間が増えたり、手すりを使ってトイレまで行けるようになることなどを嬉しく思いました。転ぶことへの不安は続いていますが動けることの喜びを感じています。

● 事例2　退院時における訪問リハビリとの連携について

事例の概要

利用者は突然の病に倒れ、それまでの生活が一変しました。長い療養生活においてリハビリに参加していましたが、退院が近づくことで在宅での生活に不安を感じていました。主治医より退院後もリハビリの必要性があると説明があり、退院直後より訪問リハビリを開始することになりました。

Gさん・55歳・女性

要介護度：要介護2

障害高齢者日常生活の自立度：A1

認知症高齢者の自立度：1

基礎疾患：脳梗塞、右片麻痺、失語症

家族構成：夫と2人暮らし

　　　　　　　長女は結婚し、車で30分の所に在住。次女は独身で県外在住。

ADL：移動→T杖使用、見守り必要、外出時車いす

　　　　入浴→浴槽の出入り時一部介助

IADL：買い物→夫の支援でスーパーへ行く

　　　　調理・掃除・洗濯→参加意欲はあるが一部介助

利用サービス：訪問リハビリ、訪問介護、通所介護、福祉用具（車いす）、住宅改修（廊下・玄関框部分に手すり設置）

退院直後より利用開始による変化

　夫は就労しているため、妻は日中独居時間が長く自宅での生活に不安がありました。しかし自宅で暮らしたい気持ちが強く退院となりました。退院の翌日にサービス担当者会議を開催し、主婦としての役割を取り戻すため、訪問リハビリのスタッフと訪問介護の連携により「できることへの家事の参加」から支援しました。その結果、訪問介護による支援日には食材の確認や献立立案、調理などヘルパーと一緒に行う介護により、夕食を夫と楽しむようになりました。

　また、日中独居時間の軽減や閉じこもり予防、集団活動への参加や交流などを目的にリハビリができる通所介護の利用を行いました。通所介護では高齢者が多く抵抗もありましたが、訪問リハビリと連携を取り、自宅ではできない運動を行う際などに、ほかの利用者からの助言を受けることで会話が増え、集団で行う活動にも参加することができるようになりました。週末には夫の協力を得て車いすを利用しながら買い物や外出を行い、長期休暇を取った娘と近隣への旅行を楽しむことができるようになりました。

利用者の気持ち

　退院したい気持ちは強く、入院中のリハビリを頑張りましたが、「自宅で生活できるのか」と不安もありました。主治医より退院してもリハビリを継続できることの説明を受け、不安がいくらか減りました。しかし、実際退院すると自分が思っていた以上に生活ができないことも体験しました。焦る気持ちを抱えながら生活をする中で、一人ではできないことも手伝ってもらうことでできることが増えてきたことを知り、夫とともに喜びました。しかし、訪問リハビリを卒業という言葉を聞いて不安を感じました。

　いつまでも頼ることはできないと思うが「来てくれる安心感」のほうが強かったのだと思います。

❽　訪問リハビリ開始によるモニタリングについて

　訪問リハビリは自宅において本人の状態や環境といった個別性の高い活動や参加の訓練を行います。実際にサービスを受けたことで本人・家族がどのように感じているか、訪問リハビリ計画書内容が実際に行われているか、内容の変更の必要性はないのか、毎月届く報告書なども確認を行いモニタリングします。必要に応じてプ

ランの見直しも検討します。

　サービス提供開始より３か月を目処に評価を行い、その後の支援については、継続・終了（卒業）について評価します。

　退院後一か月以内に入院・入所先より自宅訪問をする場合があります。訪問日に合わせて訪問リハビリのスタッフやケアマネジャーが同席することで、退院後の生活状況や訓練状況などを情報提供します。退院後の生活の中で入院中に行った訓練が実際の生活においてできているか、入院中の訓練の評価を行い、さらなる生活機能の向上を目指していくことが必要であるかなど評価・検討を行います。

❾ 訪問リハビリ職からケアマネジャーへのお願い

退院、退所後の継続したリハビリの導入

　入院・入所中リハビリで獲得した活動「できる能力」が、退院・退所後実際に自宅で「している状況」へと定着できるように、退院・退所直後の継続したリハビリを計画してほしい。

ケアマネジャーとともにアセスメントを実施

　例えば、閉じこもりの要因は住環境や身体機能の低下のみならず、精神機能低下や社会的な要因が考えられます。リハビリ職が気づきにくい社会的要因をケアマネジャーと連携してアセスメントを実施したい。

福祉用具、住宅改修を導入する際の訪問リハビリの活用

　福祉用具の選定、住宅改修を導入する目的として・安全性の確保・身体機能の補完・介護労力の軽減が挙げられます。これらの目的を達成するためには運動機能評価を専門とするリハビリ職を活用してほしい。

リハビリ＝身体機能訓練の誤解を解いてほしい

　訪問リハビリでは身体機能に偏ったリハビリが実施されるのではなく、活動や参加などへの柔軟な内容が含まれています。このことをチームで共通認識したい。

❿ 訪問リハビリと通所リハビリの違い

　訪問リハビリと通所リハビリの要点は①生活不活発病の予防と改善②基本動作能力の獲得と維持③ ADL の維持改善④ IADL の維持改善等共通する内容が多くあります。その中で訪問リハビリは個別対応ができることや、在宅生活の環境に適した

第4節　訪問リハビリテーションとの連携

援助を提供しやすい利点があります。一方通所リハビリは在宅での活動が難しく社会から孤立しがちな利用者に対して活動の場を提供し、活動性の維持向上を図り、その結果として社会参加を促進することができます。また、介護負担の軽減など利用者の援助内容も多岐に及びます。一言でいえば、「個別対応」は訪問リハビリ、「多岐にわたる援助」は通所リハビリが有効となるでしょう（図表3-16）。

図表3-16　訪問リハビリ、通所リハビリの要点と効果

	訪問リハビリ	通所リハビリ
生活不活発病の予防と改善	○	◎
基本動作訓練の維持改善	◎	○
ADL の維持と改善	◎	○
IADL の維持と改善	◎	○
対人社会交流の維持、拡大	○	◎
介護負担の軽減	○	◎
生活環境整備	◎	○
利用者、家族の精神的支援	◎	○

退院・退所直後に効果的な、訪問リハビリと通所リハビリの併用

2018年の診療報酬・介護報酬同時改定では、医療機関で疾患別リハビリを受けている患者を通所リハビリや訪問リハビリへ円滑に移行を促進する改定となりました。退院した利用者が、混乱することなく自宅の環境で生活するためには、個別対応を得意とする訪問リハビリが有効となります。それに加え、退院直後より生活不活発病の予防や基本動作能力、ADL、IADLの維持向上の支援を効率的に提供できる通所リハビリを早期から集中的に併用することで再入院、再入所を予防することができると考えられています。

その後、生活が安定するとともに、個別対応をするリハビリニーズが少なくなれば、訪問リハビリを終了し、通所介護の継続や通所介護へつなげていくよう役割分担が必要となります。

薬剤師の仕事内容（在宅での服薬支援等について）

はじめに

　高齢者は、糖尿病や高血圧、神経痛など複数の疾患を有していることが多く、それぞれに異なる薬が処方され、服用のタイミングも異なるため、薬剤師の指導のとおりに複数の薬を確実に服用することは容易ではありません。また、利用者の状態の変化などにより、服用する薬剤の量やタイミングなどが変わることもあるため、これを習慣づけて行っていくことは本人にとって想像以上に困難な作業であるといえます。

　薬剤師は、薬を調剤する際、薬局の窓口で医師が処方した薬が確実に服用されているか本人に確認することとなっていますが、あくまでも本人、あるいは代理の家族などが答えた範囲でしか把握することはできません。

　このため、在宅で療養を行う要介護者等が処方された薬を的確に服用できるように在宅支援を担う多職種が連携して支援を行っていく必要があります。中でもケアマネジャーは、在宅における利用者の服薬の状況を常に把握し、必要に応じてかかりつけ医や薬剤師に情報提供を行っていく役割を担っています。

服薬状況、重複、副作用等の確認

　薬剤師が薬の調剤を行う際、患者が日常的に使用している市販薬や健康食品等がないか確認をし、処方薬との重複、相互作用、副作用などを検討し、問題があれば適切に指導します。また、薬の飲み忘れや飲みにくさなどの問題の改善を図ります。

　薬の飲み忘れへの対応については、例えば、朝、昼、夕と1日3回に分けて服用している場合は、その回数を減らすことや、1度に服用する複数の薬を一つの袋にまとめて一包化することなどを検討します。また、飲み忘れの防止には、薬カレンダーや薬ボックスの活用が有効であることから、必要に応じてこれらの導入を図ります。

　薬の飲みにくさへの対応については、例えば、粉状の薬を錠剤に変更することや錠剤が大きくて飲みにくい場合などは、薬剤師が錠剤を粉砕する、あるいはほかの

剤形に変更するなどして対応を図ります。

　とくに軽度認知障害（MCI）と思われる利用者については、在宅における服薬状況や支援の有無などの情報が欠かせないことから、ケアマネジャーとの連携がたいへん重要となります。また、慢性的に便秘を訴える人に緩下剤をほかの薬と一包化することがありますが、常時服用することで下痢状態となり、オムツから便もれを起こすなどの問題が発生することもあります。ケアマネジャーは、このような情報を速やかに薬剤師に伝え、利用者の状態に応じた対応を図ることが大切です。

　現在、かかりつけ薬局の仕組みと並行して「お薬手帳」の活用が進められています。ケアマネジャーは、この「お薬手帳」を確認することで、利用者がどのような薬をどのタイミングで服用しているかを知ることができます。なお、薬の服用に関してわからないことがあれば、かかりつけの薬剤師に相談しましょう。

自宅での薬の取扱いについて

　処方された薬は、基本的に医師の処方を守って決められた期間で飲み切ることが大切ですが、高齢者の場合、飲み忘れなどにより多くの薬がたまっている状況がよく見られます。特に、長年同じ薬を服用していることも珍しくないため、古い薬が大量に残っていることもあります。

　ケアマネジャーがそのような状況を確認した場合は薬剤師に相談してください。薬剤師は再利用可能か、薬局で回収し処分するかなどの方法を検討します。

　また、坐薬や目薬の中には保管方法等により薬の効果に大きく影響が出ることがありますので、薬剤師の指示に従って適切に管理することが大切です。

２　薬局との連携はどんなタイミングで行うか

　連携のタイミングについて大きく２つのパターンに分けて解説します。

1. 在宅で介護保険を利用開始後、ケアマネジャーやサービス提供者が次のような状況に気づいた場合

　①部屋の中に薬の飲み残しがある、また薬局で受け取った薬の袋がそのまま残っている場合

　②新たに服用する薬が増えたことで服用が上手くできなくなった場合

　③これまで家族による服薬管理が可能だったが、種々の事情でできなくなった場合

④身体機能が落ちることで、これまでできてていた錠剤を取り出す、一包化の封を開けるなどの行為が難しくなってきた場合

このように在宅生活では多種多様な服薬における問題がありますので、こうした問題の解決に薬剤師の支援が有効に働きます。

2. 退院前カンファレンス開催時に、薬剤師が参加していない場合

①利用者の生活環境、例えば独居、老老介護、家族と同居などの情報で、薬の管理が難しいのでは、と思った場合

②利用者や家族はできると思っていたが、現実には服薬管理が困難な場合

入院中の状況と自宅での生活は大きく異なるため、高齢者にとってはできると思っていたことが、実際には上手くできないという状況が多くあります。

最近は入院期間が短く、入院中はきちんと管理されていた薬を自宅では自身で服用しなくてはならず、退院後服薬管理ができないまま再入院になることがあります。

以上のような場合に薬剤師との連携を検討するタイミングとなりますが、こうした場合に限らず、服薬を必要とする利用者のプランには、利用者の QOL を落とさないためにも、薬剤師との連携を視野に検討しましょう。

 3 薬剤師の服薬管理をケアプランに入れる際、薬局と連携の取り方

対応薬局の検討

①利用者がすでに処方薬を服用している場合

薬剤情報提供書、お薬手帳、薬袋等に記載されている薬局に連絡し、利用者の簡単な状況説明を行い、在宅訪問が可能か確認し、可能であればかかりつけ薬局が担当することになるため、連携は比較的順調に行われます。

②連絡を取った薬局が在宅訪問できない場合

地域の薬剤師会等に相談して、訪問可能な薬局を紹介してもらい、紹介先の薬局に連絡します。

③利用者がこれまで継続して処方薬を服用することがなかった場合

対応可能な薬局を探す方法として、いくつかの方法が考えられます。地域の薬剤師会に直接、訪問可能な近隣の薬局を紹介してもらうことや各都道府県薬剤師会ホー

ムページ等に掲載されている在宅訪問可能薬局一覧等から探すことも可能です。

　また地域包括ケアの推進に伴い、全国各地で設置されている在宅医療・介護連携支援センター等に紹介を依頼することもできるでしょう。

在宅訪問を行う薬局の決定

　まず、利用者および家族等の意向を確認し了解のもと、対応薬局へ基本的な情報を伝え、ほかのサービス提供者と同様に担当者会議あるいは退院前カンファレンス等への参加要請を行います。

　そして、担当者会議等に参加可能な場合は、利用者および家族、サービス提供者全員でのプラン検討ができますが、薬剤師が指定の時間に集合できない場合はケアマネジャーから利用者、家族の希望、担当者会議の内容、ケアプランの内容等の情報を提供します。薬剤師は後日、その情報をもとに利用者宅を訪問し、契約等を行うことになります。

4　連携する両者が必要とする情報の整理

　連携する両者が必要とする情報の整理を行うことで円滑にサービスが実施されます。

ケアマネジャーから薬剤師へ

　ケアマネジャーやヘルパーが訪問時、服薬状況に問題があると気がついた時は薬剤師に必要な情報を伝えます。

①服薬について問題があると気がつき、薬剤師に提供する情報

　服薬状況に問題があると気がついた経緯や主治医、訪問看護師等の連絡先、また、家族関係、キーパーソンとなる人、在宅生活での利用者や家族の生活状況や希望等を伝えます。

②サービスが継続していく中での情報

　薬はきちんと飲めているが、これまで昼間にはなかった傾眠がある、時々転倒するようになった、などの情報は主治医と同時に薬剤師に提供すると、副作用や相互作用の確認を早めに行うことが可能です。

　また、一包化された薬の袋を上手く開けられなくなった、同じ薬ばかり残っているなどの情報も、薬剤師にとってさまざまな原因が考えられるため、早めの情報提供が有効です。

薬剤師からケアマネジャーへ

薬剤師はサービスを行った際、主治医、ケアマネジャーに「居宅療養管理指導報告書」として報告が義務づけられています。

報告書の内容には、服薬が円滑にできているか、残薬はどの薬についてか、主治医以外の医師の処方内容、薬の重複服用や相互作用の確認、市販薬の服用、健康食品の利用をしているか、利用者からの訴え、症状に関する家族、介護者等からの情報等を記載します。

また、利用者が服用する薬の服用方法、あるいは外用薬の使用方法などの注意事項、考えられる副作用、特殊な保存方法が必要な薬の注意事項等も情報提供します。

5 チームでの情報共有の方法

薬剤師による居宅療養管理指導を必要とする利用者は常に薬を服用しています。薬の服用については独居、家族と同居などにより状況が異なります。独居の場合は生活支援を担当するヘルパーや、通所介護の担当者等が最も身近で利用者の情報に接しやすく、家族が日常的に介護にかかわる場合は、家族との情報共有が大切です。

薬剤師は基本的に毎日サービスに入ることはありません。緊急の場合を除いて、通常は月2回、4回等となります。しかし服薬は毎日のことであり、1日3回、あるいは4回に及ぶこともあります。利用者の状況の変化や介護する人の変化などは服薬状況に大きく影響します。日々の服薬状況の情報は家族、ヘルパーなどから薬剤師に伝えられると、服薬の問題点や服用方法の再確認などが円滑に行われます。そのためにはケアマネジャーからの情報共有が必要であり有効なのです。

薬剤師の居宅療養管理指導をサービス計画に入れる際は、薬剤師が訪問時に行った利用者への薬の説明、服薬の注意点、薬の保管方法などをほかのサービス提供者が共有できるように、薬剤師に報告を求めるようにしましょう。

服薬に関する注意等を薬剤師が訪問時に説明するだけではなく、利用者にかかわる多職種が薬について何度も利用者に話をすることで利用者に覚えてもらうことができます。

また介護度の高い重度の疾病を持つ利用者の場合は医師、歯科医師、訪問看護

師、薬剤師などがサービスに加わるため、ケアマネジャーはすべてのサービス提供者が同時に情報を共有できるように工夫することが大切です。特に在宅での看取りの場合は時間的な問題が大きく、情報がうまく伝わらないために行き違いが生じることもありますので注意しましょう。

6　連携の流れについて

薬剤師が行う居宅療養管理指導の利用開始にはいくつかのパターンがあります（図表 3-17）。

①医師、歯科医師からの指示

医師、歯科医師が処方せんに「要訪問」等の指示を記載する、または直接薬局へ訪問指示の連絡が入ります。

②薬局窓口で服薬が上手くできていないと気がつく場合

利用者の同意を得て、薬剤師が訪問し、薬剤師介入の必要性があるかどうか判断し、必要と判断した場合は主治医へ連絡と情報提供を行い、訪問指示を受けます。

図表 3-17　薬剤師が在宅に参加するパターン

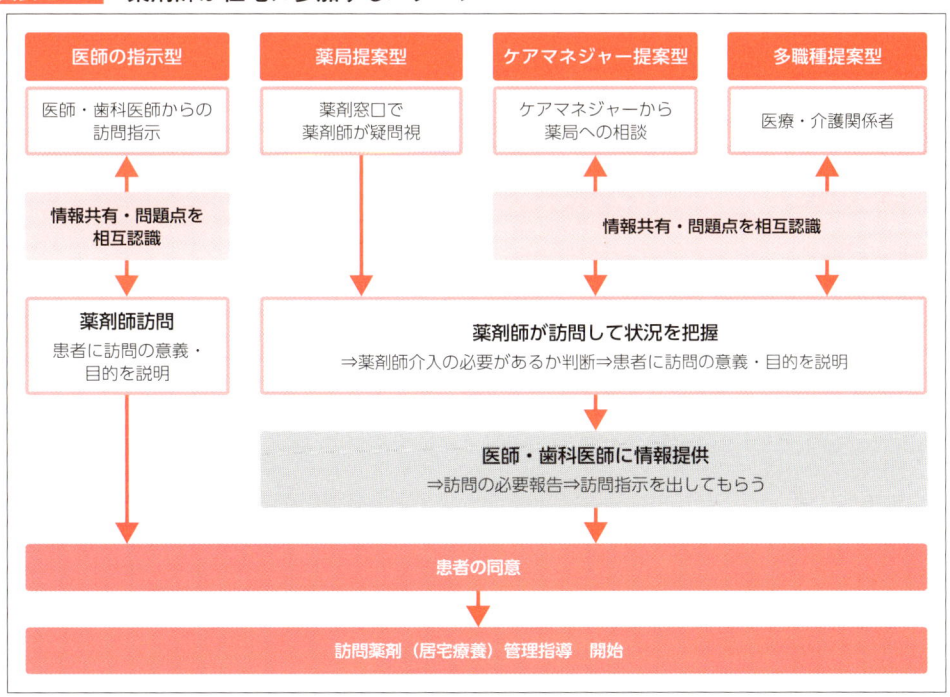

出典：公益社団法人北九州市薬剤師会「じょうずにお薬と付き合うために—薬剤師・薬局活用のススメ」北九州市，P11.

③ケアマネジャーまたは医療・介護従事者などから薬局へ相談がある場合

ケアマネジャー等から提案を受けて薬剤師が訪問し、実際に薬剤師の訪問指導が必要か、あるいはほかの方法で解決可能か判断します。その上で訪問を行う必要があると判断した場合は利用者、家族の同意を得て、主治医へ情報提供し、訪問指示を受けます。

④退院前カンファレンスで利用が決まる場合

退院時に直接薬局へ連絡が入り、医療機関のソーシャルワーカーや薬剤師との連携が始まり、退院前カンファレンス等に薬剤師も参加することで多職種の各担当者との連携が始まります。そして、本人、家族に訪問の目的等を説明し同意を得て、退院後ただちに居宅療養管理指導を開始します。

⑤居宅療養管理指導が実施される期間について

薬剤師の訪問指導では利用者の服薬状況が改善され、その状態が維持可能な場合や家族の状況の変化により、家族などの服薬管理で安定して服薬ができる状況だと判断した場合は訪問を中止します。またあらかじめ計画性を持って期間限定での訪問等を行うなどの方法もあります。

図表 3-18 に連携の流れを示します。

図表 3-18　連携の流れ

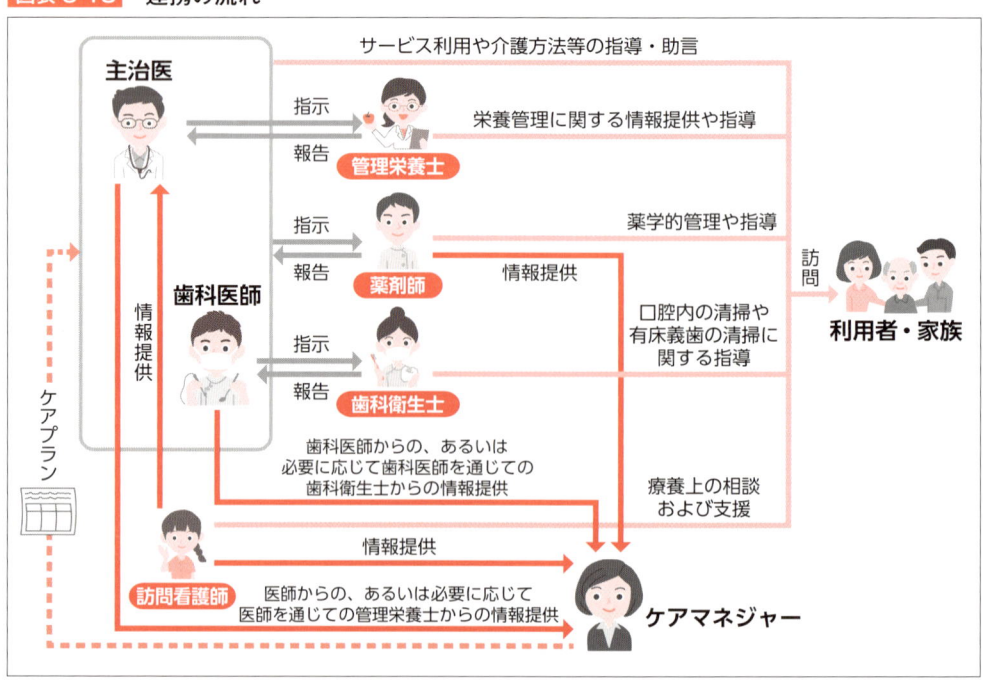

7　連携の実際

● 事例 1　老老世帯でともに MCI から認知症へ進行していった夫婦の事例

H さん・83 歳・男性

要介護度：要介護 1

障害高齢者の日常生活自立度：J2

認知症高齢者の日常生活自立度：Ⅱa

基礎疾患：高血圧症、狭心症、認知症

I さん・78 歳・女性

要介護度：要介護 1

障害高齢者の日常生活自立度：J2

認知症高齢者の日常生活自立度：Ⅱb

基礎疾患：脳梗塞後遺症（左半身不全麻痺）、糖尿病、左右股関節置換

　長年夫婦二人で助け合いながら生活をしてきましたが、妻が股関節置換手術を受けることになり、これをきっかけに遠方に居住している息子が介護保険を申請、夫婦ともに要介護 1 の認定が出たことで夫婦の生活内容に気がつき、介護保険の利用を開始。妻はリハビリのためデイケア利用、夫は訪問介護を利用開始。その後、ケアマネジャーからの連絡で、自宅居間の戸棚に未開封の薬袋を含め、大量の残薬が見つかり、薬剤師の訪問が始まりました。残薬となった薬の廃棄や再利用も含め、服薬の管理を開始。長年薬局に薬を取りに来ていた関係から薬剤師が訪問することに対しての異議はなく、主治医に残薬の状況を報告するとともに再利用可能な残薬の内容等を報告し、処方内容を調整しました。

　月 2 回薬剤師が夫婦の各薬カレンダーを壁に並べて貼り付け、夫婦でお互いに注意し、さらに週 2 回入るヘルパーからの声かけなどでどうにか間違わずに服用できていましたが、次第に認知症が進行するとともに夫の狭心症、妻の糖尿病等が悪化、自宅での夫婦二人の生活が困難となり、施設入所となりました。

　2 年間さまざまな問題に直面しましたが、そのたびに、利用者、家族を含めた担当者会議において多職種間の情報共有を行い、不要な行き違いを回避することができ、それぞれの担当者が互いに信頼を得ることができました。

● 事例 2　妻を 10 年前に亡くし、その後一人で家事一切を行い、さらに趣味も多岐にわたっていた男性の終末までの事例

Jさん・79 歳・男性

要介護度：要介護 2

障害高齢者の日常生活自立度：B1

認知症高齢者の日常生活自立度：自立

基礎疾患：慢性関節リウマチ、肺気腫

退院前、本人がケアマネジャーと薬局を指名、退院前カンファレンスに参加。

骨折で入院をしましたが、COPD、関節リウマチなど複数の疾患を持ち、多くの薬を服用中で、さらに退院時は車いすの状況となりました。入院前はインターネットを利用してほぼ不自由なことはなかったので、退院しても自分でどうにかできると思うが、食事の準備、薬の受け取りや管理等は自分ではできないとの訴えがあり、退院と同時に訪問介護、軽いリハビリと入浴のため通所介護、薬剤師による居宅療養管理指導の利用を開始。Jさんに認知症状等は全くなく、退院後、訪問介護で食事、家事等は対応できましたが、退院後の数日間で転倒を繰り返し、体調管理の必要から訪問看護を開始しました。

薬は本人の指示通りに並べ、指定の場所に置くことで服用可能でしたが、入院前の残薬等もあり、薬剤師が整理・調整。退院後 2 週間で退院時処方薬が終了し、通院するも退院前と本人の状況が変わり、今までできていた車で約 20 分近くの病院までの通院は難しくなっていました。そこで、かかりつけ医の必要性を本人と息子に説明、最終的に息子の強い勧めにより訪問開始となりました。

その後、しばらく体調は安定と悪化を繰り返しましたが、自宅での生活は維持されました。サービス開始から 1 年ほどは、自身でパソコンを使って通販で生活用品を調達するほどしっかりしており、薬剤師には長年使用していた市販薬の注文もしていましたが、次第に全身状態が悪化。食事もベッド上で食べやすいように工夫されたものを少量摂取、薬は朝・昼・夕と別々のビニール袋に入れ、順番にベッド柵に取り付け、手を入れたら薬が取れるようにして服用していました。半年ほど経過後、痛みや体のだるさなどから、食事の摂取も難しくなり経口栄養剤等に限られていましたが、訪問時はその時々の感想等を話していました。ある時、サービスに入ったヘルパーが容態の変化に気がつき、ケアマネジャーに連絡。ケアマネジャー

から主治医、訪問看護師に緊急連絡し、息子に主治医の診断内容を連絡しました。翌日早朝に息子に見守られながら息を引き取りました。

　サービス利用期間のおよそ半分はベッド上での生活でしたが、担当者間で常に連携が取れたことで、本人が一番望んだ生活を全うしました。この事例での連携方法は状況が変化するごとの担当者会議と食卓上の各職種のメモと直接の電話連絡で行いました。

● 事例3　認知症治療薬の副作用により、家族の介護が混乱した事例

Kさん・86歳・男性

要介護度：要介護3

障害高齢者の日常生活自立度：A2

認知症高齢者の日常生活自立度：Ⅲa

基礎疾患：アルツハイマー型認知症、甲状腺機能低下症、股関節置換

　Kさんは地域のボランティアや老人会の運営等に積極的にかかわり、性格は穏やかで夫婦二人で助け合って生活をしていました。82歳時に股関節置換手術後、少しずつ認知症の症状が現れ、訪問介護、通所介護を夫婦で利用し、薬の管理は薬剤師が行うようになりました。Kさんは妻の介助で、毎日薬を服用していましたが新たに追加された認知症治療薬を服用し始めて1週間ほど経った時、妻からヘルパーに「この頃主人が突然怒鳴ったり、便を漏らしたりしてしまうので手に負えない」と連絡がありました。そこで、ケアマネジャーが薬剤師に状況を報告し、薬剤師が訪問。今回追加になった認知症治療薬と、同時に処方された漢方薬の副作用が考えられ、すぐに主治医に連絡、本人の状況から追加処方された薬の副作用ではないかと提案、その結果、追加薬の服用は中止となり、下痢や突然の激昂等は治まりました。

⑧ チーム支援の効果

　多職種で行うチーム支援の中に、薬剤師が参加することで利用者の生活支援に効果があると考えられるポイントを挙げます。

支援にかかわる多職種が利用者の薬の内容を理解できる

　何のために処方されている薬かわかることで、生活支援に必要な情報を正確に得

ることが可能です。例えば、腎機能が低下した利用者にとって、食生活の内容が症状に大きく影響を与えることなどもあります。

　また、薬の服用方法を共有することで、日々利用者の生活支援を行っているヘルパーなどが服用方法を間違えていることなどに気がつくこともあります。糖尿病等の場合は低血糖症状やその対処法を各職種間で共有することで、未然に重症化を防止できます。

　保管状況で効果が減じてしまう薬や副作用を起こす薬があります。最近は自己注射剤や吸入剤、点眼薬などきちんと保管をすることが必要な薬も多くあります。さらに使用期限が限られ、開封後28日経過後は廃棄するなど、製剤技術が進歩し、より一層効果が発揮されるように工夫されていることから、適切な保管・管理は大切です。冷蔵庫の中にいつまでも置いてある開封済みの目薬、あるいは半凍結を起こした注射剤等、日々冷蔵庫を開けるヘルパーが、利用者が間違えて使用しないようにすることも可能です。

　それから、処方された薬が上手く飲み込めない、錠剤が大きくて喉に詰まる、顆粒剤が入れ歯の間に入り、痛くてものが噛めない等をサービス提供者が利用者の日常生活の中で気づき、情報共有することで、薬剤師が錠剤の粉砕、錠剤の半錠カット、顆粒剤から錠剤へ、さらにゼリー剤、貼付剤に変更する等、多くの対策方法が検討可能です。なお、錠剤の粉砕、脱カプセルには非常に厳しい条件があり、安易に利用者や家族が行うと、重大な副作用などを招くこともありますので必ず、薬剤師に相談することが重要です。

　このような問題が生じた際、薬剤師が数回支援を行うことで解決される場合もあります。長期継続支援だけではなく、このような問題時のみ、計画的に支援に入ることもできます。チーム支援を有効に使うことで、利用者の生活の向上につながります。

チームで支える利用者の生活

　高齢者人口が、2017年には27.7％に達したとの統計が発表されました。認知症の人の増加、医療依存度の高い人が増えていく中で、在宅療養者の暮らしを支えるのはまさしくチームの力だということはいうまでもありません。

　それぞれの職能を持った人材がその職能を十分に生かし、一人にかかる負担を広く多くの人の連携で支える仕組みを確立してくことが今求められています。

薬局、薬剤師からのお願い

ケアプラン作成時、薬剤師の居宅療養管理指導の検討を

薬は適切に使用されることで、効果が十分に発揮され、また副作用の防止にもつながります。在宅で療養する利用者にとって、服薬は重要な作業です。多くの薬の服用や複数の医療機関を受診している利用者のケアプランを検討する際は、ぜひ一度薬剤師の居宅療養管理指導を検討してください。

なお、2018 年介護保険制度改正で、ケアマネジャーが利用者の口腔に関する問題や服薬状況などの情報を得た際は医師や歯科医師、薬剤師に必要な情報伝達を行うことが義務づけられました。また、薬剤師も利用者の服薬が上手くいっていないのではと気がついた時、在宅での様子をケアマネジャーに問い合わせることもあります。特に利用者がかかりつけ薬局を決めている場合は、薬剤師も担当となった利用者の相談に 24 時間対応することが求められています。

ケアマネジャーに知ってほしい薬の注意点

①内服薬の飲み方の注意

毎食後、毎食前、食直前、食直後、空腹時、起床時、毎食間等、最近の薬は構造が非常に複雑に作られているため、服用方法が細分化されています。また、高齢者が多く服用するために口中崩壊錠（口の中で溶ける錠剤、OD 錠ともいわれる）などの剤形の工夫もされています。

ただし、服用方法を間違えると副作用の発現の原因ともなります。例えば、高齢者に多く処方されている骨粗鬆症治療薬の中には、「起床時に服用」「水以外の飲料で服用しない」「服用後 30 分は横にならない」など服用に関していくつかの注意点があります。これからの薬は服用を、例えば水でなく市販されているミネラルウォーターで特に海外の硬水はマグネシウムやカルシウムを多く含むため、薬の主成分と結合して薬の効果を減弱します。日本の製品は軟水が多いといわれていますが、水道水や水道水を沸かしたお湯での服用が最適です。経口補水液（OS-1）、ポカリスエットなども避けましょう。また、服用後すぐに横になると薬が胃まで届かずに、食道で止ってしまい食道潰瘍を起こす副作用につながることもあります。

その他食直前（箸を持つ前に服用など）の指示のある糖尿病薬は食後に服用しても効果がありません。

②外用薬の使用方法の注意

湿疹などの皮膚炎に処方される軟膏等は患部にそっと軽く塗布します。

筋肉痛などの痛み止めクリーム、ジェルなどは指定された量を痛みのあるところに擦り込むようにします。塗り方を逆にしてしまうと、皮膚炎では患部が悪化、筋肉の痛みは改善しません。

③点眼薬のさし方の注意

高齢者は眼の疾患が多く、点眼薬が何種類も処方されていることがあります。点眼薬を2種類以上さす時は、間隔を5分程度空けないと、先にさした薬が後からさした薬に押し流されて、効果が無くなることがあります。緑内障や白内障の術後などの点眼には特に注意が必要です。

④薬ボックス、カレンダーに注意

利用者の自宅で、薬ボックスなどを家族が準備、写真のようなセッティングに気がついた時はぜひ薬局で、一包化してもらうように勧めてください。間違って包装されたまま服用する事故が起きることがあります。実際にこの状態で服用し、食道などに包装シートの角が刺さり、内視鏡で除去する事例もありました。

写真1 注意すべき服薬ボックス等の使い方

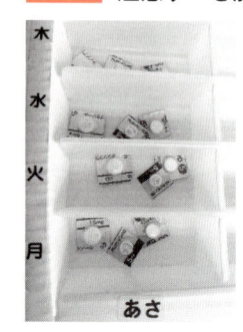

薬の包装シートを1錠ずつカットしたまま、服用時点ごとにセットしない。なおカレンダー形式の場合も同様です。

このような時は薬局へ一包化を依頼してください。

「かかりつけ薬局」を決めることの提案

　利用者や家族がかかりつけ薬局を決めておくことで、複数の医療機関から同じ薬が処方されていることに気づいたり、飲み合わせについて注意喚起ができます。薬にまつわる不安などは「かかりつけ薬局」が解消できるので、そうした観点で利用者、家族に提案してほしいです。

第 **3** 章　医療連携の実際

参考文献
・日本薬剤師会：「在宅服薬支援マニュアル」
・厚生労働省：「患者のための薬局ビジョン―「門前」から「かかりつけ」、そして「地域」へ」平成 27 年 10 月 23 日
・公益社団法人北九州市薬剤師会「じょうずにお薬と付き合うために―薬剤師・薬局活用のススメ」北九州市.

① 高齢者を取り巻く環境

2016年度歯科疾患実態調査によると4ミリ以上の歯周ポケットを有する者、すなわち歯周病と判定される歯を有する者の割合は、すべての年代で増加傾向にあります。特に高齢者では、1999年から歯周病の罹患率が増加傾向にあります。加えて、2015年国民栄養調査によると、食べ方や食事中の様子では、「半年前に比べて固い物が食べにくくなった」が約32％、「口の渇きが気になる」「お茶や汁物等でむせることがある」がそれぞれ25％となっており、高齢者の楽しみの一つである「おいしい食事」が明らかに阻害されている状況にあります。

一方で2018年介護報酬改定において、平時からの医療機関との連携の促進を図る観点から、次のことが掲げられました。

・利用者が医療系サービスの利用を希望している場合等は、利用者の同意を得て主治の医師等の意見を求めることとされているが、この意見を求めた主治の医師等に対してケアプランを交付することを、運営基準で明確化する。

・主治の医師等が適切な判断を行えるよう、訪問介護事業所等から伝達を受けた口腔に関する問題や薬剤状況等の利用者の状態や、モニタリング等の際にケアマネジャー自身が把握した利用者の状態等について、ケアマネジャーから主治の医師等に必要な情報伝達を行う。このことを運営基準で明確化することで、主治の医師等がケアプランに医療サービスを位置づける必要性等を判断できるようにする。

このように、連携促進の中に、口腔についてもケアマネジャーがきちんと把握して医師等に情報伝達することが位置づけられたのです。

また、2018年度診療報酬改定において、歯科治療の将来予想（イメージ）として、人口構成や歯科疾患罹患状態の変化に伴い、歯の形態の回復を主体としたこれまでの「治療中心型」の歯科治療だけではなく、全身的な疾患の状況も踏まえ、関係者と連携しつつ患者個々の状態に応じた口腔機能の維持回復（獲得）を目指す「治療・管理・連携型」の歯科治療の必要性が増すと予想されています。

　食べることは、①必要栄養量の摂取が病気の回復や健康の維持につながる、②１日のリズムを作ることで、寝食分離ができる、③心身の満足度を得ることにより、楽しい、おいしいと感じることができる、④自己決定の機会が食事への価値観の反映につながる、⑤食事をともに行うことにより団らんの機会を持つことができる等、食べることを切り口に、生活支援のためのさまざまなアプローチを行うことが可能となります。これらは高齢者の QOL に密接につながる支援だといえます。

　こうした観点からも、介護と歯科の連携が重要視されてきているのです。

2　訪問歯科の仕事について

介護保険における居宅療養管理指導

　居宅療養管理指導とは、病院、診療所の医師などが、通院困難な要介護者等の自宅を訪問して、療養上の管理および指導を行うものです。サービス内容に応じて、医師、歯科医師、薬剤師、管理栄養士、歯科衛生士が担当します。

　このサービスは医師または歯科医師の判断に基づいて行われ、介護保険の他サービスとは異なり、支給限度額管理対象外となります。

　以下、この居宅療養管理指導について、歯科医師が行う場合と歯科衛生士が行う場合についてそれぞれ解説します。

　歯科医師が行う場合は、継続的な医学的管理を行い、ケアマネジャーに必要な情報等を提供したり、利用者や家族等に対して在宅サービスを利用する上での留意点や介護方法等についての指導や助言を行います。こちらの算定は、月２回が限度です。これに対して、居宅療養管理指導を歯科衛生士等が行う場合は月４回が限度です。その内容は口腔ケア、義歯清掃、摂食・嚥下機能に関する実地指導を行い、利用者や家族に対してそれにかかわる指導や助言を行なうというものです。

　歯科衛生士が訪問し療養上の指導として口腔ケアを行うことは医療保険制度（訪問歯科衛生指導）と介護保険制度（居宅療養管理指導）の中に位置づけられています。要介護認定を受けている方は介護保険制度が優先されます。このため、歯科診療所に通院していた患者の通院が難しくなった場合、介護保険制度を利用できるように、市区町村へ介護保険認定を申請するよう助言します。また、歯科診療所に口腔ケアの依頼があり歯科衛生士が訪問して口腔ケアを行う場合、対象者は一般的な自宅（在宅）のほかに軽費老人ホーム（ケアハウス）・養護老人ホーム・有料老人

ホーム等の施設も自宅とみなし、居宅療養管理指導を算定します。

　歯科衛生士が訪問し要介護認定を受けている在宅療養者へ口腔ケアを提供する場合、介護保険（歯科衛生士による居宅療養管理指導）を利用します。訪問歯科診療を行った利用者またはその家族等に対し、歯科医師の指示に基づき、その医療機関に勤務する歯科衛生士が、管理指導計画を作成し、事前にケアマネジャーに連絡して実施します（1人の利用者に対して歯科衛生士が1対1で20分以上行った場合について算定します）。また、ほかの介護サービスと重複して算定はできません。

医療保険における訪問歯科衛生指導

　医療保険制度において歯科衛生士が行う口腔ケアを受ける方の要件は要介護認定を受けていない方、在宅等で療養中の疾病・傷病のために通院による歯科診療が困難な方となっています。この場合、医療保険を利用し訪問歯科診療を受けることができます。訪問歯科診療は患者の求めに応じた場合もしくは訪問診療に基づき継続的な歯科診療の必要が認められ、患者の同意を得た場合に行われます。

　訪問歯科衛生指導では、訪問診療を行った歯科医師の指示を受けた歯科衛生士等が訪問して療養上必要な指導として患者またはその家族に対して、当該患者の口腔内での清掃（機械的歯面清掃を含む）または、有床義歯の清掃に係る実地指導を行います。必要状況により、月4回を限度に算定が可能です。また、訪問歯科衛生指導は患者と1対1で20分以上療養上必要な歯科衛生指導を適切に行った場合に算定します。歯科衛生指導で実施した指導内容等について、患者に文書で提供することが必要となり、その文書の写しを診療録に添付することが義務づけられています。

歯科衛生士の仕事

　歯科衛生士は、歯科疾患の予防および口腔衛生の向上を図る（歯科衛生士法第1条）ことを目的とし、人々の歯・口腔の健康づくりをサポートする国家資格の専門職です。仕事の内容は、次の三つの業務「歯科予防処置」「歯科診療補助」「歯科保健指導」が法律に定められています。歯科医師とともに行う口腔ケアの効果として①口腔疾患の予防、②気道感染症の予防、③摂食嚥下機能低下の予防、④低栄養改善等が報告されています。

訪問歯科医の仕事

　歯科治療は必ずしも歯科医院だけで行われるわけではありません。患者の自宅や

施設、歯科のない病院などに歯科医師が出向いて治療することができます。日本は世界的に見ても長寿の国ですが、平均寿命と健康寿命（日常生活に制限のない期間）は差があります。平均して10年程度自由に外出できず、歯科治療も受けにくい期間があるといえます。歯科医師は歯科医院に通うことができない患者のために訪問診療を行っています。一般的な歯科治療、義歯の調整などはもちろんですが、口腔のケアも行います。高齢者では肺炎で死亡することが多くなりますが、いろいろな研究結果から口腔ケアを行うことで、肺炎にかかる割合は低くなることがわかっています。また、団塊の世代が後期高齢者になる2025年には歯科訪問診療の需要はさらに増えると考えられます。

3 連携のタイミング

歯科関係者との連携について

①ケアマネジャーは居宅介護支援利用の依頼を受けた時点で、本人や家族から、かかりつけ歯科医師を確認します。

②かかりつけ歯科医師が把握できたら、利用者の担当となったことを伝えます。連携方法についてケアマネタイムの有無、電話、FAX、メール等連絡方法の希望を聞きます。大病院の場合、ICT登録の必要性も確認します。また、大病院の場合、地域医療連携室へ連絡し、かかりつけ歯科医師とつないでもらうことも有効です。

③かかりつけ歯科医師と居宅療養管理指導が必要となった場合の連携先について、事前に検討しておきます。かかりつけ歯科医師とは平時から「相手がどのような情報を求めているか」「病状が悪化する際はどのような症状が見られるか」確認しておきます。

④2018年度から、訪問介護では、ヘルパーによる気づきについて、サービス提供責任者からケアマネジャーへの情報提供が義務づけられました。また、通所介護では、栄養スクリーニング加算を取得する際、スクリーニング情報をケアマネジャーに提供することが義務づけられています。

⑤ケアマネジャーは平時からモニタリングを通して、かかりつけ歯科医師や歯科衛生士との連携の必要性について検討しておくことが必要です。

⑥かかりつけ歯科医師や歯科衛生士から、ケアマネジャーに対して食事をするた

めに、どのような課題があるか具体的な視点が欠けているとの指摘を受けています。歯科関係者との連携の必要性について血圧、体重変化、食事量、残薬の確認等を行った上で連携を開始します。

次に歯科関係者との連携が必要と考えられる視点について列記します。

①居宅療養管理指導が必要となる症状について

下記のような症状が見られた際には、訪問歯科による居宅療養管理指導を検討しましょう。

- 口腔内の痛みにより食事ができない。義歯が入れられない。義歯による痛みがある。口腔内の汚れがひどい。口が開かない。舌苔が多い。咀嚼ができない。
- 飲み込みがうまくできない。食事中にむせる。せきこむ。食事中・食後に痰が増える。食事中、痰に食べ物が混じる。肺炎を繰り返している。

②食事場面の観察のポイント

介護職から、次のような観察ポイントについて聞き取りましょう。

- 食事中の姿勢の確保。食事形態が適しているか。食べこぼしの有無。飲み込むことの確認。口の中の残留物の確認。食事にかかる時間と疲労度。残食量の確認など。

③有病者の口腔の特徴 [1]

疾患のある者は特徴的な口腔状況となりえます。例えば、う蝕、歯周病、口腔乾燥症、口腔感染症（ガンジダ症など）、口腔粘膜疾患（扁平苔癬など）では、味覚障害、口臭等が発生する場合があります。また、疾病による感覚低下によって頬粘膜の誤咬あるいは咬傷、摂食嚥下障害などを起こすこともあります。うつ病や認知症などでは、口腔衛生状態を悪化させて、う蝕や歯周病を発症しやすくなります。

そして、このような状況では、嚥下機能が低下して、誤嚥性肺炎を起こしやすくなります。誤嚥性肺炎は、誤って気道に食べ物や唾液などが入ってしまうことから起こる肺炎で、嚥下機能障害が原因であるため、何度も繰り返すのが特徴です。

嚥下障害のある利用者について食事や体重変化など日常の観察ポイントを介護職や家族と共有しておきます。安全においしく食べるために、食事姿勢や食べるスピードなどを専門職と検討することが必要です。

④　連絡の取り方

　利用者が歯科による訪問診療・往診ないし居宅療養管理指導を希望した場合、原則として利用者または家族から、かかりつけの歯科医師に相談してもらいます。

　「困りごと」「症状」「支援目的」等を利用者または家族とともに整理します。

　また、かかりつけの歯科医師が居宅療養管理指導を行っていない場合、居宅療養管理指導が対応可能な歯科医師を探す方法として、以下の方法が考えられます。

・かかりつけの歯科医師から対応できる歯科医師を紹介してもらう

・地区歯科医師会へ相談する

・地域の医療と介護の連携窓口に相談する

　連絡の仕方としては、電話での相談や照会はなるべく避けるようにし、主治医が望む連絡方法を確認し対応します。

　なお、個人情報の取り扱いに注意し、情報を共有します。FAX で送付する際は、送付後に送付先へ電話等で届いているかどうかを確認しましょう。

　利用者の身体状況や病状に変化があった際や緊急時の緊急連絡網をあらかじめ整備します。サービス担当者会議に歯科医師、歯科衛生士の参加を希望する場合、事前に利用者の状態や参加を希望する理由を伝えます。

⑤　情報の整理

　円滑な連携のために、情報の整理が必要です。必要な情報を集約し、利用申し込みの相談をすることが望まれます。また、どのような情報を整理すべきか、わからない場合は、事前に歯科医療機関に確認した上で対応することも考えられます。

　年齢・性別・病名・既往歴・感染症・服薬・バイタルサイン・検査値・食事摂取方法・う蝕・義歯の有無、残存歯数、疾病による全身状態、禁忌事項、要介護度・障害高齢者の日常生活自立度・認知症高齢者の日常生活自立度・主治医・医療処置の有無・現病歴・家族構成および介護力・加入する保険の種類・家屋状況・居宅療養管理指導に求めること・訪問可能な曜日や時間・ケアマネジャーが考える課題等を簡潔に伝えられるようにまとめます。その上で、実際に訪問できるか検討してもらいます。

　また、今後の治療方針、本人および家族の希望、在宅生活継続中か退院後である

か、ほかのサービスおよび内容、緊急時の対応等も含まれます。

そして、在宅療養者の低栄養は口腔の問題と関係が深いことが多いので咀嚼状況や摂食・嚥下機能をアセスメントし、問題点を明確にして対応します。より適した食事形態への調整、栄養摂取の方法を医師・歯科医師・管理栄養士等多職種で検討することもできます。ただし、要介護高齢者の多くは、低栄養に関するすべての指標をクリアすることは困難といわれているので状態に応じた判断が求められます。非経口的栄養補助方法の種類についても把握することが求められます。

6 チームでの情報共有の方法

利用者の心身または生活状況にかかる情報を得た場合は、これらの情報のうち、主治の医師もしくは歯科医師または薬剤師の助言が必要であると判断したものについて、情報提供します。

例えば、薬が大量に余っているまたは複数回分の薬を一度に服用している、薬の服用を拒絶している、使いきらないうちに新たに薬が処方されている、下痢や便秘が続いている、皮膚が乾燥している、湿疹等がある、などはかかりつけ医に情報提供しましょう。

また、口臭や口腔内出血がある、体重の増減が推測される見た目の変化がある、食事量や食事回数に変化があるなどの情報はかかりつけ歯科医師と共有するために発信しましょう。

7 連携の実際

● 事例1 体重減少から口腔トラブルに気づいた事例

Lさん・78歳・女性

要介護度：要支援1

障害高齢者の日常生活自立度：A1

認知症高齢者の日常生活自立度：自立

基礎疾患：右膝関節痛、左膝関節人工置換術後

家族構成：独居、他県に暮らす長女

Lさんは甘い物、特にキャラメルが大好きです。外出する際は、必ず購入して常にキャラメルを欠かしません。そんなLさんは、来客があれば「人間が元気に過

ごすために糖質はとても重要である」という持論を展開します。

　ある日、Lさん宅を訪問したケアマネジャーは、前回訪問した時に比べ頬がこけた感じがあり、Lさんが痩せたと感じたので、体重を計ってもらいました。すると1か月で体重が5キログラム低下していました。Lさんは下痢もしていないし、理由はわからないと言います。ケアマネジャーが気づいたのは、いつも訪問の間、Lさんが食べているはずのキャラメルを今日は口にしていないことでした。どうしてキャラメルを食べていないのか尋ねると、「何だかキャラメルを食べると口の中がしみたり、痛いと感じるので、ここ3週間はキャラメルを食べていない」とのことでした。顔色、肌つやも悪く、いつもと違い元気がありません。また、声もいつもより小さく、話も聞き取りづらいようです。そこで、口の中を見せてもらうと、以前より歯が長くなった印象をもちました。また、歯と歯ぐきの間が黒くなっています。歯ぐきがやせ、露出した歯の根の部分が黒くなっているようです。

　Lさんは訪問歯科診療への連絡をケアマネジャーに依頼しました。そこで、ケアマネジャーはLさんが左膝関節の手術をする直前、膝痛が原因で通院できず、一度だけ訪問してくれた歯科医院へ連絡し、訪問歯科診療を受けたいと相談しました。その日のうちに、歯科医師は訪問しLさんの口の中を診察してくれました。Lさんは「根面う蝕」（歯ぐきがやせることで露出した歯の根は口の中に見えている部分より軟らかく、虫歯になりやすい特徴があります）が原因で口腔内がしみると感じていたことがわかりました。

　食事の際、痛みを感じるため、食欲が低下し軟らかい物を食べていましたが、しみる度合いが増してきたため、温かい飲み物だけで食事をすませていたそうです。そのため、体重が5キログラム減少したようです。歯科医師から、根面う蝕に加え、歯周病もあり、丁寧な口腔ケアを続けることを勧められました。そこで、歯科衛生士が月4回の居宅療養管理指導を行うこととなりました。

　ケアマネジャーは月に2回訪問している長女に連絡し、口腔内がしみること、痛みが原因で、食事が摂りづらくなり体重が減少したこと、訪問歯科診療を受け、今後居宅療養管理指導にて改善を図ることなどを報告しました。

　次にケアマネジャーは主治医に連絡し、体重減少と歯科受診の結果等を報告しました。加えて週に1回食事作りを一緒に行っているヘルパーが所属する介護サービス事業所のサービス提供責任者にも報告しました。この時サービス提供責任者よ

り、Ｌさんの在宅生活のちょっとした変化を把握する必要があるとのモニタリング結果が報告されました。そこで、ケアマネジャーはＬさんに、ヘルパーを休まず利用する必要があると提案したところ、Ｌさんはケアマネジャーの提案に同意しました。

ケアマネジャーは長女の訪問日にサービス担当者会議を開催しました。そこでモニタリングにて再アセスメントした上で変更したケアプラン原案を提示しました。訪問介護サービスとして、Ｌさんの食事摂取状況や体重測定、口腔内の状況について居宅療養管理指導の内容を把握し対応していく点を共有し、ケアプランを確定しました。また、ケアマネジャーの提案で、Ｌさん、長女、ヘルパー、歯科医師、歯科衛生士が連携しやすいよう連絡ノートを置き、情報共有を行うことになりました。

本事例のポイント

ポイントの一つ目は、好きな物を食べることができないとの発言から口の中を見せてもらい、的確な状態把握と観察を行い、その後の居宅療養管理指導へとつなげていったことです。二つ目は、サービス担当者会議への歯科関係者の参加など、連携が進んだことです。三つ目は、チームケアの促進のため、連絡ノートを置き、情報共有を図っていったことなどです。

● 事例2　モニタリングから歯科につながった事例

Ｍさん・84歳・男性

要介護度：要介護3

障害高齢者の日常生活自立度：A2

認知症高齢者の日常生活自立度：2b

基礎疾患：脳梗塞術後右片麻痺、糖尿病

家族構成：妻（79歳）と二人暮らし

Ｍさんは妻と二人暮らし、脳梗塞の後遺症が原因で左片麻痺があるため思うように話せず、イライラすることが多い日々を送っています。同居の妻はＭさんの身の周りのことを左片麻痺があるために手伝うことが多いためか、最近は親しい友人に、「こんな生活がずっと続くと思うとトンネルに入った気分で、毎朝憂うつで布団から出たくない日々が続いている」とこぼしています。

　ある日、妻は朝食後 M さんの舌に黄色い物がついていることに気づき、とても驚きました。すぐにケアマネジャーに連絡しました。ケアマネジャーは訪問し、舌の状態などのモニタリング後、再アセスメントを行いました。また、訪問リハビリの理学療法士と通所先のデイケアの相談員にも麻痺の状態等を確認するためモニタリングを行いました。その上で、かかりつけ歯科医師に連絡し相談しました。かかりつけ歯科医師の紹介で在宅訪問診療を行っている歯科医師に訪問してもらい診察を受けました。

　診察の結果、舌の左側に舌苔が見られ、口臭もひどく、歯周病の進行も見つかりました。そこで、月に 2 回歯科衛生士による居宅療養管理指導を受けることになりました。

　妻は介護に前向きになれない日々が続き、M さんに舌苔ができ、口臭がするようになってしまったと落胆しています。ケアマネジャーはサービス担当者会議を開催し、かかりつけ医に歯周病と糖尿病との関係について相談しました。かかりつけ医は薬の副作用を含め検討するとの見解でした。ケアチームのメンバー（主治医、歯科医師、歯科衛生士、理学療法士、デイケア相談員）全員に口腔内の状態を伝え、サービス提供時、妻の介護疲れや M さんの口腔内状況を把握する点を共有しました。そして、新たなケアプラン原案を提示してケアプランが確定しました。

本事例のポイント

　ケアマネジャーがモニタリングの結果、ケアマネジメントプロセスにおける歯科分野の状態把握、支援の留意点の共有を行ったことです。チームケアとして、リハビリ関係者との相談と診断やケア内容等の共有を図りました。疾患と歯周病との関係について医師に相談するなどに加えて、歯周病の原因について、妻の介護疲れの把握も大事なポイントでした。

8 チーム支援の効果

　歯科医師や歯科衛生士と連携することは 2018 年の介護報酬改定においても明記されています。

　支援の効果として利用者の変化をチーム全員で把握することができます。モニタリングによって収集された情報がケアマネジャーに集まることにより小さな変化も見つけることができるでしょう。また、診療所では把握できない情報をケアマネ

ジャーが主治医、歯科医師等に伝達することにより、利用者が質の高い医療を受けることにつながります。

　ケアマネジャーはチームをとりまとめ、チームの調整役として機能しています。例えば、家族の介護疲れの様子をヘルパー事業所や通所事業所から知ることができます。その結果をチーム全体に発信することで、今、利用者・家族に必要な支援を逃さず共有することができます。

　ケアチームのメンバーがケアプランを共有し同じ目標に向かい利用者支援を行うことにより、お互いの協力体制が深まります。

　チームケアを行うことで、ほかのサービスの役割やできること、できないことを把握し、別の利用者支援にも活かすことができます。

9　連携の流れ

　歯科衛生士の居宅療養管理指導の流れを**図表 3-19** に示します。

図表3-19　**歯科衛生士との連携図**

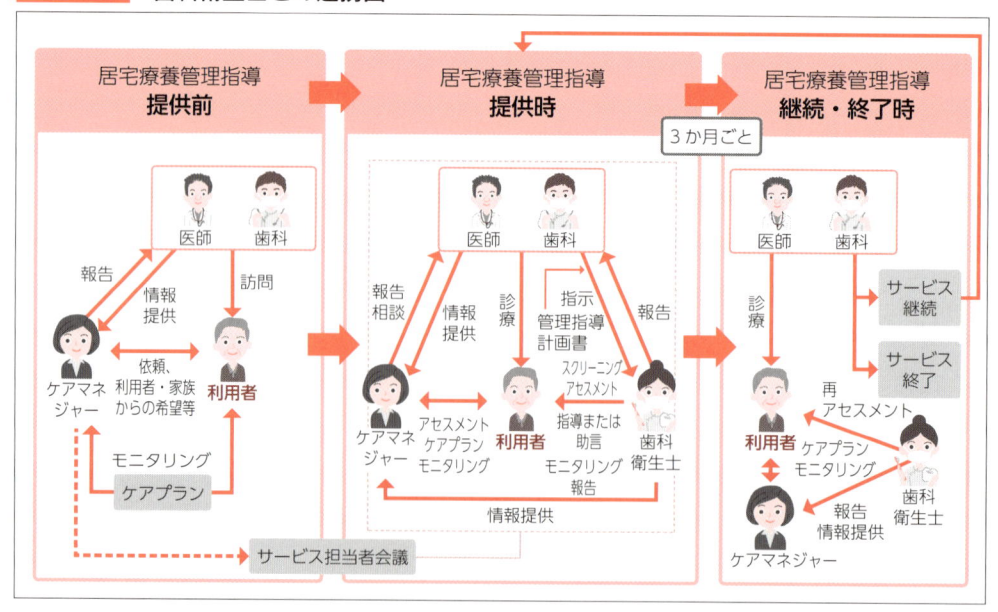

10　訪問歯科診療からケアマネジャーへのお願い

　まずはチームの一員として歯科関係者を加える視点を持ってほしいと思います。口腔内管理を徹底し、適切な口腔ケアを行うことで、う蝕、歯周病、誤嚥性肺炎や

窒息事故等の発生を予防することができます。特に歯周病はサイレントディジーズ（Silent Disease）ともいわれており、自覚症状が出る頃には手遅れとなってしまうことも少なくありません。また、誤嚥性肺炎は致死率の高い危険な疾患です。そのため、歯科疾患に関してはすべて、早期発見・早期治療が重要となります。そのため、利用者の口腔清掃不良、疼痛、むせ、食事量の減少など口腔の不調が疑われる場合は、なるべく早めに連絡をしてください。早期の介入が、その後の円滑な医療につながり、摂食・嚥下障害、低栄養、口臭等に対する専門的な医療対応を行うことが可能となり、利用者のQOLの向上や早期回復に寄与することができます。

　また、残存歯の治療、義歯の作成・調整を行うことで、食事摂取の改善が期待されます。しかし必ずしも、良好な結果が得られるわけではありません。特に義歯に関しては、利用者の加齢や認知症等に伴う機能低下により、許容能力が低下し使用できなくなるばかりか、逆に窒息などの危険につながることもあります。その場合は、義歯の使用を取りやめるという判断も重要になってきます。このことを家族全員で共有し、利用者の変化に寄り添いながら、食事形態の変更や、摂食・嚥下リハビリテーション治療によって残存機能の維持・改善を目指す目標を共有していきましょう。

引用・参考文献
1）藤本篤士ほか編「5疾病の口腔ケア―チーム医療による全身疾患対応型口腔ケアのすすめ」医歯薬出版、2013.
・日本歯科医師会：第5回全国在宅医療会議WG資料1-2「重点分野に関する主な取組について」平成29年12月8日
・平成28年度第2回東京都介護予防推進会議資料
・ケアマネジャー、20（8）、2018.

地域包括支援センターで行う医療連携

① 地域包括支援センターで行う介護・医療連携について

　地域包括支援センターの主な業務は、介護予防支援および包括的支援事業（①介護予防ケアマネジメント業務、②総合相談支援業務、③権利擁護業務、④包括的・継続的ケアマネジメント支援業務）で、制度横断的な連携ネットワークの構築・実施となっています。この制度横断的な連携ネットワークの一つとして、医療と介護の連携が挙げられます。

　高齢化が進み、慢性的な疾患を持つ認知症高齢者の一人暮らしや同居家族に精神疾患があるなど多様な生活課題を抱えている高齢者等が増加する中、高齢者等ができる限り住み慣れた地域での生活を継続できるよう、医療と介護の連携をはじめ多職種協働で地域支援体制を充実させ、地域包括ケアを推進していくことが重要な役割の一つだと考えています。

　中でも、要介護高齢者への包括的・継続的なケアマネジメントには医療との連携が不可欠であり、介護支援専門員が医療関係者と連携体制を構築できるように地域包括支援センターは地域のネットワークを構築して、ケアマネジャー等をサポートすることが必要です。

　地域包括支援センターで行う医療連携について、介護予防ケアマネジメントにおける自立支援、重介護予防の視点から行う医療連携と包括的・継続的ケアマネジメントにおけるケアマネジャー等のサポートを通して行う医療連携について、事例を通して解説します。

② 地域包括支援センターで行う医療連携の流れと実際

●事例1　介護予防ケアマネジメントにおける医療連携（図表 3-20）

事例の概要

　パーキンソン病により活動性が低下している利用者に対し、リハビリの必要性について医療と連携して対応したケース

　Nさん・67歳・女性

　　要介護度：要支援 2

　　障害高齢者の日常生活自立度：J2

　　認知症高齢者の日常生活自立度：自立

　　家族構成：両親と 3 人暮らしだったが、両親が亡くなり 5 年前から一人暮らし。
　　　　　　　近隣に妹が一人いる。60 歳定年まで会社勤め（事務職）、結婚歴なし

　　経過：4 ～ 5 年前にパーキンソン病を発症。発症前は、スキー、登山、海外旅行
　　　　　が趣味で活動的に過ごしていた。

　　　　　パーキンソン病特有の日内変動があり、夕方の体調のいい時間帯に、外出
　　　　　して通院、買い物をはじめ家事、入浴を行う。それ以外はソファで横に
　　　　　なって過ごしている。近所に住む友人、妹が買い物支援やおかずを時々届
　　　　　けてくれる。

対応と経過

相談・受付

　3 か月前、風邪がもとで体調を崩し、家事全般に時間がかかるようになり、介護
保険を申請しました。要支援 2 で本人から地域包括支援センターに相談がありまし
た。生活援助（掃除、調理）を利用したいとの意向でした。

初回訪問・アセスメント

　N さんは、体幹、下肢筋力が低下し、起き上がり、立ち上がり、移動に時間がか
かり、転倒のリスクがありました。自宅内はモノにつかまりながら移動し、家事全
般は時間をかけて行っています。また、薬の効果がある午後の時間帯に、外出や入
浴を行っています。

　内服治療とともにリハビリを実施することで、体幹、下肢筋力の維持、改善が図
れると考え、リハビリの必要性について説明するも、本人は「寝たまま自己流で体
操をしているので大丈夫」とリハビリに消極的でした。

　これは、日内変動があり、体調のいい時間帯のスケジュールが決まっているた
め、時間調整が難しいことも要因の一つと考えられます。

医療連携

主治医との連携

　主治医との連携に当たって、以下の目的を持って面談を行いました。

● 介護保険認定結果の報告、担当の挨拶、利用者のサービスの意向について

報告。

● 病名、病状と経過、内服薬、受診状況について確認。

● リハビリの必要性と今後の方向性について意見を聴取。

　ここでは、3か月前に体調を崩し、横になることが増えたことで、体幹、下肢筋力が低下していることや内服薬を服用しているものの日内変動が見られること、また本人にリハビリの必要性について説明するものの、理解が得られないことなどについて説明しました。

　今後の方向性については、主治医の意見として、今のところ、内服薬の効果はあるが、並行してリハビリを行い病状の進行を最小限に抑える必要があること、体調のいい時間帯に訪問リハビリを導入して、身体状況、住環境等の評価およびリハビリの必要性と具体的なサービスの提案を本人に行うことから始めたらどうか、との提案をいただきました。その上で、リハビリの必要性については、主治医から本人へ説明してもらうこととしました。

　また、随時、病状の進行状況や生活状況等を報告し、内服薬の効果について、経過を見てもらうことにしました。

図表3-20　連携の流れ① -1

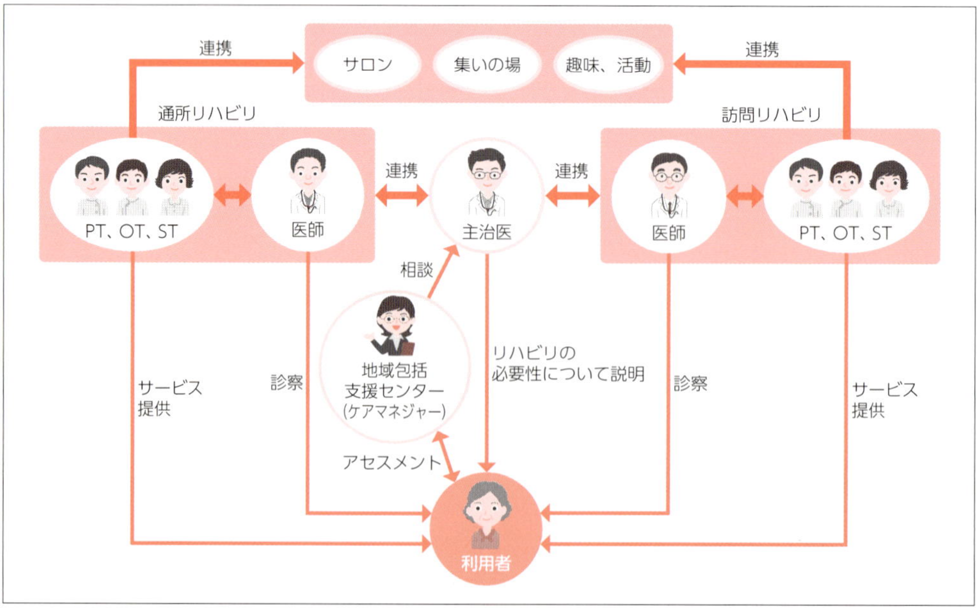

図表 3-21　連携の流れ① -2

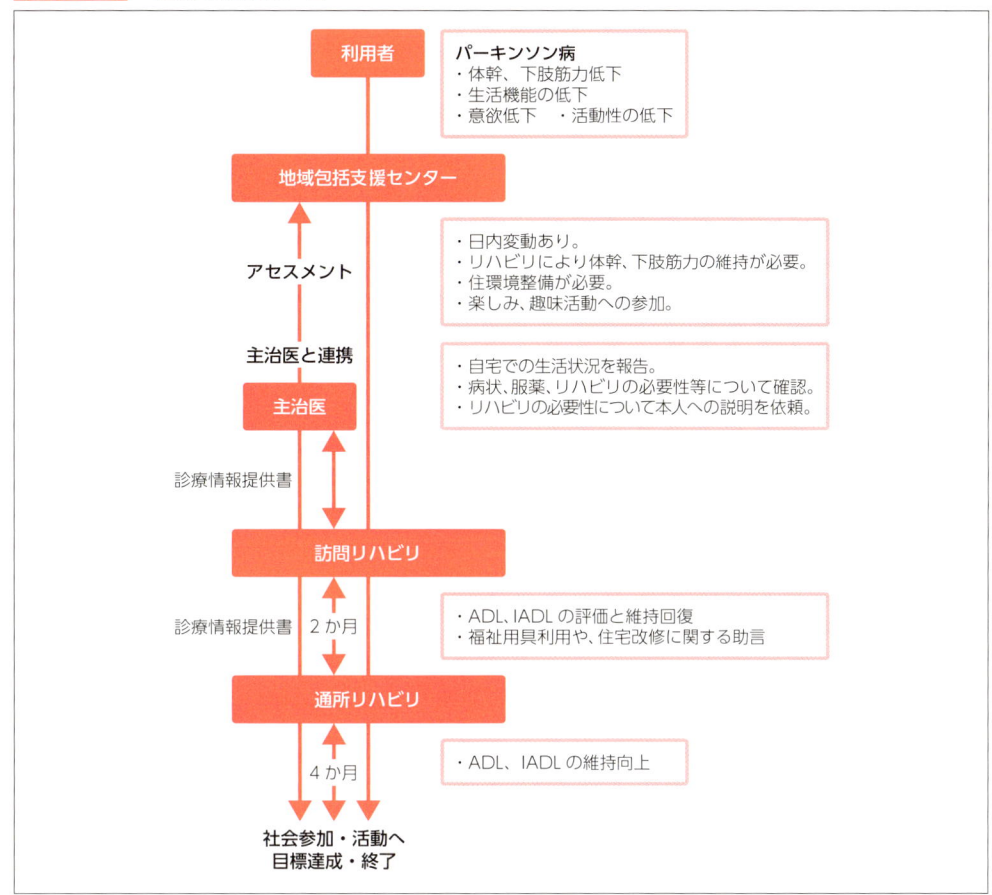

主治医によるリハビリの必要性についての説明および介護予防訪問リハビリの提案

　主治医の説明により、利用者は介護予防訪問リハビリの利用について同意しました。

リハビリ職との連携

　利用者の体調のいい時間帯に、介護予防訪問リハビリが導入され、「6 か月後、妹と小旅行に行く」を目標にリハビリが開始されました。

　リハビリ職は、身体状況、住環境等の評価およびリハビリの必要性と具体的なサービスを本人に提案しました。また、リハビリ職による、寝たままできる自主トレーニングメニューの提案と適切な住宅改修について助言を受け、手すりの取り付け、歩行器等の福祉用具を導入しました。

介護予防訪問リハビリ2か月後の評価

自宅内での活動量が徐々に増え、体力が向上し、リハビリの効果を本人自身が体感できました（成功体験）。そして、外出への意欲、自信が出てきたので、さらなる体力の向上、活動および社会参加を目指して介護予防通所リハビリへ移行し継続することになりました（目標3か月）。

介護予防通所リハビリ2か月後の評価

介護予防通所リハビリが開始され、2か月後の評価では、体幹、下肢筋力が徐々に向上し、移動動作の安定が見られ、体調のいい時間帯に、毎日、近所のスーパーまで転倒の不安なく外出できるようになりました。

1か月後の介護予防通所リハビリの終了を視野に入れて、地域サロンをはじめ活動、参加の場を提案しました。

介護予防通所リハビリの終了

通所リハビリの終了後には、久しぶりに妹と日帰りでドライブを楽しみました。次回は1泊の小旅行を計画しています（目標達成）。

今後については、自主トレーニングの継続、体調に応じて、リハビリの一貫として家事を行うことや妹や友人と趣味の旅行を楽しむことが目標となりました。

● 事例2 総合相談における医療連携（図表3-22）

事例の概要

認知症の疑いのある一人暮らしの女性を主治医と連携して専門医につなぎ、地域で見守り体制を構築したケース

Oさん・80歳・女性

障害高齢者の日常生活自立度：J2

認知症高齢者の日常生活自立度：Ⅱb

介護保険：未申請

基礎疾患：高血圧症、両変形性膝関節症、脊柱管狭窄症、認知症疑い

家族構成：15年前に夫が亡くなりマンションに一人暮らし。子どもはいない。他県に弟が1人いる。

職歴：小学校の教師を定年まで勤める。

地域との関係性：20年前から現在のマンションに住み、近隣とは顔見知り。

相談・受付

　自治会長から地域包括支援センターに、「認知症の疑いのある一人暮らしの高齢者が心配なので包括で支援してほしい」と相談が入りました。認知症が疑われる根拠として、「最近、早朝に隣人のドアをたたき「物がなくなった」等と訴える」「部屋の中は乱雑にモノが散らかっている」などを挙げ、近隣者は認知症ではないかと心配していることや以前は自治会の役員を長く務めるなどしっかりした人物だったこと、そして他県に弟が 1 人いて、その弟には自治会長から状況は伝えていることなどを話されました。

（情報収集・アセスメント）

　情報収集の結果、地域包括支援センターにおいて相談歴はないこと、介護保険は未申請で弟が 1 人他県に在住、他部署のかかわりはないことを高齢福祉課で確認しました。

　民生委員からは、「月 1 回の自宅訪問では特に変わりなかったが、最近は不在のこともあり近況については把握していない」と聞き、弟からは、「2 か月前に訪問した際、部屋の中が雑然としていた」「同じことを繰り返し話していたのでおかしいと思っていたが、長年小学校の教師を勤めてきたので大丈夫だと思っていた」ことなどを聞きました。

　また、弟は遠方に住んでいてすぐに駆け付けることができないので、地域包括支援センターで支援してほしいとのことでした。

対応・アセスメント

　地域包括支援センター内で協議し、専門的・継続的な関与が必要と判断しました。そして、訪問して事実確認を行うこととなりました。

自治会長と主任介護支援専門員、保健師で自宅訪問

　「地域の高齢者宅を訪問し、健康チェックを行っています。お体の調子はいかがですか。お困りごとはないですか」と地域の巡回訪問を目的に訪問したことを伝え、状況を確認しました。

　本人は、「最近、頭がぼんやりすることが多く、眠れない。買い物に行きたいけど、お金がない。通帳が見当たらない。どうしたらいいか困っていた」と話し、不安な表情を浮かべていました。顔色も悪く痩せていました。

　また、部屋の中は、モノが散らかり、通帳等探し回っている状況がうかがえまし

た。今後、地域包括支援センターが相談に乗ることを伝えると安心した様子でした。長年、高血圧症で近医を受診していたことが確認できたため、主治医に連絡し、面談の予約を取りました。

主治医との面談

主治医との面談では、Oさんの生活状況、認知症の症状等を報告し、Oさんの病名、病状、受診状況、服薬内容、認知面等について確認しました。

主治医は、「65歳から高血圧症で降圧剤を服用していて、病状は安定していた。定期的に受診していたが、3か月前より受診していない。以前に比べ、身なりを気にしなくなり、表情もぼんやりしているので心配していた。認知症の疑いがあるので、専門医の受診を勧めていきたい」と話しました。

図表 3-22　連携の流れ② -1

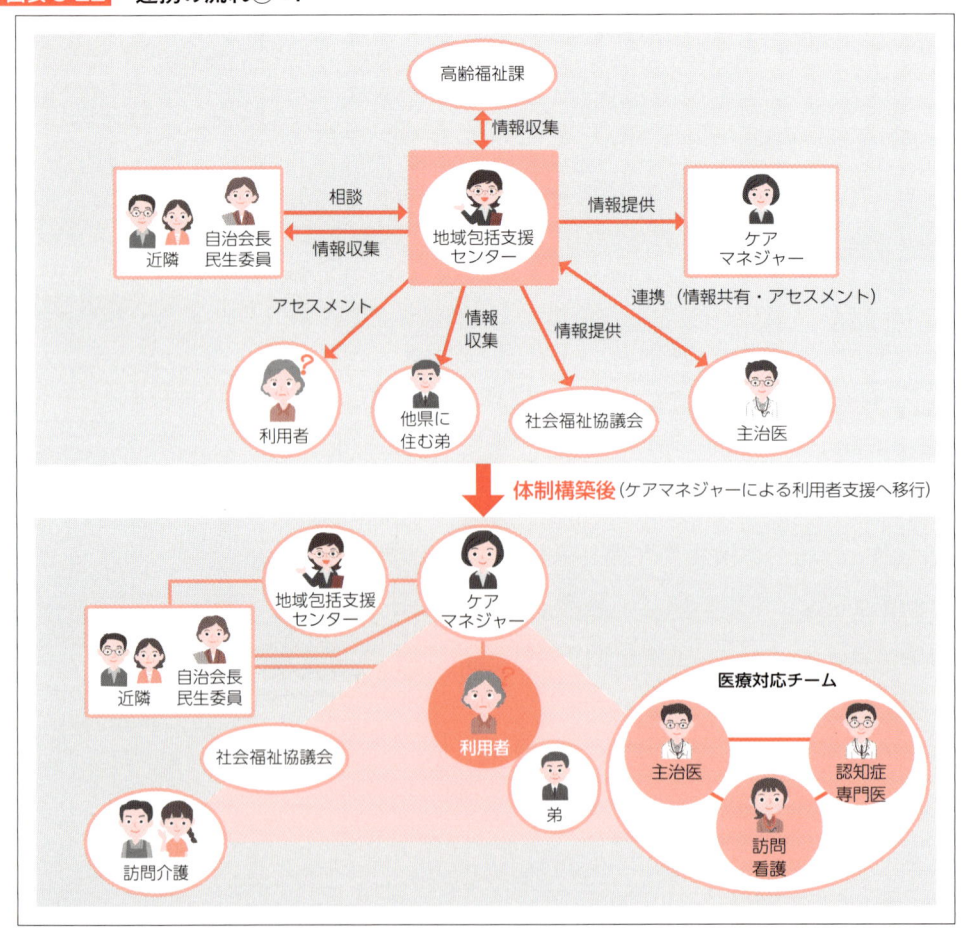

図表 3-23　連携の流れ② -2

自治会長から相談

相談受付（スクリーニング）

相談内容の把握

【情報収集】
●民生委員、近隣
・ 今までの生活状況、地域、家族の関係性等
●他県在住の弟
・ 家族の状況、関係性、介護力等について
●包括内での相談歴の有無
●行政機関
・ 介護保険、障害制度、医療機関、生活保護等の情報

アセスメント

専門的・継続的な関与が必要と判断

【自宅訪問】
・ 本人の生活状況の確認
・ ADL、IADL
・ 認知面、BPSD 等
・ 健康状態
・ 食事内容、水分摂取状況
・ 医療（主治医、内服薬服薬状況、受診状況）
・ 家族のかかわり、経済面
・ 近隣、地域のかかわり
・ 経済状況

課題の明確化

行動計画の作成と実行

【課題】
・ 受診が中断され、服薬管理ができていない。
・ 食事、水分摂取が不十分、不眠の訴えもあり健康面に不安がある。
・ 物忘れ、物盗られ妄想等認知症が疑われる。
・ 部屋の中は、物が散乱するなどセルフケア能力の低下が見られる。
・ 金銭管理ができない。
・ 周りに支援者がいない。

ケアマネジャー
支援チーム全体のサポート

ケアマネジャーによる
利用者支援

●主治医と連携
・ 情報提供、課題の共有
・ 介護保険の申請（意見書作成依頼）
・ 認知症専門医への紹介
・ 訪問看護指示書の依頼
・ 権利擁護について
●介護支援専門員と支援体制の構築
・ 情報・課題の共有
・ 暫定サービス利用
●家族の介護力と具体的な支援について
●権利擁護について
●民生委員をはじめ地域の見守り体制について

包括は終結　　※必要に応じて包括的に支援チームの連携を支援する
（総合相談支援業務から包括的・継続的支援業務へ）

第 **3** 章

医療連携の実際

課題の明確化

以下のような課題が浮き彫りとなりました。

- 受診が中断され、服薬管理できていない
- 食事、水分摂取が不十分、不眠の訴えがあり健康面に不安がある
- 物忘れ、物盗られ妄想等、認知症が疑われる
- 部屋の中は、モノで散乱するなどセルフケア能力の低下が見られる
- 金銭管理ができない

今後の方向性

主治医との連携

「早急に受診を再開し、高血圧症の治療を行う」「主治医意見書を依頼し、介護保険申請を行う」「認知症専門医を受診し、確定診断を受ける」「訪問看護の必要性について検討し、指示書の依頼をする」「権利擁護について検討していく」ことなどが挙げられました。

その他

情報・課題の共有と暫定サービスの利用について、介護支援専門員と支援体制の構築や弟の介護力、協力体制を確認し、権利擁護について検討していくこと、民生委員、自治会長をはじめ地域の見守り支援体制づくりを行っていくことが今後の方向性として位置づけられました。

支援の結果

その後、認知症専門医を受診し、アルツハイマー型認知症の診断を受け、内服治療を開始しました。その上で、主治医を中心とした、訪問看護、認知症専門医による医療対応チームの支援により心身の症状が安定していきました。

また、訪問介護による生活支援では、できる家事をともに行うなど自立支援を図りました。金銭管理については、弟の関与と権利擁護事業を利用することとなり、本人の周辺症状は改善されていきました。

民生委員をはじめとする地域の見守り支援体制ができあがり、在宅生活の継続の見通しがついたため、ケアマネジャーによる利用者支援へとつなぎ、地域包括支援センターによる支援は終結となりました。

●事例 3　家族からの虐待の疑いで対応した医療連携（図表 3-24）

事例の概要

認知症疑いのある高齢者とうつ病の息子の 2 人暮らしの世帯へ、2 つの支援チームで協働して対応したケース

Ｐさん・82 歳・女性

要介護度：要介護 1

障害高齢者の日常生活自立度：A1

認知症高齢者の日常生活自立度：Ⅱ b

基礎疾患：高血圧症（65 歳から内服治療中）、両変形性膝関節症、脊柱管狭窄症（70 歳）、認知症疑い

家族構成：他県で出生。女学校卒業後、家事手伝い。23 歳で結婚。29 歳で長男を出産後は専業主婦。5 年前夫が亡くなり 52 歳長男と 2 人暮らし。他県に 1 人妹がいるがたまに連絡を取り合う程度、ほかの姉妹は亡くなった。

地域との関係性：30 年前に他市から転居してきた。近隣とはあいさつ程度。1 年前友人が亡くなり、親しく付き合う人はいない。

経済状況：遺族年金 13 万 / 月

利用サービス：訪問介護週 2 回（掃除、買い物、調理）、通所介護週 2 回（入浴、リハビリテーション、食事の提供）

相談・受付

居宅のケアマネジャーより、以下のような相談が入りました。

● 利用者が同居の長男から金銭搾取を受けているようだ。

● 利用者の状態としては、最近、曜日、時間がわからなくなりヘルパーの訪問日を忘れて外出することや通所介護の送迎時に準備ができていないことが増えてきた。薬の飲み忘れや通院日がわからなくなっているなど認知症が進行し、精神面も不安定になっている。

● 訪問介護での通院介助、訪問看護での服薬管理等サービスを提案すると「長男がお金をくれない。お金がないので利用できない」と訴える。

● ヘルパーにも本人が訴えているようで、ケアマネジャーに報告があった。

● 長男は、無職でうつ病の既往歴があると聞いているが、会ったことはない。

情報収集

本人については、これまで地域包括支援センターへの相談歴はありませんでした。ケアマネジャーからの情報によると、前任者の退職により6か月前から担当しているため、本人、長男について情報が十分に聞き取れていないこと、本人について、「両膝と腰の痛みで外出はタクシーを利用」「買い物、掃除、洗濯、ごみ出しについては、訪問介護で支援を受けている」「医療機関は、内科（1か月ごと）、整形外科（2週間ごと）に受診している」ことなどが語られました。

また、長男については、「訪問時、部屋にいる気配は感じるが会ったことはない」「20歳代でうつ病を発症し、無職で家にいると本人から聞いた」ことなどが語られました。

民生委員からは、「長男と2人暮らしなので、（民生委員は）訪問していない」「夫が亡くなってからは、町内会、老人会の集まり等への参加はなく、近隣との付き合いもない」「近所に親族等はいない」とあり、妹からは、「長男は、大学時代に人間関係でうつ病を発症し入院したことがある」「仕事は長続きせず、今は自宅に引きこもっている」「義兄が亡くなってから、姉に対する長男の態度が威圧的になり、時々、姉が泣きながら電話をかけてくるので心配していた」と情報がありました。

長男について

障害福祉課からの情報では、病名はうつ病で21歳の時に発症し、入院加療後5年間通院歴があるが、以降通院歴はない、とのことでした。

地域包括支援センター内での協議

高齢者虐待の可能性も踏まえ、専門的・継続的な関与が必要だと判断しました。その上で障害福祉課の保健師と協議し、居宅のケアマネジャー、地域包括支援センターの主任ケアマネジャー、社会福祉士、障害福祉課の保健師らと自宅訪問を行って事実確認をしました。

自宅訪問・事実確認

自宅訪問により、本人、長男の状況を確認しました。

本人は、認知症の進行により、通院、内服管理ができておらず、セルフケア、家事についてはできない部分が増え、声かけ、一部介助が必要な状況でした。

長男より、ヘルパーの支援以外の日は、長男が弁当を買って食べさせていること、2、3年前から金銭管理ができなくなり、長男が管理をしていることを聞き取

りました。本人は、長男と自宅で生活したいと希望していました。

　一方で、長男は自身のことは話したがらず、障害福祉課の保健師が定期的に訪問して関係性を取りながら少しずつ情報収集していくこととなりました。

課題の明確化（コアメンバー会議・障害福祉と合同ケース会議）

　本人は、長男と自宅で生活したいと希望していたので、2人が生活の質を高め、在宅生活が継続できるための支援について長男の支援チームとともに合同ケースカンファレンスを開催しました。

本人の課題

　認知症の疑いがあり、判断力が低下していました。そのため定期受診、内服管理ができず健康面に不安が生じ、日常生活の維持が困難になっています。また、金銭管理ができず、長男が管理していますが、金銭搾取の疑いもありました。そのため、認知症の専門医につなぎ、適切な支援の再構築が必要と考えました。

長男の課題

　うつ病の既往があり、治療を長年中断し、無職で収入がありませんでした。精神保健福祉、障害福祉の支援が必要な状態であり、養護者支援として、うつ病の治療の再開と適切な社会資源による支援、そして経済的自立を図ることが重要だと考えられました。

今後の方針について

　本人の意向である長男との在宅生活の継続に向けて、長男の支援チームと連携を図り世帯全体の支援を行うこととしました。

本人について

　まず、主治医と課題について共有し、認知症の疑いにより判断力の低下が見られるため、専門医の確定診断を受け、適切な権利行使のために支援を検討しました。

　また、定期的な受診、内服管理、健康管理を継続するため訪問看護の必要性について検討しました。

　次にケアマネジャーと支援体制を整備し、認知症の確定診断後、本人の能力に応じた金銭管理をはじめ権利擁護について検討しました。

　それから、主治医を中心とした訪問看護、認知症専門医等医療対応チームとの連携体制を構築した上で、本人の能力について再アセスメントし、自立支援、重度化予防に向けたケアマネジメントを行って、全体の連携体制を構築していきました。

地域においては、民生委員をはじめとした地域による見守り体制の構築を進めていきました。そして、最終的に長男の支援チームと連携し、世帯全体を支援していくことを目指しました。

長男について

まず、障害福祉課の保健師が中心となって、支援チームを構築していきました。専門医の受診により治療を再開し、病状を管理することや、経済的な自立を図ること、社会生活面の自立を図ることを目標にして、具体的には「精神障害者保健福祉手帳の申請」「自立支援医療の申請」「障害年金の申請」「相談支援専門員による相談支援」「障害区分の申請」「デイケアの利用」等を行いました。

なお、金銭搾取の疑いについては、支援チームと連携を図り、地域包括支援センターが経過を見ていくことになりました。

図表 3-24　連携の流れ③ -1

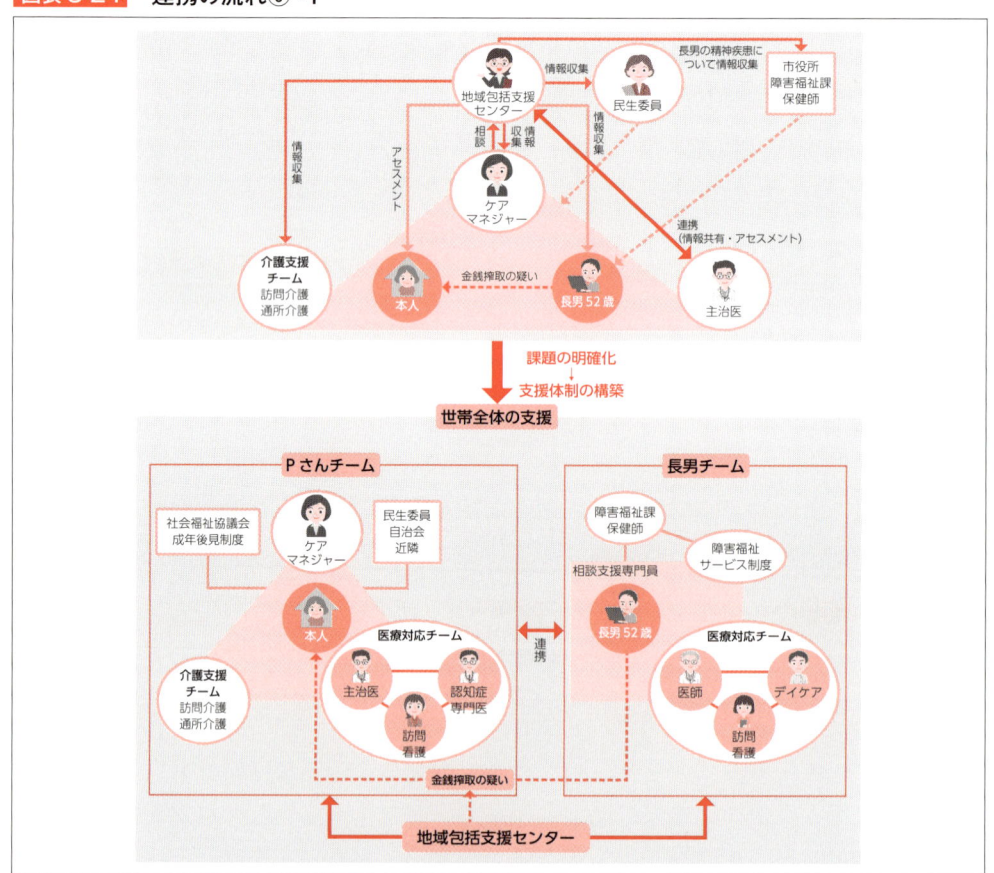

図表 3-25　連携の流れ③ -2

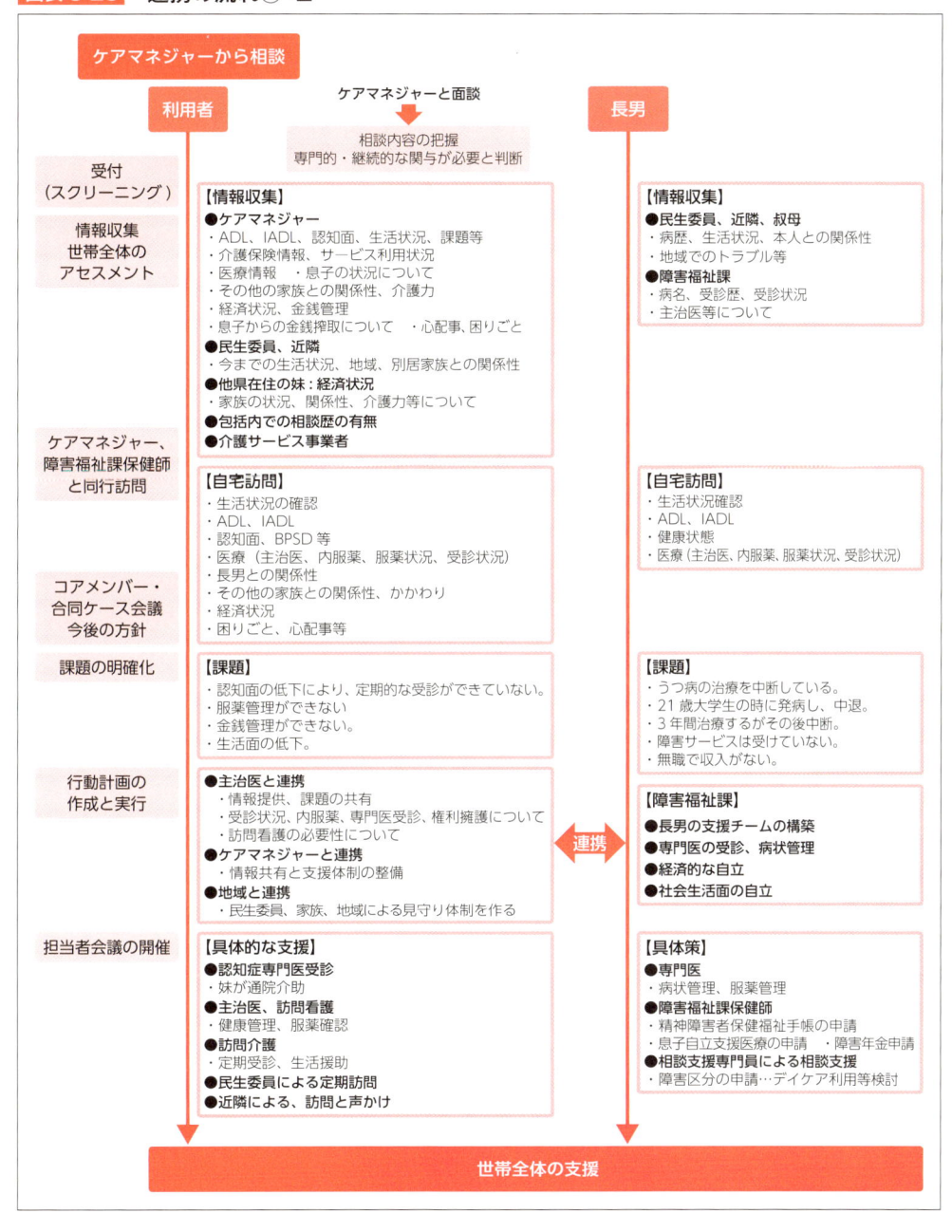

ケアマネジャーから相談

利用者　　　ケアマネジャーと面談　　　長男

相談内容の把握
専門的・継続的な関与が必要と判断

| 受付（スクリーニング）
情報収集
世帯全体のアセスメント | 【情報収集】
●ケアマネジャー
・ADL、IADL、認知面、生活状況、課題等
・介護保険情報、サービス利用状況
・医療情報　・息子の状況について
・その他の家族との関係性、介護力
・経済状況、金銭管理
・息子からの金銭搾取について　・心配事、困りごと
●民生委員、近隣
・今までの生活状況、地域、別居家族との関係性
●他県在住の妹：経済状況
・家族の状況、関係性、介護力等について
●包括内での相談歴の有無
●介護サービス事業者 | 【情報収集】
●民生委員、近隣、叔母
・病歴、生活状況、本人との関係性
・地域でのトラブル等
●障害福祉課
・病名、受診歴、受診状況
・主治医等について |

| ケアマネジャー、障害福祉課保健師と同行訪問 | 【自宅訪問】
・生活状況の確認
・ADL、IADL
・認知面、BPSD 等
・医療 (主治医、内服薬、服薬状況、受診状況)
・長男との関係性
・その他の家族との関係性、かかわり
・経済状況
・困りごと、心配事等 | 【自宅訪問】
・生活状況確認
・ADL、IADL
・健康状態
・医療 (主治医、内服薬、服薬状況、受診状況) |

コアメンバー・
合同ケース会議
今後の方針

| 課題の明確化 | 【課題】
・認知面の低下により、定期的な受診ができていない。
・服薬管理ができない
・金銭管理ができない。
・生活面の低下。 | 【課題】
・うつ病の治療を中断している。
・21 歳大学生の時に発病し、中退。
・3 年間治療するがその後中断。
・障害サービスは受けていない。
・無職で収入がない。 |

| 行動計画の作成と実行 | ●主治医と連携
・情報提供、課題の共有
・受診状況、内服薬、専門医受診、権利擁護について
・訪問看護の必要性について
●ケアマネジャーと連携
・情報共有と支援体制の整備
●地域と連携
・民生委員、家族、地域による見守り体制を作る | 連携 | 【障害福祉課】
●長男の支援チームの構築
●専門医の受診、病状管理
●経済的な自立
●社会生活面の自立 |

| 担当者会議の開催 | 【具体的な支援】
●認知症専門医受診
・妹が通院介助
●主治医、訪問看護
・健康管理、服薬確認
●訪問介護
・定期受診、生活援助
●民生委員による定期訪問
●近隣による、訪問と声かけ | 【具体策】
●専門医
・病状管理、服薬管理
●障害福祉課保健師
・精神障害者保健福祉手帳の申請
・息子自立支援医療の申請　・障害年金申請
●相談支援専門員による相談支援
・障害区分の申請…デイケア利用等検討 |

世帯全体の支援

③ チーム支援の効果

介護予防ケアマネジメントにおける医療連携

　介護予防ケアマネジメントにおいては、軽度認定者の特性を踏まえたアプローチ

が必要となります。

　軽度認定者が要支援状態となった原疾患は多様ですが、その中でも筋骨格系の疾患や生活習慣病が原因の疾患が多く、徐々に生活機能が低下する廃用症候群が多いことが特徴です。主治医、リハビリ職等と連携し、効果的なプログラム、具体的な目標設定により状態の改善、重度化予防を目指し、実践していくことや生活習慣病を予防する取り組みが求められます。

　また、老年期は数々の喪失体験を繰り返します。その過程においてうつ病等を発症する高齢者も少なくありません。老年期のうつ症状やうつ病は、認知症と区別が難しい場合があります。状況に応じては専門医の受診へつなげる視点も重要です。

　本人のできることはできる限り本人が行うように目標志向型のケアマネジメントを意識して、医療と連携を図り、目標達成に向けた具体的な支援内容を盛り込むことが重要です。

　本人の望む生活の実現と自立支援に向けて、身近な地域においての活動や参加が果たせるような居場所や活躍の場の創出を合わせて行うことにより、より具体的な個々の目標設定および支援方針が導き出せます。多職種協働で地域包括ケアに取り組むことが求められています。ケアマネジメントの範囲を地域に拡大していく視点が大切です。

総合相談における医療連携

　地域包括ケアとしての継続支援の入り口となるのが総合相談です。

　地域包括支援センターでは本人、家族をはじめ、民生委員、地域住民やケアマネジャー等関係機関や警察、銀行、コンビニ等からさまざまな高齢者に関する相談を受け付けます。

　相談内容に応じて緊急性を判断します。深刻な権利侵害が考えられる場合には、迅速に権利擁護業務にて対応します。相談内容を的確に把握するためにも、アセスメントが重要になります。

　事例のように、認知症の周辺症状が出現してから地域に発見され相談を受けることが少なくありません。専門医を受診することにより、症状が改善され、在宅生活が継続される事例もたくさんあります。医療との連携は重要です。

　また、認知症の人を地域で支援する体制づくりが必要となります。地域包括支援センターは市民への啓発活動を広げていかなければなりません。

ケアマネジャーの支援における医療連携

　多様な生活課題を抱えている高齢者等が地域で安心してその人らしい生活を継続するためには、高齢者や家族が課題に応じたあらゆる社会資源を活用できるように、包括的および継続的に支援を行うことが必要です。

　3事例目のように、認知症により、高齢者の判断能力や生活機能が低下したことや養護者に疾病、障害があり、精神保健の治療中断・未治療の状態が虐待の原因となることも少なくありません。

　主治医と連携し、認知症の専門医につなぎ、症状を改善するとともに、確定診断により早急な権利擁護につなぐことで虐待を防止できることもあります。

　関係機関とのネットワークにより、養護者支援を行い、世帯全体の課題解決を図ることが重要です。

　地域包括支援センターは関係機関のネットワークを駆使し、ネットワークを広げて、ケアマネジャーが包括的・継続的なケアマネジメントを実践できるように、サポートしていきます。

4　地域包括支援センターからケアマネジャーへのお願い

　地域包括ケアを推進するためには、ケアマネジャーが中心となり包括的・継続的ケアマネジメントを実践することが重要です。

　地域包括支援センターはケアマネジャーの個別の支援に加え、ケアマネジャー等が医療との連携をはじめ関係機関との連携がスムーズに図れるように環境面を整備しネットワークの構築を図ります。

　また、地域包括支援センターは地域ケア会議等を活用し、個別の課題から地域の課題に視点を広げ、高齢者の望む生活の実現のために、ケアマネジャー等とともに地域包括ケアに取り組んでいきたいと思います。

　多様な生活課題を抱えたケースを担当した場合、一人で抱え込まず、地域包括支援センターに気軽に相談してほしいと思います。

引用・参考文献
1）地域包括支援センター運営マニュアル検討委員会編「地域包括支援センター運営マニュアル2訂」一般財団法人　長寿社会開発センター、2018.

各地域の取り組みの工夫（3）
新潟県の場合

林 則子

所属：さくらメディカル株式会社

　　　あらい居宅介護支援事業所

　　　介護部統括推進役・カルテ監査室室長

　私は居宅介護支援事業所で主任介護支援専門員として、後輩の育成、地域では新潟県介護支援専門員協会理事（5ブロック担当＝糸魚川市・上越市・妙高市・柏崎市・刈羽村）として活動を行っています。

　5ブロックの介護支援専門員推進協議会役員の方たちと、地域の情報交換や課題を話し合う機会を設け、地域課題や要望に沿って年間2〜3回、協議会と共催で研修会を開催しています。

1 私のフィールド

● 事業所：居宅介護支援事業所（特定加算Ⅱ）

● 主任介護支援専門員、日本ケアマネジメント学会認定ケアマネジャー、看護師
　事業所は主任介護支援専門員2名、介護支援専門員3名の合計5名
　事業所は妙高市内にあり、隣接の上越市も業務範囲としています。

● 地　域：新潟県南部に位置する妙高市は観光・農業都市、上越市は工業・農業都市です。戦国武将の上杉謙信公のお膝元でもあります。両市ともに高齢化率30%を超え、独居・高齢者世帯・過疎化が進んでいます。

2 上越地域（上越市・妙高市、以下上越地域と呼称します）の医療連携の取り組みと工夫

　介護支援専門員（ケアマネジャー）は利用者の意向・病状・心身の状態・生活状況を把握し、関係者医療・介護・行政・民間と情報を共有し、支援していくことが求められます。

　特に医療連携は、その病状により生命の危機につながることもあるため、正確な情報を迅速に伝えることが重要です。医療連携をどうしたらスムーズに行えるか。

ベテランや新人が、情報を的確に伝える仕組みやツールがあれば一定の質は担保できます。そこで、上越地域ならではの取り組みとして、医療連携がスムーズに行くための取り組みをご紹介したいと思います。

地域連携連絡票

上越地域では15年ほど前から地域連携連絡票が使用されています。医療・介護・関係者の共通情報ツールとして活用することでスムーズな連携が図れる内容になっています。

妙高市の揚石医院・揚石義夫院長（一社：上越医師会理事）を中心として考案され、妙高市、上越市ともに利用しています（**図表1**）。

地域連携連絡票の普及

妙高市では、ほぼ100%、上越市は旧高田市内で、ほぼ100%利用しています。在宅医療介護連携推進協議会（同市内合同）において、入退院フロー図を作成し、入院時の在宅から病院への情報提供ツールとして地域連携連絡票の活用を申し合わせました。

また、両市における個別地域ケア会議資料・福祉用具の特例使用等の行政への申請書類としても必須化されました。

インターネットで①医師会ホームページ→ケアマネ連携広場、②がんぎネットホームページ→医療介護従事者の項目で見ることができます。

ケアマネジャーは、記入しながら分析ができる仕組みです。中には利用者との初回面接時にアセスメント用紙として持参し記入しているケアマネジャーもいます。ICTでやり取りをし、医師から病名や医学的見地の意見を薬剤師から服薬中の薬剤について記入してくれる場合もあります。

また、在宅サービス申し込み時に地域連携連絡票を事業所に配布します。医療機関に地域連携連絡票を持参し、看護師・退院支援看護師や医療相談員に「わかりやすい」という言葉をもらっています。医師や訪問看護師から「地域連携連絡票がほしい」との声掛けもあり、連携ツールとしての活用が定着しています。

ICTの取り組み（MCネット運用：Medical& Care giving Networkの略）

2012年よりICT活用による、医療介護の連携強化の取り組みも開始されました。上越・妙高地域の病院・診療所、訪問看護ステーション、薬局、介護事業所等で利

図表1 地域連携連絡票（介護給付用）

地 域 連 携 連 絡 票 （ 介 護 給 付 用 ）

氏名		様	生年月日		歳	かかりつけ医	
住所			電話番号			ケアマネジャー	
要介護度			認定期間	～		記 載 日	
						記 入 者	

健康状態（原因疾患・発症日等）と経過

#1.
#2.
#3.
#4.
経過：

身体所見：身長　　cm　体重　　kg　血圧　　/　　mmHg　脈拍　　/分（整・不）

目標とする生活（参加・活動）：本人/家族

家族状況などの特記事項：

廃用症候群の程度：（寝たきり度）
筋 萎 縮：
拘　　縮：
精 神 面：（抑うつ・自発性低下）
食 欲 低 下：

認知症の程度：（認知症自立度）
短 期 記 憶：
見 当 識：
判 断 能 力：
周 辺 症 状：
（問題行動など）

日常生活活動能力		自立	見守り	声かけ	一部介助	全介助	行わず	使用用具介助内容
移動	屋内							
	屋外							
	段差（5cm）							
	階段昇降（20cm）							
起居	寝返り							
	起き上がり							
	布団の操作							
	座位保持							
	起立（床から）							
	起立（椅子から）							
	移乗							
食事	食事摂取							
	嚥下							
排泄	排尿（日中）							
	排尿（夜間）							
	排便							
入浴	浴室内移動							
	浴槽出入り							
	洗体							
更衣	上着							
	下着							
	靴下							
	靴の着脱							
整容	洗面							
	歯磨き							
	整髪							
コミュニケーション	伝達							
	理解							
家事	買い物							
	食事作り							
	掃除							

●：実行状況　☆：目標とする状況

内服薬など/薬剤コンプライアンス：

かかりつけ薬局：

特別な医療処置（褥瘡/留置カテーテル/酸素療法）：

感 染 症：
視 力 障 害：
聴 力 障 害：
皮 膚 疾 患：
痛　　み：
食 事 内 容：

現在通院中の医療機関：

今後の課題・問題点→対策

健康管理（心身機能）		日常生活・活動	参加
運動器の機能向上			
口腔の機能向上			
栄 養 改 善			
認知症・抑うつ対策			
◇			
◇			

介護負担・経済的負担など

総合的課題と具体的目標

現在利用中のサービス

専門職からの留意事項・要望

医療面（薬剤含む）：

看護面：

介護面：

リハビリテーション：

用者の情報共有ができるネットワーク・システムを活用しています。利用者ごとに事業所をグループ化し「回覧板」のイメージで情報共有し、コミュニケーションが取れ、顔の見える関係性の中でチームとして在宅医療を進めることが可能となります。

2019 年 7 月現在加入率：（両市合わせて）地域包括支援センター 12 箇所中 10 箇所（83.3%）、居宅介護支援事業所 86 事業所中 47 事業所（54.7%）訪問看護 14 事業所中 13 事業所（92.9%）、医療機関 28 機関、その他訪問介護・通所介護事業所等、多数が利用しています。

運用の流れ

①ケアマネジャーが利用者・家族から支援の一環として ICT 活用の説明・同意書を得ます（極少数ですが同意を得られない場合は ICT 活用はできません）。

②関係者を選択し、情報を一斉配信。選択された人だけが閲覧できます。

③送信者は情報を送った相手方の既読・未読が把握できます。

④定期的に情報管理委員会が開催され、安全管理を行っています。

⑤利用者の担当が終了した場合には一定期間経過後に情報をすべて削除します。

活用方法

①医師・歯科医師・薬剤師・医療相談員・看護師・リハビリ職・介護事業所・地域包括支援センター等関係者全員に情報を発信します（報告・連絡・相談）。

②利用者・家族の意向や課題・状況を関係者に伝え意見をもらいます。

③皮膚の発赤や褥瘡等異常時は、許可を得て写真撮影し、ICT で関係者全員が閲覧し、医師から指示を迅速にもらいます。

④関係者からも、利用者の様子で気になることは情報発信してもらいます。

効果

①情報が一度で関係者全員に伝わり、ケアマネジャーの業務が効率化できます。

②リアルタイムで関係者に、情報交換や意見の集約ができます。

③日々の支援の中で利用者にアクシデントがあっても医師・歯科医師・薬剤師・看護師等の助言を受け支援することが可能です。

④関係者全員の意見交換が簡易にできます。

⑤回覧板のイメージで意見交換もできるためチームとしてかかわるという意識が高まります。

⑥医師から地域で発生している疾患情報発信があり、業務に生かせます。

ケアマネタイム

同地域では、ケアマネタイムを設けています。病院・診療所へケアマネジャーが連絡を取りやすい時間帯を各医療機関から提示してもらい、一覧表として医師会が作成し、連携の取りやすい環境になっています。気軽に利用者・家族の意向や課題・心身の状況を相談・報告しています。

3 私が心がけていること

①入院した当日か翌日には入院時連携を行います。情報を伝えることが一番ですが、利用者・家族に会って、少しでも安心してほしいからです。

②自立支援の視点で、入院中に利用者の心身機能が低下しないよう、今までの生活状況・望む暮らし・自宅での課題を伝えます。特に退院するまでに、○○ができるようになってほしい、例えば「一人でインスリン注射ができないため、入院中に自己注射の手技を完璧になるまで練習してもらいたい」等具体的にお願いをしています。

③医療機関に地域連携連絡票（前述）を持参し、利用者像を理解してもらいます。

④利用者が退院後、サービスを受け入れない場合には、医師・看護師から力を借りて助言してもらいます。比較的医師のアドバイスを受け入れる利用者は多いです。

⑤退院前には必ず、サービス担当者会議を開催し、在宅担当のメンバーに参加してもらいます。顔の見える関係作りで、利用者・事業所が安心できるよう配慮しています。

⑥利用者の今後の病状の見通しを、主治医から必ず聞いています。主治医から聞けない場合には、担当看護師やMSWから情報を得ます。聞きにくいというケアマネジャーもいると思いますが、とても重要なことであり、情報収集が必要です。

⑦退院後も、病院で受けていたリハビリや治療が途切れないように、気をつけています。専門職同士で情報のやり取りをしてもらい、在宅でも継続したリハビリや医療処置を受けられるよう配慮しています。

⑧状態悪化・困った時に助けてもらうだけではなく、改善した時も医療機関に報告しています。医師や看護師は、いつも利用者のことを気にかけています。よい情報の共有もお世話になった礼儀として、またチームメンバーの一員として伝えています。

⑨医療職・介護職も含め、簡潔に言いたいことを口頭や文書で伝えています。

⑩日頃から関係者とは良好な関係を築くよう心がけています。

　いつもと違う、「おやっ」と思ったという情報が実は重大なことにつながっていたということもあります。

　医療連携の必要性が高まる中、私たちケアマネジャーは、より一層の質の向上が求められています。地域の取り組みや私の工夫を紹介しましたが、今後もケアマネジャーの皆さんが中心となった医療連携推進に向け、参考にしていただければ幸いです。

高田 緑

所属：医療法人社団刀圭会在宅支援部門　統括管理者

　私は、医療法人社団刀圭会の在宅支援部で在宅支援にかかわる3事業所の統括管理を行っています。介護・医療・障害の3領域をスタッフとともに活動しています。

　介護支援専門員（ケアマネジャー）としては、介護保険制度が始まり4年目に帯広市介護支援専門員連絡協議会の立ち上げ準備と設立にかかわり、2010年に「特定事業所の会」を有志で発足し、特定事業所として、地域で求められる役割を担うことやケアマネジメントの資質を高めるための研修や事業所運営基準の確認、情報共有等の活動を行っています。さらに十勝地区の介護支援専門員法定研修講師、看護師・介護福祉士養成の専門学校や短期大学の非常勤講師を努め専門職の育成に協力しています（「特定事業所の会」：特定事業所加算を算定している事業所の集まり）。

1 私のフィールド（地域特性）

● 事業所：医療法人の在宅支援部統括管理者・居宅介護支援事業所（特定事業所Ⅱ）・訪問看護ステーション・相談支援事業所（特定事業所Ⅱ）

● 主任介護支援専門員3名（認定ケアマネジャー2名含）、介護支援専門員5名　相談支援専門員5名、訪問看護師13名、作業療法士2名、理学療法士1名、言語聴覚士1名

● 地　域：帯広市は、農林水産業を基幹産業とする北海道十勝地域の中核都市として、産業経済、教育、福祉、行政、医療等の機能が集積し役割を担っています。若い世代は、進学や就職で道内、道外への転出が多く、少子高齢化の進展により高齢化率28%（2018年7月）に達し、今後も高齢化率の上昇と人口減少が推測されています。要介護者の増加に伴い、施設系社会資源が増え、積雪や氷点下20度以下になる寒い冬期間は、施設で過ごす要介護者も多く、「越冬入所」なる言葉もあります。

人口約17万人／高齢化率28%（2018年7月）／地域包括支援総合センター

１か所（帯広市役所内）／地域包括支援センター（委託４か所）／帯広市内医療機関病床数（2016 年 7 月）：高度急性期病床 414 床／急性期病床 1,511 床／回復期・慢性期病床 993 床／訪問診療と往診医（ターミナル支援可能）約 10 か所／介護保険関連施設：老人保健施設 5 か所、介護老人福祉施設 4 か所、地域密着型介護老人福祉施設 11 か所、介護療養型医療施設 1 か所、特定施設 13 か所、グループホーム 33 か所、その他（サービス付き高齢者住宅多数）

2 医療連携の取り組みと工夫

十勝地域における入退院時の連携ルール

　十勝地域では、北海道帯広保健所が中心となり「十勝地域における入退院時の連携ルール」[1] が 2018 年度より本格的に活用されています。目的は、要介護状態の人が、病院に入院または退院する時に、医療と介護の切れ目が無い支援体制を構築するために作られました。地域連携室や相談室の退院調整看護師やソーシャルワーカーとケアマネジャーの連携が速やかに進めることができるようなルールになっています。さらに十勝管内市町村介護保険担当窓口の協力も得られ、病院担当者からの問い合わせに協力する仕組みができました（ただし、個人情報使用同意書済に限定）。

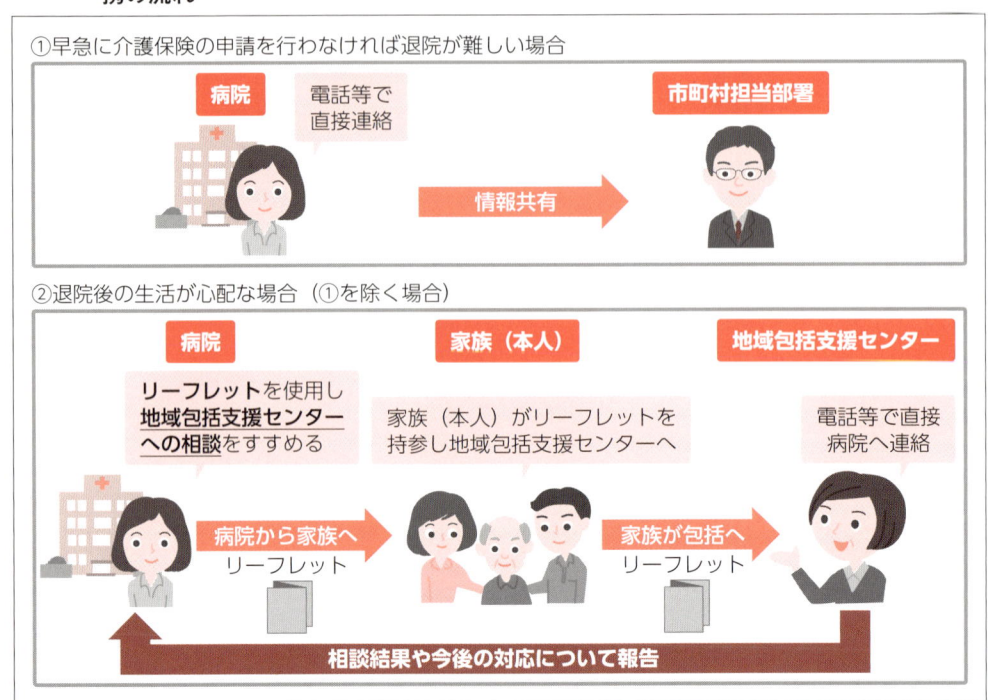

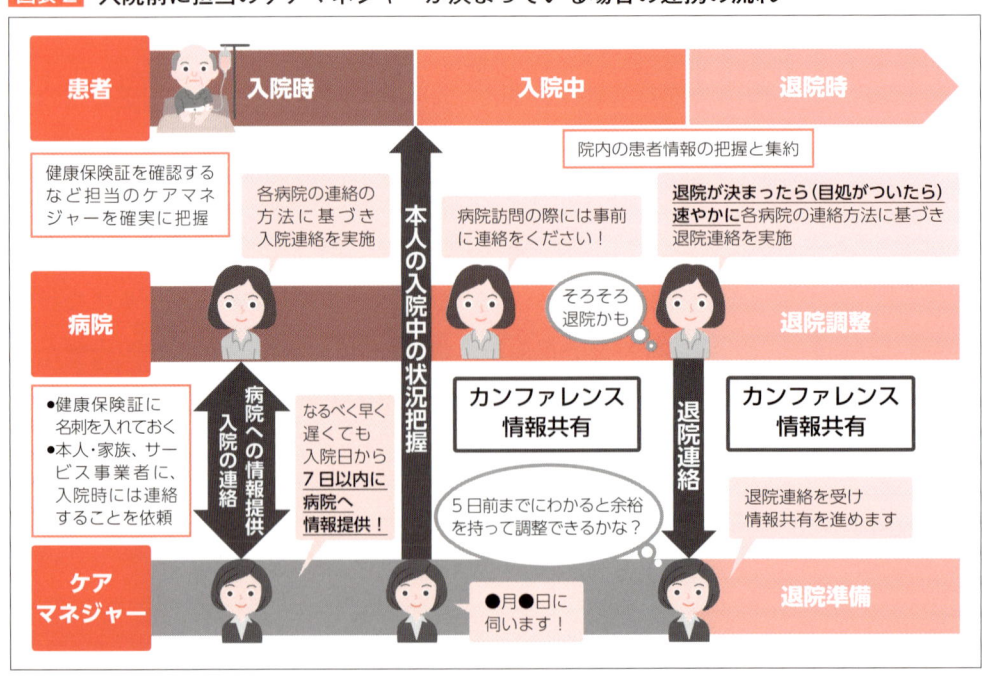

「特定事業所の会」

　医療的ニーズのある中重度の要介護者を担当することが多いため、訪問看護ステーションとの連携を高めるために、複数の訪問看護ステーション管理者と直接質問や相談ができるような研修会、ケアマネジャーと病院看護師や訪問看護ステーション、地域包括支援センター、地域の保健師と多職種で行うスーパービジョン、帯広市の中核病院退院調整看護師と入院時や退院時の連携の方法を学び合う研修会等を開催しケアマネジメントの研鑽や要介護者の理解、医療職との連携など地域の専門職を巻き込みながら学び合う機会を作っています。

事業所内での取り組み

　事業所内の取り組みとして、訪問看護ステーションに併設しているため、医療ケアを有する要介護者が多く、必然と主治医との連携は重要となります。初回ケアプラン作成時には、主治医訪問をできるだけ実施し、担当ケアマネジャーであることを知ってもらうことや、治療をしている疾病について在宅療養上の留意事項等を確認してケアプラン作成をするようにしています。経験の浅いスタッフの場合は、事業所内新人教育やOJTとして、主任ケアマネジャーや先輩ケアマネジャーと同行して行うことから始め、医師と面談をする度胸とケアプラン作成に必要な健康状態のアセスメントを理解してケアマネジメント支援ができるような事業所体制を作っています。

　さらに、併設の訪問看護ステーションの看護職やセラピスト、相談支援専門員と合同でスーパービジョンや勉強会等を実施し、医療職や障害相談員とともに学び合い、連携が密にそしてシームレスに行えるような体制を作っています。

3 医療連携による成果・効果

（1）「十勝地域における入退院時の連携ルール」が地域医療機関に周知され、病院入院時や退院時にケアマネジャーへの連絡が多くなりました。相互にケアマネジャーの意識も高められ、入退院時の医療と介護の連携は動き出しています。

（2）「特定事業所の会」で行った研修会を通じ、医療機関や訪問看護ステーションの相談窓口となる担当者と顔の見える関係が築けたことで、より連絡や相談がしやすくなり、各々の事業所で積極的に医療と連携が取れるように取り組まれています。4か月に1回の定例会でも、積極的な意見や情報交換が行われ、特

定事業所として意識を持って各事業所が質の高い事業所運営に取り組んでいます。

(3) 事業所においては、担当する要介護者の主治医との面談を基本とする中で、スタッフは、要介護者の健康維持や疾病の悪化予防のアセスメント分析力が向上し、利用者が健康で過ごせることが、在宅で望む生活を継続できる基盤であると理解してケアプラン作成を行うようになりました。ケアマネジャーになり1年を経過すると、臆すること無く主治医や医療関係者と連絡を取り必要な医療連携を積極的に行っています。医療との連携を積極的に行うことで、他病院、各地域包括支援センターから、健康状態に何らかの課題がある要介護者の紹介が多くなりました。併設で訪問看護ステーションがあり看護職やセラピストと日常的に相談したり、意見を聞くことができる環境が、医療関係者との連携がしやすいバックグラウンドとなっています。

4 私が心がけていること

事業所ルール1

初回ケアプラン作成時に、要介護者の主治医に面談すること、担当ケアマネジャーになった挨拶と治療中の病状や治療内容、生活上の留意事項を確認することを課しています。

担当時から、顔の見える関係作りと担当ケアマネジャーがいることを知って意識してもらうために訪問を第一に実施しています。最近は、医師のほうから「困っていた」「ケアマネジャーがついてよかった」「必要なことは協力します」と言ってもらえることや直接主治医から事業所に電話で相談が入ることも増えてきました。

事業所ルール2

医療機関退院時は、退院前に入院医療機関において、本人・家族、在宅支援チームはもちろんのこと、医療機関関係者を含めて、サービス担当者会議を開催します。

入院医療機関から情報収集した内容が、ケアプランにどのように活かされ、在宅支援がされるのか、また在宅支援チームの支援内容や支援の限界等を知ってもらえる機会になります。積み重ねていくことで、医療機関関係者の意識や在宅支援の知識が高まり、連携が強化されることを期待して行っています。

　もちろん、要介護者と家族が退院した日から安心して在宅生活に移行できるためにも必要であると考えています。

事業所ルール3

　医療系サービスと介護系サービスがケアマネジャーを介しないでも、タイムリーに相談や連携を取れるようなチームを作ることを目指します。

　ケアマネジャーを中心とする医療と介護の連携も重要ですが、チーム間の医療と介護の連携も重要と考えています。

　例えば、訪問介護員や通所介護員は、要介護者に健康状態の変化や気になる症状があった場合、直接訪問看護ステーションに連絡や相談をせず、担当ケアマネジャーに連絡をし、その情報をケアマネジャーが訪問看護ステーションに伝えるケースが多くあります。これでは、時間的なロスが生じ、正確な状況がつかめず対応が遅れる場合があります。チームとして機能するように、初回サービス担当者会議の際に、要介護者にあらかじめ予測される具体的な例を示し、各々専門職の役割を理解してもらいます。そして、チームメンバーが必要なサービス事業所と積極的に連絡や相談を取り合うことでチーム力が発揮され、動いていくようなチーム作りを心がけています。

　最後に、医療との連携、多職種の連携を行う上で、ケアマネジャーのアセスメント力、ケアマネジメント力の向上は、当然必要になってきます。地域のケアマネジャーの意識を高めるきっかけ作りを今後も仕掛けていきたいと考えています。

引用・参考文献
1）北海道帯広保健所「十勝地域における入退院時の連携ルール」

第**3**章 医療連携の実際

第 **4** 章

Q&A
―こんな時
どうする？

第1節　医療職への報告等

Q1 ヘルパー等から利用者の状態について報告があった際、ケアマネジャーは医師等へのどのような報告をすればよいのでしょうか?

A 平時からの主治医との連携の必要性を理解し、利用者の状態に変化が見られる場合は速やかに報告しましょう。

解説

2018年度の省令改正により、平時からの医療と介護の連携を促進するため、訪問介護事業所等から伝達された利用者の口腔に関する問題や服薬状況、モニタリング等の際にケアマネジャー自身が把握した利用者の状態等について、ケアマネジャーから主治の医師等に必要に応じて情報伝達を行うことが義務づけられました[1]。

ヘルパーなどの在宅支援の専門職は、ケアマネジャーを中心に情報を共有しながらチームで活動していますので、ケアマネジャーがこれらの情報の中から、伝達すべき情報を選択して主治の医師や歯科医師、薬剤師に的確に伝達することが重要です。

どのような情報を報告するかは、利用者の状態によって異なり、心身の状態に大きな変化が生じた場合は速やかにかかりつけ医に報告することが大切です。

特に、認知症は、早期発見、早期治療が大変重要ですが、独り暮らしの高齢者の場合、既に生活に支障が出ていても定期的な受診の際にはうまく取り繕うことができるため病状の確認が困難な状況があります。このため、ヘルパーなど利用者の身近で活動する専門職からの情報提供が重要であり、ケアマネジャーは、こうした情報を確実に医療につなぐことが求められているのです。

情報伝達の方法等については、お互いに業務多忙の中、「送った」「受け取っていない」など情報伝達に係る認識等に齟齬が生じることのないよう、双方にとってできるだけ負担の少ないルールを確立することが大切です。

※1　指定居宅介護支援等の事業の人員及び運営に関する基準第13条十三の二

在宅で療養する利用者の状態に変化が見られた場合、主治医等にどのように伝えればよいのでしょうか?

A 利用者の病状の変化などの事実を主治医等に伝える際は、客観的な事実を具体的に伝えることが大切です。

解説

　ケアマネジャーが把握した利用者の病状の変化などの事実を主治医等に伝える際は、客観的な事実を具体的に伝えることが大切です。

　例えば、「食べられず具合が悪い」ということであれば、食欲がないのか、嚥下障害があるのか、低栄養になっていないか、口腔機能の問題があるのか、服薬状況はどうか、発熱はないか、排便状況はどうか、吐き気や嘔吐はないかなど、具体的な状況と全身状態をよく観察します。なお、うつ状態などの精神的な症状の場合もあるので、心配ごとや困りごとはないか確認します。

　また、病気の特性などから今後進行に伴って深刻な病状の変化が予測される場合や利用者の病状が特に不安定な場合などは、あらかじめ、主治医等と情報提供に係る調整をしておきます。その上で、予見される状態の変化が現れた場合には「利用者の何を確認して、どのように報告するのか」など、報告のあり方をルール化しておくことも重要です。

　いずれにしても、利用者の心身にいつもと異なる状態が現れた時には、主治医や訪問看護師、薬剤師や歯科医等に具体的な状況を伝えて指示を仰ぐことが大切です。

図表 4-1 報告の仕方（主治医が必要としている情報を伝える）

あいまいな表現	具体的な表現（例）	医師が報告から読み取ること
つらそうにしている	・顔色が悪く冷や汗をかいている ・〇〇があり精神的に落ち込みが見られる	体のこと? 心のこと?
気分が悪そうだ	・胃がむかむかする訴えがあり〇日前から食事がとれていない ・めまい感があり、起き上がることも難しい	消化器系? 自律神経?
ぼーっとしている	・活気がなく問いかけにも反応が遅い。口唇の乾燥が見られ皮膚のかさつきあり。水分は〇〇cc摂取 ・問いかけに反応が鈍く表情もぼんやりしている	脱水? 脳?

第**4**章　Q&A―こんな時どうする?

A ヘルパーや通所介護の担当者等から伝達された利用者の状態の変化について医療の必要性が疑われる場合は、ケアマネジャーから速やかに主治医や歯科医師等に連絡します。

解説

ケアマネジャーは、ヘルパーや通所介護の担当者等から伝達された利用者の口腔に関する問題や服薬状況に関する情報、モニタリング等の際に自身が把握した利用者の状態等に関する情報の中から、主治の医師や歯科医師、薬剤師に伝えるべき情報を選択して速やかに提供することが求められています。

具体的にどのような情報をどのようなタイミングで報告するかについては、服薬ができていない、飲み残しが多く見られる、食事の摂取量が極端に減っている、便秘で下腹部が膨満しているなど、医療面での解決策が必要と判断した場合は速やかに主治の歯科医師、薬剤師に報告することが大切です。

ケアマネジャーは、利用者の今後の病状の進行に伴って発生する心身上の変化などに関する情報を事前に主治医等から得るなどして、「このような症状が現れたら、このような状態となったら報告する」というタイミングを確認しておくことが大切です。

さらに、これらの事前に話し合われていたこと以外の内容でも、「この状態が続いたら起こる危険性」を考え、緊急性の高い状態になる可能性がある時には、速やかに主治医等に連絡するなど、素早い動きが必要です。

また、利用者の心身の変化のみならず、介護者の不眠、疲れなどの変化が顕著になった場合には「ご家族のことですが、(先生にも知っておいていただきたいので)お伝えします」などと言葉を添えて主治医等に報告するとよいでしょう。

 **Q4** ケアマネジャーが主治医や歯科医師などの医療職に利用者の状態を伝える際、どのようなことに留意すればよいでしょうか？

A ヘルパー等から伝達された情報は、自分で事実を確認し、数値化するなどしてできるだけ具体的に伝えることが大切です。

解説

　ケアマネジャーは、ヘルパーなどから伝達された利用者の口腔の状態や服薬に関する問題などの報告があった場合やモニタリング等の際に利用者の状態の変化を把握した場合は、主治医等に情報伝達することが義務づけられました。

　具体的にどのようなことを報告すべきなのかについては、疾病の種類や進行の度合い、利用者の状態などで個々に異なるため個別に判断することが必要となります。

　一般的には、急な体重の減少、連続した便秘や下痢症状、おむつかぶれなどの肌の異常、舌の色など状態の変化、薬の飲み残しや嚥下時のむせなどが考えられます。

　このような状態の変化についてヘルパー等から伝達された場合は、担当者に連絡して詳しく事情を聞き取るとともに、ケアマネジャーが実際に訪問するなどして事実を確認しましょう。

　また、自ら把握した事実を主治医等に伝える際は、客観的な事実を具体的に伝えることが大切です。例えば、「最近、便秘気味です」と伝えるのではなく、「○月○日から、5日間排便がありません」「○kgの体重が2週間程度で2kg減少しました」など、数値化するなどしてできるだけ具体的に伝えることが大切です。

　また、認知機能の低下が疑われる場合については、「外出して戻れなくなり、警察に保護された」「物を盗られたという訴えが頻回にある」など、そのように判断した理由を具体的に示すことが必要です。

　なお、忙しい主治医にこのような些細なことを伝えるべきかと迷う場合は、顔見知りの訪問看護師などに相談してみるとよいでしょう。

第4章　Q&A―こんな時どうする？

Q5 初めての利用者の担当になった時、主治医にどのタイミングで挨拶に行くのがよいでしょうか？　挨拶に行く以外の連携のポイント、マナーを教えてください。

A 具体的な用件を準備して挨拶にいきましょう。

実際に会って「ケアマネジャーの存在を知ってもらう」「顔を覚えてもらう」ことが主治医との信頼関係作りの第一歩となります。

解説

　お互いに忙しい中で、具体的な用件もなく挨拶のみで主治医との面会を図ることは効率的ではありません。このため、ケアマネジャーとして主治医に確認したい情報や主治医に提供したい情報などがあれば、事前にリスト化し、できるだけ短時間で目的を果たせるように準備をして面会に臨むことが必要です。

　その上で、事前にアポイントを取ってから面会に行くようにします。

　場合によっては、直接挨拶に来られるよりも、要件をメールやFAXで送ってほしいといわれることもありますが、これまでに一度も面談したことのない医師については、面会予定時間を短縮することや利用者の受診に同行させてもらうなどして、できるだけ直接会って話をする機会を確保するように努めることが大切です。

　なお、地域の診療所の医師が複数の利用者の主治医意見書を担当することもあるため、受付の担当看護師等との名刺交換や会話等を通して顔見知りになることも円滑な連携作りの鍵となります。

信頼関係を作るマナーのポイント

・きちんと挨拶、お礼を述べて好印象を得ることが大切です。

・挨拶の場合には、受付に名刺を出し、目的を伝えます。

・個人情報の観点から待合室での私語は慎みます。

・服装や身だしなみに清潔感があり、相手に失礼のない服装を心がけます。

・言葉遣いは相手に対する礼節を保ちます。

・相手に不快感を与えないように、香水や整髪料はにおいのきついものを避けます。

 **かかりつけの医師が複数いた場合、誰に主治医意見書を書いてもらうとよいでしょうか?**

A 主治医意見書を書いてもらう医師を決めるのは利用者本人ですが、ケアマネジャーは適切に助言することが大切です。

居宅介護支援の依頼があった時点で、要介護認定申請を行っていない場合、主治医意見書を誰に書いてもらうのか利用者に決めてもらわなければなりません。

高齢者の場合、糖尿病や高血圧などの慢性的な疾患に加え、骨関節系の疾患などを併発して複数の医療機関を受診していることも珍しくありません。加えて、過去に大きな病院で手術を受けたことがある場合などは、術後の検査や経過観察などで定期的にこれらの病院で診察を受けていることもあります。

このため、「私のかかりつけの先生は、昔から〇〇先生です」と近くの診療所の医師を挙げられる場合はよいのですが、「どの医師にお願いしたらよいのでしょうか」と迷われる利用者も少なくありません。

こうした場合、ケアマネジャーは、本人の生活に大きな影響を与えている疾患の主治医や通院の頻度が最も多く利用者本人をよく知っている診療所の医師などに依頼することを助言します。

主治医意見書を書く医師を決めるのは利用者本人・家族ですが、ケアマネジャーは求めに応じて適切に助言を行うことが大切です。

なお、実際に利用者・家族の了解を得てケアマネジャーが意見書の依頼を行うこともありますが、その場合、地域によっては、意見書作成のためにあらかじめ予診票などで生活状況の連絡をすることがルール化されていることもありますので、その準備が必要です。

また、要介護認定の意見書作成を依頼することは主治医との連携の第一歩です。まず、ここで丁寧に連絡を取り、生活状況などを伝えることで、主治医との信頼関係作りにもつながります。

第**4**章　Q&A―こんな時どうする?

167

 **緊急入院の際に主治医には誰がどのタイミングで報告したらよいですか?**

A ケアマネジャーが緊急入院の情報を把握した場合、利用者・家族の了解を得て主治医に報告します。

 解説

　利用者の持病が増悪するなどして入院する場合は、かかりつけの診療所の主治医が入院先の病院の担当医に対して紹介状等でこれまでの経過などを含めた医療情報を提供するとともに、退院する際には担当医から主治医に対して必要な情報が提供されるなどの医療連携が機能しています。

　一方、急な病状の悪化や転倒による骨折などにより救急車等で搬送されて緊急に病院に入院することもあります。その場合も、病院の担当医と診療所の主治医の間で医療情報のやり取りが必要なケースもあるため、主治医には利用者が入院した事実をできるだけ速やかに伝えることが大切です。

　このため、ケアマネジャーが、利用者の緊急入院情報を把握した場合は、家族にはこちらから連絡をすることの了解を得て主治医に報告しましょう。

図表 4-2 緊急入院時の情報提供の流れ

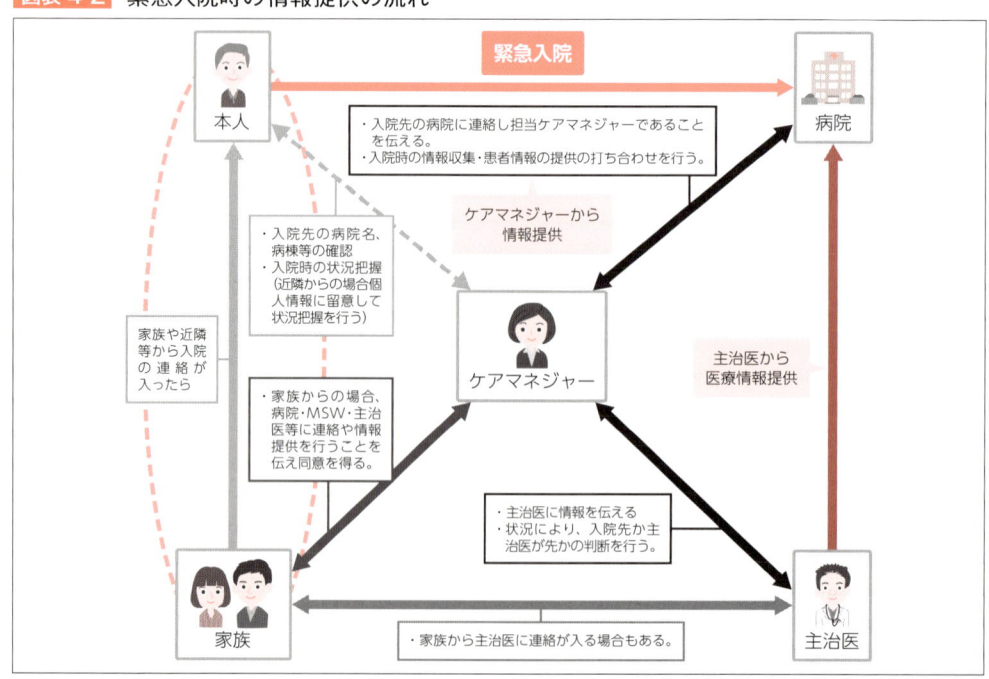

 **ケアマネジャーが、区分変更申請が必要と判断した場合、その必要性をどのように伝えればよいでしょうか?**

 利用者の身体的機能や意欲の低下、問題行動の発生など、状態の変化に関する情報を的確に伝え、プランの見直しについて理解を得るよう努めます。

解説

　利用者の状態の変化等に伴い、ケアプランの変更が必要であるとケアマネジャーが判断した場合は、利用者・家族にその必要性等について説明を行い、事前に承諾を得ることが必要です。

　区分変更の認定審査に際しては、主治医意見書が必要となるため、ケアマネジャーは申請を行う前に、主治医に居宅における利用者の状態像やケアプラン見直しの必要性などを説明して、理解を得ることが必要です。

　要介護認定は、利用者の ADL、IADL などの低下等に伴う介護に必要な時間数の増加が判定見直しの基準となるため、主治医等が把握している病気の進行状況と必ずしもリンクしていないこともあります。

　このため、ケアマネジャーは、主治医に利用者の身体的機能や意欲の低下、問題行動の発生など、状態の変化に関する情報を的確に伝えるとともに、生活上の困りごとなどの解消を図るために必要なプランの見直しについて理解を得るよう努めます。

　なお、このような情報に関しては、できるだけ具体的な情報を簡潔に伝えることが大切です。つまり、具体的な心身の状態変化は、いつから、どのような出来事がどのくらいあり、生活上の困りごと、支障はどのように出ているかなどを伝えます。

[例]

・室内の 1.5cm の段差でのつまずきが日に何度も見られ、転倒することが週に2、3回あった（1日の流れの中でどの時間帯で起こるか、また、前後の動作や環境の変化なども具体的に伝えます）。

・同じ食材をたびたび買ってくる。一人暮らしなのに、冷蔵庫に納豆のパックが10個入っている。また、冷蔵庫に食材が詰め込んであり、傷んでいるものがある。

第 **4** 章　Q&A—こんな時どうする?

Q9 主治医に対してどうしても苦手意識があります。ケアマネジャーとしての「伝達、質問、判断」のポイントを教えてください。

A 何を聞きたいのか明確にした上で、話す内容を簡潔にまとめておくことです。

解説

　ケアマネジャーとして主治医からどのような情報を得たいのか、また、主治医にどのような情報を提供したいのか、主治医との面会時に質問したい内容や伝えたい情報を端的にまとめて文書化してみることが大切です。文書化といっても、相手に渡すことを前提とした報告書等を作成するのではなく、質問項目のメモ程度でよいのです。ただし、苦手意識があって緊張しそうな場合などは、少し詳細なメモを作成しておけば安心して医師との面会に臨むことができるでしょう。

　その際、あらかじめ主治医意見書の内容をよく読んでおき、疾患の基礎知識を得た上で、病状から起こりうる注意点や、サービス担当者会議で共有しておきたい医療情報など聞きたい内容をまとめておくと効果的です。

　また、家族関係や介護力、自宅の住環境、経済状況など利用者の生活を理解していく上で知っておいてもらいたい情報についても、まとめることが大切ですが、これらを文書化する場合は、後で問題とならないよう個人情報の取扱いや表現に十分注意します。なお、口頭で伝えたほうがよりニュアンスが伝わるような場合は、あえて文書化せずに口頭で伝えるなどの配慮が必要です。

　主治医との面談に当たっては、文書化したメモ等を見ながら質問や報告を行い、主治医からの回答をそこに書き込むなどして記録に残しておきましょう。

　また、専門用語などでわからない言葉が出てきた場合には、わかったふりをしてそのままにせず「教えていただきたいことがあります。先ほどの言葉はこのように理解したのですが間違いありませんか？」などと率直に聞き返すことも必要です。正確な情報を理解しておくことがケアマネジャーとしての正しい判断につながります。

 **利用者が医療機関を受診する際にケアマネジャーが同席してもよいケースとその場合の留意点などについて教えてください。**

A 利用者の受診に立ち会わせてもらうことは特別なことであり、事前に医師の承諾を得ることが必要です。

解説

　医師の診察・診療の場面においては、極めてセンシティブな情報のやり取りが行われるため、ケアマネジャーは自らの都合のみで安易に同席を求めるべきではありません。

　主治医や総合病院などの担当医に対して利用者の情報を提供する場合や必要な情報を得たい場合などは、できるだけ事前にアポイントを取って診療時間外に個別の面談を行うほか、文書等でやり取りを行うことができます。そのため、わざわざ利用者の受診に立ち会わせてもらうということは特別なことだと考えましょう。

　利用者がかかりつけの診療所や総合病院などを受診する際にケアマネジャーが同席してもよいケースとしては、利用者からの依頼があり、ケアマネジャーが必要と判断し、医師の承諾を得られる場合のみとなります。具体的には、認知機能が極めて低下している独り暮らし利用者で家族等から受診の支援が受けられないケースや利用者が受診を強く拒んでいる場合にケアマネジャーが同席することで受診が可能となるケースなどが該当すると考えられます。

　ケアマネジャーが利用者の受診に同席する場合、移動の手段として安易にケアマネジャーの車を使用してはいけません。利用者が同乗中に事故にあった場合の補償などを含めて対応ができないことも考えられます。受診のための移動手段は、あくまで利用者の負担で準備すべきなのです。

　なお、利用者の認知機能が低下していても、利用者を置き去りにして医師とのみ情報交換を行うようなことはあってはなりません。あくまでも主体は利用者であることを念頭に、医師とのコミュニケーションを図ることが大切です。

第**4**章　Q&A─こんな時どうする？

Q11 口腔ケアに理解のない利用者・家族の場合、どのような対応をすればよいでしょうか?

A 「口腔ケアに理解がない」要因・背景を明らかにして利用者、家族の理解を得ることが大切です。

解説

　咀嚼や嚥下などの口腔機能が低下すると、さまざまな疾病の原因となるばかりでなく、食事で十分な栄養を摂取することができなくなり、低栄養の状態に陥ってしまうことで体力や免疫力が一度に低下してしまうことも珍しくありません。

　要介護者の支援においても口腔ケアの視点は大変重要です。

　口腔ケアにおいては、毎日の歯磨きや義歯の手入れなど「清掃を中心とするケア」と嚥下・発声のリハビリなど「機能訓練を中心とするケア」が不可欠なのですが、利用者や家族がその重要性を認識していないこともよく見られます。

　このため、口腔ケアの必要性を説明して、利用者や家族の理解を図ることが大切ですが、容易に受け入れられないこともあります。

　その場合、例えば、過去に歯科治療で嫌な思いをした、長年の生活習慣を変えられない、認知機能の低下や自分なりのこだわりがあるなど理解を阻害する要因や背景がどこにあるのか、利用者・家族のこれまでの生活状況等をよく聞いた上で、有効な対応を検討する必要があります。

　その中でも、まずは、歯科医師の受診につなげていくことがとても重要となります。虫歯や歯周病、噛み合わせ、口臭などの状態について歯科医師や歯科衛生士などの専門家の目でしっかりチェックしてもらうとともに、口腔ケアに関する相談や必要な指導・助言を受けることが大切です。

　また、デイサービスでは「機能訓練を中心とするケア」に取り組んでいるところもありますので、このようなサービスの導入を図っていくことも口腔ケアへの理解を高める一つの手段であると思います。

 訪問歯科診療は、どのような場合に導入すると効果的でしょうか？

A 自分で歯科医院に通院することが困難となっても、訪問歯科診療を利用することで自宅等において必要な口腔ケアを受けることができます。

解説

　訪問歯科診療とは、自分で歯科医院に通院することが困難となった要介護者等の自宅などに歯科医師や歯科衛生士が訪問して診療を行うものです。

　要介護状態となっても自分で通院することができる間は、かかりつけの歯科医院で必要な口腔ケアを受けることができます。しかし、脳梗塞や骨折などにより、長期の入院治療に加え寝たきりの状態となることで歯科医師との関係が途切れてしまい、口腔内状態の悪化が放置されることも珍しくありません。

　飲み込む力が弱くなった高齢者では、食べ物が誤って気管に入ってしまう「誤嚥」が起こりやすくなり、その結果、免疫力の衰えた高齢者では誤嚥性肺炎を発症することがよくあります。このため、要介護者の支援においても口腔ケアの視点は重要です。

　訪問歯科診療の導入に際しては、それまでのかかりつけの歯科医院に訪問診療を依頼してみることが有効です。

　なお、その歯科医院で対応が難しい場合でも、地域の歯科医師会などでネットワークがすでに整備されていることもあることから、ほかの医療機関の紹介につながるケースも多く見られます。

第**4**章　Q＆A—こんな時どうする？

Q13 ヘルパーから「薬が飲めていないみたい」との報告を受けた場合、どうすればよいでしょうか？

A　事実を確認して、まずは薬剤師に相談してみましょう。

解説

　ヘルパーは、ケアマネジャーよりも利用者の居宅を頻回に訪問することから、利用者の生活状況をよく知る存在といえます。

　ヘルパーから、利用者の服薬状況について報告があれば、まずはそのことについて事実確認を行います。例えば、「処方された薬の量が減っていない」「訪問中に薬の服用を促しても、後で飲むなど曖昧な答え方をする」「ふらつきがあるなど、健康状態がすぐれない」など、ヘルパーが判断した根拠を明らかにするとともに、「いつから飲めていないのか」「その原因について思い当たることはないか」などについて確認します。

　薬が服用できていない状態は、疾患の増悪に直結するため、ケアマネジャーはできるだけ速やかに利用者の居宅を訪問して、利用者の健康状態と合わせて服薬状況についてアセスメントを行い、生活状況を観察し、理由を探ります。

　利用者が薬を飲まなくなる原因として例えば、「薬の種類が多くて、一部の薬を飲み忘れてしまう場合」や「粉薬が飲みにくい、錠剤が大きくて喉に詰まるなどの場合」は、薬剤師に相談して一度に服用する薬を一包化することや薬の形状や大きさなどを変更してもらうことが効果的です。

　なお、認知機能の低下が疑われるような場合は、医療の対応を図るため、家族に報告を行うとともにかかりつけ医に相談することが重要です。

　また、アセスメントの結果次第では、状況に応じて薬剤師の居宅療養管理指導や訪問看護による服薬管理などの導入を図ることで効果が見込まれるケースもあることから、サービス担当者会議などで複数の専門職による情報共有を行いながら必要な対応を検討していくことが大切です。

Q14 利用者が服用している薬の種類や効能、服用方法などの情報は、どのようにして把握すればよいでしょうか?

A 「お薬手帳」に記載されている内容を確認して、わからないことはかかりつけ薬局の薬剤師に相談しましょう。

解説

現在、薬の処方を受ける際、薬の飲み合わせや重複をチェックし、副作用などのリスクを減らすことを目的に次のような情報が記載された「お薬手帳」が交付されています。

・処方内容

　調剤日 / 調剤薬局名 / 処方せん発行医療機関名 /

　薬剤名 / 薬剤の用量・用法 / 日数 /

　ジェネリック医薬品か否かなど

・副作用歴

・アレルギー歴

・主な既往症

この手帳は、複数の医療機関を利用した場合や「かかりつけ薬局」以外の病院や薬局で薬の処方を受けた場合も、一冊で対応することができます。このため、この手帳が正しく利用されている場合、利用者が複数の診療所や医療機関を利用している場合も服薬している薬を一元的に把握することが可能となります。

したがって、ケアマネジャーは、利用者が受診している医療機関とお薬手帳の内容を見比べるなどして情報に漏れのないことを確認することが大切です。

その上で、処方されている薬と利用者が現在保有している薬の残量などを照らし合わせて、薬を管理することができます。

なお、薬の種類によっては、飲み忘れ等があった場合、利用者の意識レベルや健康状態に大きな影響が生じるものもあるため、薬の特性を理解しておくことが必要です。このような効能等に関して、わからないことがあれば、「かかりつけ薬局」の薬剤師に相談しましょう。

Q15 **訪問看護について、介護保険が適用される場合と医療保険の場合では、利用方法や利用回数などにどのような違いがあるのでしょうか?**

A 訪問看護では、介護保険の給付が優先されますが、疾患により医療保険の訪問看護が適用されます。

解説

　訪問看護には、介護保険適用のものと公的医療保険適用のものがあります。

　介護保険の訪問看護は、1回の訪問時間が20分・30分・60分・90分の4つに区分されており、医師の指示があり、ケアプランに組み込まれていれば利用回数の制限はなく、1日に複数回の利用も可能です。

　医療保険の訪問看護は、1回の訪問時間が30〜90分で、利用回数は原則として週に3回までとなっています。ただし、長時間の訪問を要する人に関しては90分を超える「長時間訪問看護」を週に1回のみ受けることができます。

　要介護・要支援認定を受けている人が訪問看護を利用する場合、原則、介護保険の給付が医療保険に優先することとなっており、介護保険と医療保険を併用することはできません。

　ただし、介護保険の認定を受けている人でも、末期の悪性腫瘍等、厚生労働大臣が定める疾病等や精神の疾病である場合は医療保険の訪問看護対応となります。

　また、これとは別に急性憎悪、終末期、退院直後など、頻回な訪問や支援が必要とされる状態の時は、医師からの「特別訪問看護指示書」の発行を受けて14日間を上限として原則として月に1度のみ医療保険による訪問看護を利用することができます。ただし、気管カニューレを使用している人と真皮を超える褥瘡のある人については、例外的に月に2回「特別訪問看護指示書」を受けることが認められています。

　このような場合、すでに介護保険を利用して訪問看護を受けていたとしても、この期間は医療保険が適用され、その期間が終了すれば介護保険の利用に戻ります。

Q16 訪問看護の導入に当たって、先に訪問看護事業所を決めてから医師に報告してもよいでしょうか?

A 訪問看護の必要性は、介護保険、医療保険のいずれが適用される場合も主治医が判断します。このため、ケアマネジャーは、主治医の承諾を得ずに、訪問看護事業所に依頼を行うことはできません。

解説

介護保険、医療保険のいずれが適用される場合も訪問看護は、医師が発行する「訪問看護指示書」に基づいて提供されるため、その必要性は主治医が判断することとなります。

このため、ケアマネジャーが訪問看護の導入が必要と考えた場合は、事前に主治医に相談して承諾を得た上でケアプランに位置づけ、訪問看護事業所に依頼することとなります。

なお、個別のケースについて訪問看護の導入を検討する際に、顔なじみの訪問看護師に「訪問看護を導入した場合どのような効果が期待できるか」など具体的なアドバイスを受けることは問題ありません。

また、訪問看護の導入については、医療依存度が高い人の退院時には、病院の医師や訪問看護師から、ケアマネジャーに依頼がある場合もあります。また、在宅でも、入退院を繰り返していたり、慢性疾患を有する利用者で悪化の予防を目的として訪問看護の必要性を考える場合もあります。いずれにしてもケアマネジャーとしてしっかりとアセスメントをした上で、主治医にはぜひ訪問看護の導入が必要と考えたのかという根拠を伝え指示を仰ぎます。

訪問看護事業所の選定については、本人、家族の意向を優先し、主治医とも相談して病状や夜間体制なども含めて総合的に判断しましょう。主治医により連携しやすい訪問看護事業所がある場合もあり、そのような情報もネットワークを活用して事前に入手しておけば、主治医との相談時に役立ちます。日頃から信頼できる連携先を探しておくことも大切です。

 **訪問看護とよりよい連携を図るためには、どのようなことに留意すればよいでしょうか?**

A 訪問看護を依頼する際は、ケアマネジャーが把握している情報やケアプランの内容等を的確に伝え、訪問看護に期待する役割を明確にすることが大切です。

解説

訪問看護を依頼する際は、ケアマネジャーが把握している利用者の基本的なアセスメント情報を含め、課題や問題点などを的確に伝えることが大切です。

また、ケアマネジャーが作成したケアプランの実現を通して、支援チームが目指す利用者の生活の在り方などについてビジョンの共有を図ることが大切です。

その上で、訪問看護に期待する役割を明確に伝えるとともに、訪問看護の専門的な意見に耳を傾け、ケアプランに反映していく姿勢を示すことが大切です。

訪問看護のサービスが開始されたら、ケアマネジャーから状況を伝えるだけでなく、訪問看護からも受診の提案や情報などが伝えられます。必要な内容はすぐに調整し、支援チーム全体にフィードバックをするようにしましょう。ケアマネジャーの責任ある対応が信頼関係につながり、連携が深まります。

図表 4-3 連携の取りやすい訪問看護事業所

・事業所に電話したら誰かが対応してくれる(タイムリーな連絡体制が可能)。
・伝言をしたら、担当者から折り返し連絡が入る。
・地域の勉強会や研修会にも積極的に参加して顔を合わせる機会が多い。
・内容によれば、電話だけではなくケアマネジャーの事務所にも直接報告に来てくれる。
・必要な情報提供をタイムリーにしてもらえる。
・利用者・家族から信頼が厚い。
・気軽に相談できる(対等な関係で、専門職として互いに尊敬しあえる)。
・主治医との橋渡しをしてもらえ、ケアマネジャーと主治医との連携がスムーズになる。

Q18 ケアマネジャーが、医療保険の訪問看護のスタッフと円滑に情報交換を行うためには、どのようなことに配慮すればよいでしょうか？

A ケアマネジャーから、積極的にアプローチすることが大切です。

　医療保険で訪問看護が入る場合、医師と看護師の間で情報のやり取りがすんでしまい、ケアマネジャーに必要な情報が入りにくいことがあります。

　そのような場合、ケアマネジャーが訪問看護ステーションを訪問するなどして、管理者等を通じて必要な情報を収集しましょう。

　また、訪問看護ステーションの管理者や担当者にサービス担当者会議への出席を求めて、今後の利用者の療養上の留意点などについてアドバイスをもらい、支援チーム全体で情報共有を図ります。

　さらに、訪問看護のケアが行われる際にケアマネジャーが利用者宅を訪問することで、担当者と顔を合わせる機会になります。ケアマネジャーからの積極的なアプローチが、よりよい支援を行うための関係作りにつながります。

　積極的なアプローチの具体例として、「連絡ノート」を活用することも有効な手段です。ヘルパーや訪問看護師、主治医、家族、ケアマネジャー等の在宅チームが訪問時の様子などを記載することで情報共有ができます。また、ケースによれば複数の訪問看護事業所から 7 〜 8 名の看護師が訪問している場合もあります。家族から「A 事業所と B 事業所の看護師さんは処置の手順が異なり、本人も不安がっている。直接言いにくいのだけれど……」などと相談を受けることもあります。そんな場合にも、担当者会議などでケアマネジャーから「どんなことに時間がかかり、困っておられることはないですか？」など尋ねることで情報交換ができ、訪問看護師同士の横の連携もできます。

　ある訪問看護師からは「忙しいのでテキパキと処置をしてさっと帰ることが多い。利用者の想いや家族の気持ちをケアマネジャーに聞いてもらい教えてほしい」と話がありました。また、利用者・家族から訪問看護の良い評価を聞けば、「このように言われていましたよ」など伝えることは互いの仕事のやりがいにもつなが

第 **4** 章　Q&A─こんな時どうする？

り、チームが育まれていきます。

　医療保険でも介護保険でも利用者からすれば、訪問看護のサービスを利用することに変わりはありません。よりよい連携にはケアマネジャー側からの積極的なアプローチがかかせません。

Q19 急に便秘がちになるなど、利用者の心身に変化が見られる場合、主治医ではなく訪問看護に相談してもよいでしょうか?

A 利用者の心身に変化が見られる場合は、速やかに主治医へ報告することが必要ですが、タイミングが合えば訪問看護に相談して主治医に伝えてもらうことも可能です。

解説

　ケアマネジャーが、ヘルパーの報告やモニタリングの訪問などで利用者の心身の状態の変化に関する情報を得た場合は、できるだけ速やかに主治医に報告することが必要です。

　ただし、訪問看護が入っている場合で、訪問看護の利用日が近いなどのタイミングが合えば、その情報を伝え、専門的な見地から状態の確認をしてもらうことが有効です。その場合、訪問看護が主治医の指示を得て必要な対応を迅速に行うことも可能となります。

　なお、その際、ケアマネジャーから主治医への報告の必要性を訪問看護と確認しておくことが大切です。

Q20　指定難病の人を担当する場合、訪問看護などとどのように連携すればよいでしょうか？

A 実際の支援を行っていく上で、ケアマネジャーにとって訪問看護は心強い相談者となります。わからないことや不安に感じることなどがあれば、訪問看護の担当者に相談しましょう。

解説

　指定難病の人を担当する際は、その特性や療養上の留意点、今後の進行によって生じる身体機能の変化などについて一定の知識が必要となります。

　このため、専門書やインターネット等で基礎的な知識を得た上で、主治医と面談を行い、必要な情報を得ることが不可欠となります。

　また、特別な医療の管理を要するため、主治医の指示で訪問看護が導入されるケースが多く見られることから、現場においては訪問看護がチームの中心的な役割を担う場合もあります。ケアマネジャーは、サービス担当者会議の場を活用して、療養上の留意点や今後想定される病状の変化等の情報をチーム全体でしっかり共有し、支援チームのメンバーが相互に連携が図れるようにすることが大切です。

　なお、実際の支援に取り組む中で、わからないことや不安に感じることなどがあれば、訪問看護の担当者に相談しましょう。

図表4-4 難病医療費申請の流れ

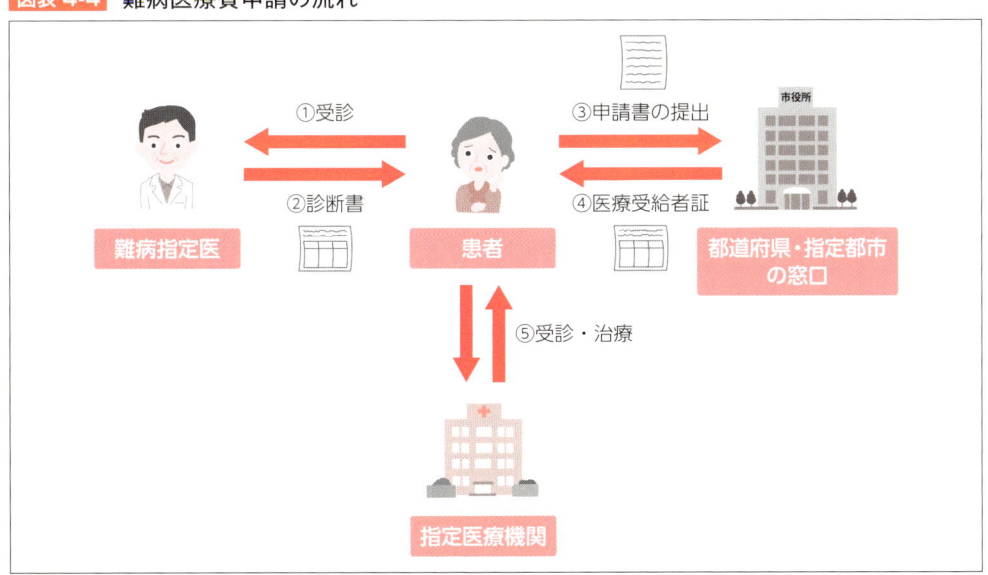

 **1日に2か所の訪問看護ステーションを利用することができるのでしょうか?**

A 末期がんや難病、重度の褥瘡などで特に医療ニーズが高い状態にある場合は、医療保険で同一日2か所目の訪問看護を利用することができます。

　介護保険による訪問看護は、ケアプランに盛り込まれれば1日に何回でも利用することは可能であり、2か所以上の訪問看護ステーションを使っても問題ありません。

　ただし、医療保険による訪問看護は、原則1日1回、1か所の訪問看護ステーションのみ利用できることとなっています。

　ただし、末期がんや難病、重度の褥瘡などで特に医療ニーズが高い状態にある場合は、同一日2か所目の訪問看護ステーションによる緊急訪問を医療保険で算定することができます。**図表4-5**に厚生労働大臣が定める疾病等を記載しています。これらの疾病の場合は医療保険による訪問看護で週4日以上訪問、2か所の訪問看護ステーションからの訪問が可能です。また、週7日の訪問看護が計画されている場合は、3か所の訪問看護ステーションからの訪問が可能になります。

　2か所利用が想定されるのは、例えば「リハビリ」と「高度な技術が必要な看護」の両方を必要としている場合です。

　例えば、ALSの場合、気管切開による人工呼吸器、胃瘻、尿道留置カテーテルなどの処置が必要であるため、高い看護スキルが求められます。同時に、呼吸訓練などのリハビリを行う場合、PTを配置している訪問看護ステーションでないと対応ができないこともあるため、2か所利用が必要となる場合があるのです。

　医療保険で同じ日に2か所目の訪問看護ステーションを利用するには、それぞれに24時間対応体制加算の届出が必要となるため、事前の確認を行うことが大切です。

図表 4-5 「特掲診療科の施設基準」別表第 7 に掲げる疾病等の利用者

```
1   末期の悪性腫瘍
2   多発性硬化症
3   重症筋無力症
4   スモン
5   筋萎縮性側索硬化症
6   脊髄小脳変性症
7   ハンチントン病
8   進行性筋ジストロフィー症
9   パーキンソン病関連疾患（進行性核上性麻痺、大脳皮質基底核変性症及びパーキンソン
    病（ホーエン・ヤールの重症度分類がステージ 3 以上であって生活機能障害度が II 度又
    は III 度のもの）
10  多系統萎縮症（綿条体黒質変性症、オリーブ橋小脳萎縮症及びシャイ・ドレーガー症候群）
11  プリオン病
12  亜急性硬化性全脳炎
13  ライソゾーム病
14  副腎白質ジストロフィー
15  脊髄性筋萎縮症
16  球背髄性筋萎縮症
17  慢性炎症性脱髄性多発神経炎
18  後天性免疫不全症候群
19  頚髄損傷
20  人工呼吸器を使用している状態
```

図表 4-6 「特掲診療科の施設基準」別表第 8 に掲げる状態等

```
1    在宅悪性腫瘍等患者指導管理若しくは在宅気管切開患者指導管理を受けている状態にあ
     る者又は気管カニューレ若しくは留置カテーテルを使用している状態にある者
2    以下のいずれかを受けている状態にある者
     在宅自己腹膜灌流指導管理
     在宅血液透析指導管理
     在宅酸素療法指導管理
     在宅中心静脈栄養法指導管理
     在宅成分栄養経管栄養法指導管理
     在宅自己導尿指導管理
     在宅人工呼吸指導管理
     在宅持続陽圧呼吸療法指導管理
     在宅自己疼痛管理指導管理
     在宅肺高血圧症患者指導管理
3    人工肛門又は人工膀胱を設置している状態にある者
4    真皮を超える褥瘡の状態にある者
5    在宅患者訪問点滴注射管理指導料を算定している者
```

第 **4** 章　Q & A－こんな時どうする？

 **精神科訪問看護は、どのような場合に利用できるのでしょうか？**

A 精神科訪問看護の対象は精神疾患のある本人とその家族であり、一般的に認知症は該当しません（精神科重症者早期集中支援管理料を算定する認知症は除きます）。

解説

精神科訪問看護は、統合失調症や妄想性障害、アルコールや薬物による精神及び行動の障害などの精神疾患のある人に対し、身体症状の観察と対処や服薬行動援助、コミュニケーションの援助などの看護ケアを提供します。また、精神疾患の在宅者支援においては家族の負担が大変大きくなるため、看護ケアの対象が家族にまで拡大されています。

近年、精神疾患のある人や症状が不安定な人を地域で支援していくことを積極的に推進していることから、精神科訪問看護の需要は高まっています。

精神科訪問看護の利用に際しては、精神科を標榜する医療機関の医師から交付される「精神科訪問看護指示書」が必要です。

介護保険の対象となる人でも、精神科訪問看護指示書による利用は医療保険の対象となります。

図表 4-7 精神科訪問看護の目的

再発予防：退院後の体調や病状の見守り
服薬支援：薬の正しい飲み方の指導
生活支援：家庭での過ごし方、地域での過ごし方への支援
自立支援：自立した生活を送るための支援
社会資源の活用支援：各種手続きのサポート
社会復帰への支援：進学・復学・就労サポート

Q23 緊急時訪問看護加算を希望しない利用者の場合、緊急時の対応はどのようになるのでしょうか?

A 加算が算定されない状態でも、訪問看護は緊急時の対応を行いますが、今後も緊急時の対応が見込まれる場合は、訪問看護から利用者・家族に加算算定に対する同意を求めることとなります。

解説

　緊急時訪問看護加算は、必要に応じて緊急訪問を行うことができる体制を有する訪問看護ステーションが、利用者・家族等の緊急な求めに応じて訪問を行った場合に所定の点数が加算される制度です。

　この加算は、訪問看護の契約時等に利用者に説明を行い、書面で同意を得るなどして契約を行うことが必要であるため、契約をしていない利用者からの要望で緊急訪問を行った場合には加算を行うことはできません。

　このため、当初、利用者や家族が緊急時の加算を希望しない場合においても、急な対応が必要なこともあり、加算が算定されない状態で実際に緊急対応を行うこともあります。

　このように、今後も利用者の状態等から緊急時の対応が必要になると判断できる場合には、訪問看護事業所から利用者・家族にこの制度の趣旨を説明して加算を位置づけるよう働きかけが行われることとなります。

第**4**章　Q&A―こんな時どうする?

Q24 利用者が入院する際、ケアマネジャーは医療ソーシャルワーカー（MSW）とどのような調整を行う必要があるでしょうか？

A MSW は、入退院時におけるケアマネジャーと医療機関との相談や調整などの連携を担っているため、入院することがわかった時点で面談の予約をしましょう。

解説

　現在、多くの医療機関では入退院時に地域の診療所や介護保険事業者等と連携を図るために相談や調整を行う「病診連携室」等の専門部署が設置され、MSW 等の専門職が配置されています。

　MSW は、病気やケガで入院・通院をしている患者や家族が抱える生活課題に対して、福祉の観点から支援を行います。また、退院の援助や社会復帰の支援などの役割も担っていますので、ケアマネジャーが利用者の円滑な在宅生活への移行を図る上で心強い存在であるといえます。

　利用者の入院に際しては、ケアマネジャーが入院先に出向いて、利用者の心身の状況、生活環境などの情報を提供した場合「入院時情報連携加算」が算定できることとなっていますが、MSW が医療機関側の窓口となっているケースも多く見られます。

　このため、入院がわかった時点で、電話などで連絡をして面談の予約をしましょう。

　なお、MSW を配置していない医療機関においては、病棟の看護師長などに相談してみるとよいでしょう。

 **「入院時情報連携加算」を算定する場合、どのような点に注意すればよいでしょうか？**

A 2018年度から「入院時情報連携加算」の取り扱いが変わりましたので、内容をよく理解して適切に対応することが必要です。

解説

「入院時情報連携加算」の算定については、2018年度に制度改正が行われ、これまで入院後7日以内に「利用者に関する必要な情報」を提供することとなっていましたが、入院後3日以内に行った場合により高い単位数が算定されることとなりました。また、これまでは医療機関を訪問した場合と訪問以外の方法で情報提供を行った場合に算定できる単位数が異なっていましたが、情報提供の方法は問われないこととなりました。

したがって、郵送やメール、FAX等による情報提供も有効となりますが、その際は、先方が受け取ったことを確認するとともに、そのことを居宅サービス計画等に記録しておくことが大変重要です。

なお、入院時情報連携加算（Ⅰ）は「入院してから3日以内」、入院時情報連携加算（Ⅱ）は「入院してから4日以上7日以内」と定められていますが、入院した当日はカウントされません。ただし、入院日が日祝祭日や事業所の休みにかかっても、例外的な取り扱いはありませんので注意が必要です。

また、2018年度の制度改正において、入院時における医療機関との連携を促進する観点から、居宅介護支援の提供の開始に当たり、利用者等に対して、入院時に担当ケアマネジャーの氏名等を入院先医療機関に提供するよう依頼することが義務づけられました。

このため、居宅介護支援の契約時に担当ケアマネジャーの名刺等を利用者に複数枚渡して、介護保険証や医療保険証のケース、お薬手帳などに入れておいてもらうよう依頼しましょう。そうすることで入院先の医療機関にケアマネジャーの存在を知ってもらえるでしょう。

Q26 高度な医療を提供する医療機関に入院した場合、すぐに次の入院先を探さなければならないがどうしたらよいでしょうか?

A 入院した時点でその医療機関の MSW 等と相談を行い、転院先の医療機関や介護保険施設の検討など事前の準備を行っておくことが大切です。

解説

現在、医療機関は高度な医療を提供する病院や高齢者のリハビリを専門に担う病院など機能別に役割分担が図られています。

中でも、高機能な医療機関などは、入院できる日数が限られており、治療段階に応じて病棟を移るだけでなく、ほかの医療機関への転院や退院を短期間のうちに求められることも少なくありません。

このため、利用者がこのような医療機関に入院した場合は、入院の時点で MSW 等と相談を行い、退院後の療養に向けて本人に適した転院先の医療機関や介護保険施設の検討を行うなど、事前に必要な準備を行っておくことが大切です。

図表 4-8 入院時からの検討

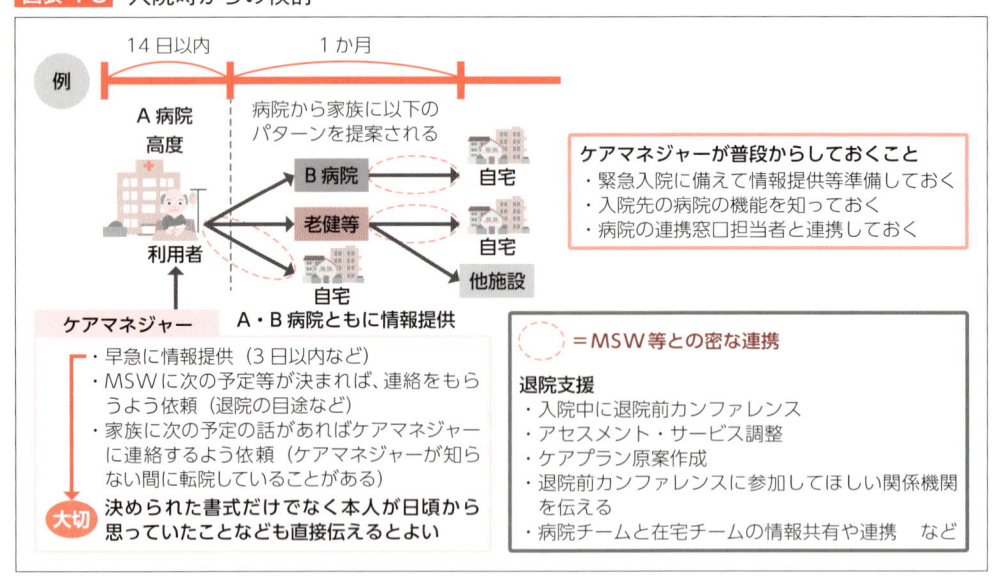

**利用者が退院する際、ケアマネジャーは MSW とどのような調整を行う必要があるでしょうか?**

A MSW と必要な情報交換を行うなどして、利用者が退院後速やかに在宅で必要な支援を得られるようにします。

解説

入院時に担当のケアマネジャーから情報提供を受けた MSW は、退院に際して担当のケアマネジャーに入院時の情報を提供するなどして連携を図ります。

その際、ケアマネジャーが MSW と面談を行い、利用者に関する必要な情報を得た上で居宅介護支援の調整を行った場合に、入院期間中 3 回を限度に「退院・退所加算」が算定できることとなっています。

具体的には、MSW の情報と統合してアセスメントを実施し、利用者のニーズの擦り合わせ等を行いながら必要なサービスの検討を行います。また、利用者の心身状態の変化に伴い、要介護区分の見直しが必要と判断した場合は、利用者や家族にその必要性を説明し、同意を得て速やかに区分変更申請を行います。その際、MSW と連携を図って入院中に訪問調査が実施できるようにします。

さらに、退院に向けて入院先の医療機関で行われる担当医を含めたカンファレンスに参加して、退院後の在宅での生活に関する説明等を行います。そこで得られた情報についてケアプランに反映させるとともに、在宅支援チームで開催するサービス担当者会議に提供して共有を図ります。一方、入院時までに要介護認定を受けたことのない人が、退院に当たり在宅で介護サービスが必要となった場合、MSW は、ケアマネジャーと連携を図るため居宅介護支援事業所を選択します。

MSW から連絡を受けたケアマネジャーは、MSW と面談を行い、利用者に関する必要な情報を得た上で、利用者・家族に居宅介護支援の説明を行い、同意を得て契約するとともに、要介護認定申請の手続きを行います。

退院前カンファレンスの開催に際し MSW がサービス事業所を先に決めて召集することも見られますが、MSW と面談を行う際に今後の役割分担などを話し合うことで、サービス事業所はケアマネジャーから依頼を行うようにします。

事業所の選定はチーム作りの第一歩になりますので、MSW と十分に調整を図りながら、円滑な退院支援が行える方法を工夫しましょう。

第 **4** 章　Q&A—こんな時どうする?

Q28 退院した場合、主治医との連携はどのように行えばよいでしょうか？

A 退院に際して、入院時の医療情報がどの医師に引き継がれたのかを確認するとともに、今後、どの医師に意見書を依頼するのか、利用者や家族の意向を踏まえた対応が必要です。

解説

　利用者の入院に際して、診療所の主治医が入院先の医療機関の担当医あてに紹介状等で医療情報が提供されている場合、利用者の退院に際して担当医から主治医に入院中の医療情報が提供されるなど、医療相互の連携が機能します。

　したがって、退院後、引き続き在宅で手厚い医療が必要な場合などは、病院の担当医や看護師、MSW に加え、診療所の主治医、訪問看護師等、ケアマネジャーなどが出席して退院前カンファレンスが開催されることとなります。

　しかしながら、入院の原因が骨折や人工関節への置換などにより、退院後も引き続き専門的なリハビリの必要性がある場合などは、退院前カンファレンスにこれまでの主治医と異なる別の診療所の医師が出席することもあります。

　このような場合、要介護認定の区分変更申請が必要となることも想定されますが、どの医師に主治医意見書の記載を依頼するか、ケアマネジャーは利用者や家族の意向を踏まえながら適切に助言していくことが求められます。

Q29 退院調整看護師はどのような役割を担っていて、どのような支援を受けることができるのでしょうか？

A 退院調整看護師は、医療連携室などの退院調整部署のキーパーソンとして「退院支援」や「退院調整」の業務を行います。

解説

　退院調整看護師は、医療連携室などの退院調整部署にキーパーソンとして配置される看護師のことであり、地域の保健・医療・福祉サービス担当者とも連携しながら、在宅医療へと向かう利用者と家族をサポートする役割を担っています。

　近年、在院日数がどんどん短縮化されており、十分に回復する前に退院したり、

点滴や呼吸器を着けたままで在宅に帰る人も多く見られるようになったことから、看護師が中心となって在宅でも安心した療養生活が送れるように支援していく体制が図られています。

退院調整看護師は、退院後どこで療養生活を送るか患者自らが選択できるようにかかわっていく「退院支援」と安心な退院に向けて在宅などで直接的援助を担うチームメンバーを調整する「退院調整」の業務を行います。

ケアマネジャーは、医療機関において治療方針や看護方針が決まった後、退院調整看護師と連携を図っていくこととなります。なお、医療機関によって担っている役割が異なる場合もありますので、役割等の確認をした上で連携を行いましょう。

Q30 「看護サマリー」とはどのようなもので、どのように活用ができますか?

A 看護サマリーは、入院患者の病歴や治療経過などの情報を要約した書類です。特別な医療ニーズのある場合や医療系サービスを導入する場合などに大変参考となります。

解説

看護サマリーは、入院患者の情報を要約した書類であり、患者が退院する際に、次の受け入れ先へ情報を伝達するために看護師が作成します。

看護サマリーには、病名、現病歴、既往歴、ADL、投与薬、看護上の問題点、患者・家族への説明などの情報が記載されます。

病院間の転院では、主に看護師間で情報の共有を図るために活用されることが多く見られますが、退院後に在宅に戻る場合においても、特に医療の管理が必要な場合など、ケアマネジャーや訪問看護にとって大変重要な情報となります。また、入退院を繰り返すなど医療ニーズのある場合や医療系サービスを導入する場合に有効な活用が期待できます。

ケアマネジャーが利用者の退院に際して看護サマリーを入手するためには、地域医療連携室などに目的を伝えて相談するとよいでしょう。なお、看護サマリーを活用して、よい成果につながったケースなどがあれば、その成果を病院にフィードバックすることで病院側と円滑な連携を進めることができます。

第**4**章 Q&A―こんな時どうする?

Q31 「認知症ケアパス」とはどのようなもので、どのような効果が期待されているのでしょうか?

A 「認知症ケアパス」は、認知症の人が、症状の進行状況に合わせて、今後どのような医療・介護サービスを受ければよいのかをあらかじめ標準的に決めておくものであり、各自治体においてさまざまな取り組みがなされています。

解説

　国が示している標準的な「認知症ケアパス」とは、認知症の人が認知症を発症した時から、生活機能障害が進行していく中で、その進行状況に合わせていつ、どこで、どのような医療・介護サービスを受ければよいのかをあらかじめ標準的に決めておくものとされています。

　現在、多くの自治体では、地域包括支援センターや地域の医師会等が中心となって独自の取り組みが進められています。

　具体的な取り組みとしては、かかりつけ医と専門的な医療機関とが患者の情報を共有できるような手帳や認知症の症状に合わせた生活の目安、自治体の相談窓口、利用できる医療機関や施設をわかりやすく記したパンフレットの作成などが行われています。また、認知症になっても安心して暮らせるよう高齢者自身の人生の振り返りや将来ケアを受ける時の大切なアセスメント情報などを記したノートの作成なども行われています。

　このように「認知症ケアパス」は、医療連携を進めるだけでなく利用者の意向を反映した介護を行うための情報共有ツールとしても今後の活用が期待されています。

 **認知症初期集中支援チームとはどのようなものでしょうか?**

A 認知症初期集中支援チームは、認知症が疑われる人やその家族が暮らす家庭を訪問して、見立てとそれに基づく支援を行う医療と介護の専門職のチームです。

解説

認知症初期集中支援チームとは、認知症が疑われる人やその家族が暮らす家庭を訪問し、アセスメント（見立て）とそれに基づく支援を行うことを目的とした、医療や介護などの専門職によるチームです。

認知症初期集中支援チームのメンバーは、認知症の専門医に加え、保健師、看護士、作業療法士、社会福祉士、介護福祉士、精神保健福祉士などの国家資格を有し、業務年数や「認知症初期集中支援チーム研修」受講など要件を満たした人が、2 人以上配置されます。

認知症初期集中支援チームは、主に各自治体の地域包括支援センターなどに配置されていますが、市町村の保健福祉センター、診療所、病院、認知症疾患医療センターなどに配置されている場合もあるため、市町村の窓口等に確認しておくことが大切です。

図表4-9　認知症初期集中支援チーム

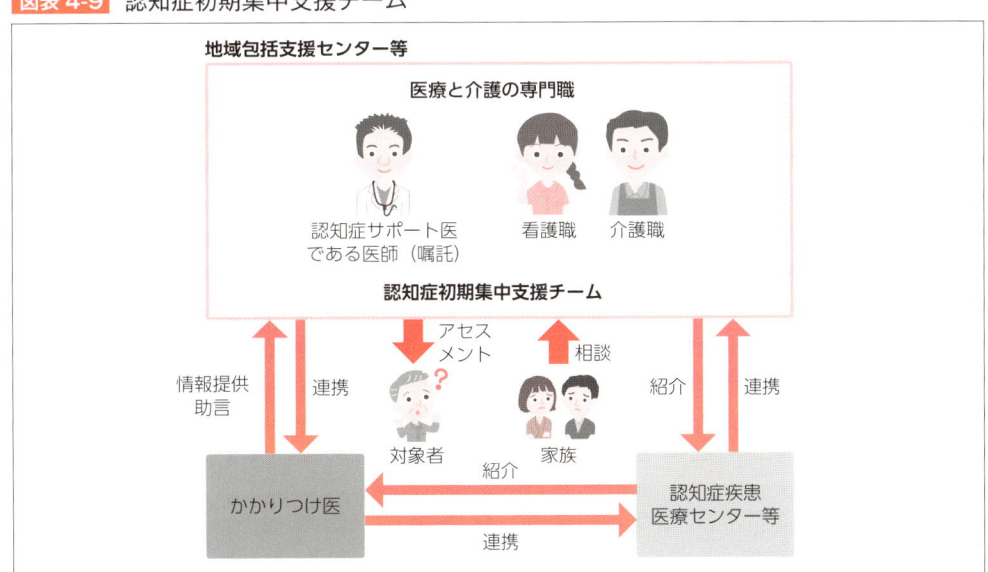

Q33 医療用麻薬を使用している利用者の在宅支援について、どのようなことに注意すればよいでしょうか?

A 医療用麻薬の使用や管理は法令により厳格に規定されており、その取り扱いには十分な知識と注意が必要です。

解説

医療用麻薬（オピオイド）は、激しい疼痛時における鎮痛、鎮静、鎮痙効果があり、がん疼痛のある利用者において痛みを緩和することができます。その一方、医療用麻薬の使用や管理は法令により厳格に規定されており、その取り扱いには十分な知識と注意が必要です。

医療用麻薬の処方に際しては、原則、利用者自身が必要事項を記載した「麻薬処方箋」が必要ですが、病状等の事情により、利用者・家族が受領することが困難な場合には、利用者・家族の依頼を受けた看護師やヘルパー等の介護にあたる者も受け取ることができます。ただし、不正流通等防止のため、利用者・家族以外が受け取った場合は、利用者の依頼によるものであることを書面や電話等で確認することとなっています。

医療用麻薬を在宅で使用する場合、医療従事者の観察が行き届きにくいため、外来の診察時や医療従事者の訪問時に家族や介護者への説明も含めて服薬や薬剤管理の支援を行うこととされています。なお、服薬管理は医療用麻薬に限らず医療行為であり、在宅ではヘルパーではなく訪問看護が必要な支援を行います。

医療用麻薬は、患者の状態の変化に応じて痛みに対する効果に変化が生じることや、便秘、眠気、嘔気といった副作用が生じることもあります。

このため在宅医療の場においては、医師や薬剤師、看護師、ケアマネジャー、介護者等が連携して、患者の状態に応じた支援がより的確なものとなるよう努めていくことが大切です。

Q34 末期の悪性腫瘍の利用者について、今後の状態変化をどのようにして予測し、支援の方向性を決定すればよいのでしょうか?

A 今後、病状がどのよう進行し、心身の状態にどのような変化が生じることが予測されるのか、主治医との面談等を通して情報を得てサービス担当者会議で情報を共有することが必要です。

解説

　末期の悪性腫瘍の利用者の在宅療養のケアマネジメントを担当する場合、今後、病状がどのように進行し、心身の状態にどのような変化が生じることが予測されるのか、主治医との面談等を通して情報を得ておくことが不可欠です。

　その上で、利用者の今後の状態の変化に応じてサービスの種類や量などを段階的に増やしたケアプランを数種類準備して、今後必要となるサービス事業者を含めてサービス担当者会議を開催します。

　通常、ケアプランを変更する際には、その都度サービス担当者会議を開催するなどして、ほかの専門職の意見を反映させるとともに、利用者・家族に説明を行い、了承を得て写しを交付する手順が必要です。

　末期の悪性腫瘍の利用者に対するケアマネジメントに関しては、2018 年度の制度改正により手順が見直され、あらかじめ利用者・家族、主治医やサービス提供事業者等の了解を得ることで、利用者の状態の変化に応じて即時に変更したケアプランを実行することが可能となりました。

　なお、実際のケアマネジメントを行うに当たっては、利用者や家族の同意を得た上で、ケアマネジャーは通常よりも頻回に訪問を行うとともにヘルパーや訪問看護師と綿密に情報交換を行って利用者の状態変化の把握に努めることが不可欠です。

　また、こうしてケアマネジャーが得た利用者の情報については、主治医に報告するなどして適宜必要な助言を得る必要があります。

第 4 章　Q&A―こんな時どうする?

Q35 医療ニーズの高い利用者を支援する際、今後想定される病状の変化やその対応について、どのようにしてサービス担当者会議で情報共有を図ればよいでしょうか？

A 初回のサービス担当者会議には、できるだけ主治医に出席してもらえるよう努めましょう。

解説

　医療ニーズが高い利用者を支援するために開催する初回のサービス担当者会議には、できるだけ主治医に出席をお願いして、主治医から今後想定される病状の変化や療養上の留意点などについて説明してもらうと効果的です。

　その後、必要に応じて開催するサービス担当者会議については、ケアマネジャーが主治医と面談するなどして必要な情報を得た上で、支援チームで情報共有を図ります。

　なお、サービス担当者会議に本人が出席する場合は、がんの末期など、本人に予後が知らされていない場合もあるので注意が必要です。

 **サービス担当者会議に主治医が出席できない場合、主治医の意見についてどのように情報共有を図ればよいでしょうか？**

A サービス担当者会議に主治医が出席できない場合は、ケアマネジャーが事前に主治医から専門的な意見を得て提供します。

解説

　介護保険サービスの提供に当たっては、主治医の意見がサービス担当者会議において的確に反映されるよう情報共有を図ることが不可欠です。

　主治医から得る専門的な意見には、例えば、心不全、腎不全の疾患がある場合の食事や水分摂取に関する制限や肺疾患がある場合の運動に関する制限など、日常生活の支援を行う上で特別に配慮すべき重要な情報などが含まれます。これらは、利用者が在宅で療養を行う上で生命の維持にもかかわる重要な情報であるため、ケアマネジャーはこれらをケアプランに的確に反映するとともに、在宅サービスを提供するすべての専門職が漏れなく情報共有が図れるよう徹底することが不可欠となっています。

　このため、主治医にサービス担当者会議へ出席してもらえるよう依頼を行いますが、その際、利用者の状態や在宅での医療的な管理の必要性等によって、情報提供の在り方などに差が生じることもあります。

　例えば、日常的に手厚い医療の管理が必要で病状が不安定な中重度のケース等は主治医から直接的に必要な指示をもらうことが大変重要であるため、できるだけ出席してもらえるよう主治医に働きかけます。しかし、病状が安定している比較的軽度なケース等については、ケアマネジャーが主治医の指示をサービス担当者会議の場で伝えることも可能です。

　いずれも結果として主治医が出席できない場合には、ケアマネジャーが事前に主治医を訪問するなどして、必ず専門的な見地からの意見を求めておく必要があります。

　その際、ケアマネジャーは主治医からサービス担当者会議にできるだけ具体的な指示をしてもらうことが大切です。

第**4**章　Q&A―こんな時どうする？

Q37 医療依存度の高い利用者が日常的に使用する医療機器の
メンテナンス等について、どのようなことに注意すれば
よいでしょうか？

A 本人や家族、支援チーム全体で医療機器の正しい使用方法に係る理解を徹底するとともに、不具合の発生や災害等による停電に備えて、必要な準備をしておくことが大切です。

解説

　医療依存度の高い利用者が日常的に使用する吸引器や吸入器、酸素濃縮装置などの医療機器は、高度に電子化されるなどして、高齢の利用者や家族にとって使いやすくなるよう進化しています。

　その反面、使用方法を誤った場合や機器に不具合が生じた場合や、災害による停電などにより使用できなくなった場合など、利用者の生命や身体に深刻的な影響を及ぼしかねません。

　このため、日常的に医療機器の使用が欠かせない利用者の支援において、ケアマネジャーの危機管理が大変重要になります。

　医療機器の導入や更新に際しては、メーカーの担当者等から使用上の注意点を含む機器の使用手順等について説明を聞く機会を設けるなどして、利用者や家族はもとより、日常的な支援にかかわる関係者全体で理解を徹底することが大切です。

　また、機器の不具合等が発生した場合の緊急時の対応方法や連絡先などを確認しておくことも必要です。特に、停電などにより機器が使用できなくなった場合に備えて、手動で機能する機器を準備しておくなどの対応も検討しておきましょう。

　さらに、室内で液体酸素を使用する場合は、火気に注意しなければならないなど、使用する医療機器の特性に応じてさまざまな注意事項等があるため、これらの点についてもメーカーの担当者から説明を受ける必要があります。

Q38 利用者が、食事や服薬、通院やデイサービス等への通所を拒む場合、医療とどのように連携することが必要でしょうか?

A 利用者の行動の変化には、必ず理由がありますので、ケアマネジャーは支援チームと連携してその原因の究明に努めるとともに、必要に応じて医療につなぐことが大切です。

解説

　利用者が食事の摂取や服薬を拒むようになった場合は、歯の痛みや義歯の不具合、嚥下の困難さなど口腔の状態に問題が生じていることがあります。

　また、通院やデイサービス等への通所を拒む場合は、歩行などの ADL の機能に加え、その場における人間関係の悪化や経済的な理由などさまざまな要因が考えられます。

　このような場合、ケアマネジャーは利用者の話をよく聞くとともに状況等をしっかり観察して原因を探ることが大切です。その際、ヘルパーや通所事業所の職員、訪問看護などからも情報を得ましょう。

　その上で、医療が必要と判断した場合は、主治医や歯科医師、薬剤師等に報告して、必要な指示を受けることが大切です。

　特に、認知機能の低下が疑われる場合は、主治医に相談して、認知症初期集中支援チームと連携するなどの対応が求められます。

第 **4** 章　Q&A―こんな時どうする?

 **要介護認定の更新時、ケアマネジャーから見て特に状態に変化がないと思われる場合、医療職にはどのような意見を求めたらよいでしょうか？**

A 医療職の専門的な見地から判断した病状の変化の可能性や対応方法などを事前に確認しましょう。

 解説

　ケアマネジャーから見て、利用者の心身の状態に特段の変化がないと判断する場合においても、医療職の専門的な見地から本当に変化がないのかどうか確認をすることが大切です。

　その場合、主治医だけでなく、リハビリ職や訪問看護師からも情報を得ておきましょう。日常生活に変化がなくても本人の病気への向き合い方や、リハビリへの取り組みなど、医療のかかわりから得られる情報があります。それらを事前に得ておくことで、利用者と一緒に新たな目標など考えることができます。

Q40 診療所や病院などから院内介助の依頼があったらどうしたらいいでしょうか？

A 院内介助は医療保険で提供されるべきサービスであるため、病院のスタッフが対応するのが基本です。

解説

　移動や移乗に際して支援が必要な利用者が介護タクシーなどを利用して通院する場合、医療機関内の移動についてはその施設のスタッフが車いすを準備するなどして必要な支援を行うことが基本となります。

　ただし、重度の認知症などにより、常時見守りが必要な場合などは、身体介護で通院介助を行うことが認められるケースもありますので、事前に保険者に確認することが大切です（その場合でも、通院介助中の院内での単なる待ち時間や診療室内等での介助等は、サービス提供時間に含まれず、院内の付き添い行為のみを算定することもできません）。

各地域の取り組みの工夫（5）
山口県の場合

田村 則子

所属：松寿苑居宅介護支援事業所

　　　管理者・主任介護支援専門員

　私は、在宅介護支援センター勤務を経て、2000 年より介護支援専門員として居宅介護支援事業所で活動し、現在に至ります。介護支援専門員としての職能団体である山口県介護支援専門員協会設立当初からかかわり、地域においては下松市介護支援専門員協会会長として活動。そうしたことから、時代背景とともに変動する医療保険制度、介護保険制度により医療と介護、地域の連携システムの構築等にかかわっています。

1 私のフィールド

● 事業所：居宅介護支援事業所（特定加算Ⅱ）管理者

● 介護支援専門員名 6 名（主任介護支援専門員 3 名）

● 地　域：山口県下松市

　下松市は山口県の南東に位置し瀬戸内海に面しています。製造業が盛んで、さまざまな業種の工場が設置されています。主な立地企業としては、新幹線や一般電車、地下鉄やモノレール等国内外の鉄道車両を生産する工場もあり、若い世帯や外国人居住者も増えています。総人口　57,273 人（過去最多）高齢化率：29.2%（地域差は 53% ～ 21%）

● 医療福祉施設の環境：病院数 3 か所（一般病床 228 床・療養病床 172 床）／一般診療所 45 か所／介護老人福祉施設 4 か所／老人保健施設 2 か所／介護療養型医療施設 1 か所／特定施設 1 か所等、病院、医院、施設、在宅サービスの設備環境は充実していますが、全国的な問題でもある医師・看護師・介護士などの人材不足は深刻な問題です。

　また地域包括支援センター（行政直営）が 1 か所であるということは大きな特徴です。

2 医療連携の取り組みと工夫

　2009 年に山口県医師会と山口県介護支援専門員協会との話し合いにより、介護支援専門員（ケアマネジャー）が医師に連絡・相談しやすい環境作りと、医師とケアマネジャーをはじめとするサービス担当者間の情報共有を図ることにより、ケアマネジメントにおける医療と福祉の連携を強化する目的として「ケアマネタイム」が作成されました。医師から業務中における比較的ケアマネジャーとの連絡が容易な時間帯（ケアマネタイム）を設定してもらい、その情報を記載した表をケアマネジャーに配布し、ケアマネジャーから医師への連絡・相談に活用してもらうものです。2012 年度にリニューアルされ、定期的な情報の入れ替えや地域毎に見やすい形で掲載されています。2013 年 5 月に山口県 9 圏域（全県域）を対象に山口県介護支援専門員協会調査研究部で活用状況調査を行ったところ、「ケアマネタイム」の認識は高いものの利用率は圏域・地域ごとに差が見られること等がわかりました。調査結果を山口県医師会にフィードバックし、より双方で活用しやすい情報となるように連携を図っています。

3 取り組みの結果

　下松市介護支援専門員協会においては、山口県介護支援専門員協会で行われた圏域（周南・下松・光）3 市の調査をさらに下松市の医師と現任ケアマネジャーを対象にケアマネタイムの活用状況、連携状況の調査を行いました。ケアマネタイム以外の時間でも連携が取りやすい環境が必要との結果となり、具体的で正確な情報交換を行う目的として連携ツールを作成することになりました。

　どの地域においても連携ツールは活用されているところではありますが、下松市においては、下松市医師会・下松市介護支援専門員協会とで協議できる限り①単的、簡潔な報告・相談ができることを前提とした書式、②具体的な情報を伝えたい、知りたい場合は面談と手順（ルール）を定め共通様式としました。また、共有については、介護支援専門員協会事務局を下松市地域包括支援センターが担っていることもあり、早い段階で共有活用することができました。訪問歯科診療については、下松市歯科医師会事務局が受付となり連携ツールを使用し、訪問歯科診療の円滑な調整を行っています。現在においては訪問歯科診療を行わない診療所はほとんどなくかかりつけの歯科医院が訪問している状況となっています。また 2018 年度

の介護保険改正で医療と介護の連携強化として "訪問介護事業者から伝達された利用者の口腔に関する問題や服薬状況、モニタリングの際にケアマネジャー自身が把握した利用者の状態等を主治医や歯科医、薬剤師に必要な情報伝達を行う" と義務づけられました。そこで歯科医師会と「オーラルヘルスアセスメントツール」活用を推進し、訪問介護事業者・通所介護事業者とともに勉強会を開催して共通的なアセスメントツールを作成しています。

　薬剤師会との連携は2014年度より、事例検討会にてお互いの役割を理解することから始まり、自分たちの立場で何ができるかを考える勉強会を重ねてきました。2016年に行われた薬剤師会での調査結果においては周南圏域においても下松市内の薬局の居宅療養管理指導の取得が多くケアマネジャーとの連携が良好であったと報告がありました。また、利用者、医療、福祉の関係者が共通して必ず確認していくものとして「お薬手帳」に注目し、検証していきました。薬局によって使用している手帳はさまざまでしたが、薬剤師会作成のお薬手帳使用率が高く、お薬手帳には、利用者本人の情報、かかりつけ医、担当ケアマネジャーの記載ページがあるものの記載されていないことが多かったり、薬局のシステムにより薬の名称、効用、数量などの記載方法が違うため、現場では多職種で共有しているが改めて調べたり再確認するなど有効的な活用ができていないなど、最大限に活用できていない状況であることがわかりました。

　そこで、病院・薬剤師会と協議し、①使用しているシステムにおける範囲で記載方法の統一を図り、②薬局、ケアマネジャーはお薬手帳の基本的記載事項の確認・修正を定期的に行っていくようになりました。

●下松市医療と介護を考える会

　2015年2月より "環境の違う利用者を主体として連携を取る" を原則の立ち位置とし、「下松市の医療と介護連携を考える会」を三師会（医師会・歯科医師会・薬剤師会）および介護支援専門員協会にて発足しました。定期的な会議・研修会を重ねる中でチームが同じ情報をタイムリーに共有できるのか、と課題があがりました。多職種がお互いに欲しい情報、知らせたい情報が立場によって違うということを議論し、議論を重ねていくうちに当たり前ではありますが、情報は必要・不必要はともかく沢山あればあっただけよいということでした。また、連携を考える中で共通のツールや連携方法は大切であるが利用者の環境に合わせた連携の取り方

があって当然であるということでした。ケアマネジャーを中心に連携を取ることが有効的な場合、かかりつけ医が主体となり連携を取ることが有効的な場合、それぞれの場面で立場を理解し、お互いを思いやればよりよい関係が作れるということでした。

4 私が心がけていること

　私は、医療職・介護職が円滑な連携ができるためのシステム作りの場面においても「相手の立場を理解しチームをつなげる」を意識し、近からず遠からずの関係を保ち、いつも大事な時につなげられるコーデイネーターであることを心がています。

　利用者の生活支援を行うケアマネジャーとしても、医療ニーズの高い利用者と認知症の妻二人暮らしの方を医療チーム、生活チーム2つに分け近からず遠からずの関係でかかわっているケースがあります。夫婦の思いは「夫婦二人で過ごしたい」夫は「妻のことが心配、僕がいなければ」、妻は「夫のことが心配、私がいなければ」と言われます。夫婦の生活を支えていくということは安易でなく、チームワークが求められました。私は訪問看護師と常に連携を取っていく中でいつしか、医療チーム・生活チームの2つに分かれ、医療チームは訪問看護師を中心に動き、生活チームはケアマネジャーが中心に動き、訪問看護とケアマネジャーとの二人のコー

図表 1　医療チームと生活チーム

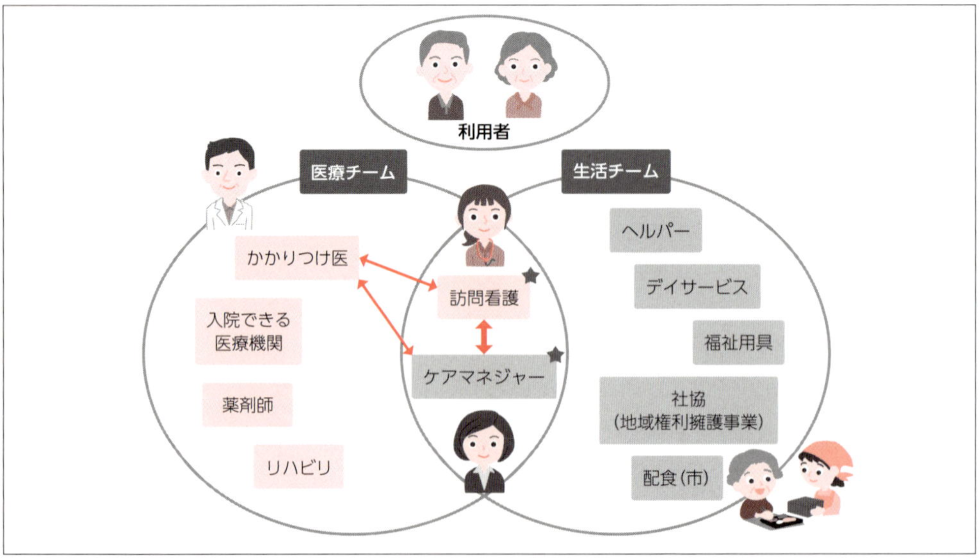

デイネーターという形で連携を取っていきました（**図表 1**）。職種や立場が違えば考えも違うことは当然です。情報はたくさんあっても無駄ではありませんが、緊急時はできる限り誰にどのような情報がタイムリーに必要なのか判断が求められます。状態変化のある場合は訪問看護師に連絡し、訪問看護師と先生の連絡調整にて医療対応が行われます。服薬の変更や主治医の往診等、医療の動きにより、生活チームの動きは変化していきます。点滴開始になった場合は訪問看護師がかかわりやすいようにヘルパーは自分たちの訪問時間を調整しサポートします。また薬剤師は服薬の変更時など随時訪問し、看護師、ヘルパーの負担が減るように常に他者のことを考え業務を行ってくれます。多事業所、多職種の人たちが一つのチームとして動くためにはコーディネーターが重要です。また誰が中心的にコーディネートしていくかということも当然大切だと実感しています、その一方でコーディネーターが 2 人いても、3 人いてもよく、チームで支援するということは相手の立場を理解しサポートしていくという姿勢が重要だと感じています。

第**4**章　Q&A―こんな時どうする？

各地域の取り組みの工夫（6）
北九州市の場合

青木 穂高
所属：北九州市保健福祉局健康医療部地域医療課長
神奈川県出身
厚生労働省入省後、障害保健福祉部、政策統括官付労政担当参事官室、保険局、政策統括官付情報政策担当参事官室を経て、2017年4月より現職。

保険局では、医療保険制度改革（市町村国保の都道府県への運営の移管）等を担当。情報政策担当参事官室では、マイナンバー制度や医療分野でのICT政策等を担当。

1 私のフィールド

● 事業所：北九州市役所　地域医療課長（医療・介護連携、救急・災害医療、地域医療構想、医務・薬務などを所管）

● 地　域：九州では福岡市に次ぐ大都市（三大都市圏や県庁所在地以外では初の政令指定都市）。高齢化率は政令指定都市の中でトップであり、人口も福岡市への流出により毎年5千人程度が純減。

総人口 95.6万人／高齢化率 30.1%／地域包括支援センター数 24 ／病院数 91（うち救急告示病院 18）、病床数 19,028（うち一般病床 10,007、療養病床 4,705）／診療所数 952 ／歯科診療所 659 ／介護老人保健施設 36 ／特別養護老人ホーム 77（いずれも 2018年4月）

　旧官営八幡製鉄所や北九州工業地帯で日本の近代化を牽引した北九州市は、工業都市としての発展に伴って医療・介護資源を集積してきた歴史があり、人口当たりの医療機関数・病床数ともに、全国平均を大きく上回っています。ただ、こうした潤沢な医療・介護資源や、それに伴う市民意識もあってか、現在、年間死亡者数約1万人のうち医療機関で亡くなる方は約85%と、全国平均（76.6%）を上回っています。また、在宅（自宅＋施設）で亡くなる方の割合は政令市の中で最も低くなっています（2015年）。

　今後の高齢者の増加（特に中重度化や看取りの増加）を見据えながら、病院完結型医療から、多職種が連携した地域完結型の医療・介護へのモデルチェンジをしていく必要があります。

　本稿では、地方都市部（政令市）での多職種連携の現状と今後の方向性（地域共通のルール・ツール作り）について、まだまだ道半ばの「試み」を共有しながら、地域での医療・介護の多職種連携の形作りを考える際の素材を提供したいと考えています。

2 医療連携の取り組みと工夫

市町村単位における医療・介護の多職種連携の推進

　市町村での「医療・介護の多職種連携」の取り組みは、どこが主体となって進められるべきなのでしょうか。

　現在、わが国では、介護保険の「地域支援事業」の中の「在宅医療・介護連携推進事業」（以下「連携推進事業」という）の枠組みが用意されており、これまで都道府県行政がメインで市町村から遠かった医療行政のうち、医療・介護の多職種連携の推進が市町村の権限になりました。

　この事業のよい点は、ア）全市町村で行うこととされていること、イ）財源が介護保険料財源なので、市町村としては財政当局による予算カットの対象とならず、事業の継続的な実施が可能であることです。

　すなわち、市町村という地域単位での医療・介護の連携は、基本は本事業の中で、市町村行政を主体としながら、地域の医療・介護関係者が協力して整理・推進していくことが合理的といえます。

北九州市の医療・介護の多職種連携の現状と問題意識

①これまでの取り組み

　こうしたことを受け、本市でも連携推進事業を活用し、以下の取り組みを行ってきました。

- 在宅医療に取り組む施設（病院、診療所、歯科診療所、薬局、訪問看護ステーション、訪問リハビリ事業所）について、地図情報と検索ツール（施設詳細情報）を組み合わせた、施設検索システムを稼動（2017 年〜）
- 北九州市内 5 か所（地区医師会）に「在宅医療・介護連携支援センター」を設置（2016 年〜）。看護師や社会福祉士の資格を持った専門相談員が、医師や病院の地域連携室ほか、地域の医療・介護関係者からの在宅医療に関する相談を受けたり、多職種連携研修会、住民啓発などを実施。
- 地域の医療・介護関係者の現場レベルにおける顔の見える関係作りを進めることを目的に、講演会やグループワーク等を開催。（2017 年度実績で全 16 回・1,860 名が出席）

②現状と問題意識

このように、地域の医療・介護資源の把握、在宅医療・介護連携に関する相談支援体制（在宅医療・介護連携支援センターの設置・運営）、医療・介護関係者への研修など、「インフラ」や「場」の整備は進んできました。

一方で、医療・介護の現場・実務者からは、次のような声が聞かれています。

- 「病院から退院する時に、ケアマネジャー宛てに情報提供がある場合もあれば、何も無い場合もありバラバラの状態。退院時に出す情報について一定のルールがあるといい」
- 「互いに必要最低限な情報だけでも共有でき、また転院した場合でも引き継がれていくような方法が必要」
- 「情報提供は 1 対 1 の関係。診療所から病院、診療所からケアマネジャーなど、それぞれに必要な情報を提供している」

（北九州市「在宅医療・介護連携推進に関するワーキング会議」議論のとりまとめ（2017年））

すなわち、医療機関・介護事業所などの間の患者・利用者情報の受け渡しなどが、地域共通のルールやツールによってバラつきがなく、患者・利用者やその家族から見て、多様なサービスが一体的に提供されているように見える状態にすることが、地域の医療・介護の現場・実務者から求められています。

　この点、本市では、個々の地域で、情報共有・連絡用シートの作成、情報提供のルール化といった取り組み・活動が一部で進められてきました。しかしながら、情報共有の内容や取り組みの度合いについて各地域や団体等によって差があったり、多職種連携等を進める上で重要な取り組みであっても、思うような拡大・展開が図れていないという現状があります。

　小規模市町村や中核市レベルでは、市町村と市内の中核病院が音頭を取り、地域の課題・目標を共有し、地域共通の連携ルールやツール、研修などを形作ることがしやすい環境にあるでしょう。しかしながら、本市では、人口・面積や医療・介護資源ともに規模が大きく、また、地理的な広がりを見せており、市全体で斉一に取り組みを進めることは容易ではありません。これは、ほかの政令市でも同様の「大都市特有の悩み」のようでもあり、こうした都市部での連携を進める段取りの成功例を作ることが必要です。

北九州市の医療・介護の多職種連携の今後の方向性

①「地域に必要な5つの取り組み」

　医療・介護の多職種連携を地域全体でしっかりと進めていくことを考えた場合、「地域に必要な5つの取り組み」について以下に掲げます。

1）「連携の進捗・課題」が「場面」ごとに「数字」で見えること

2）皆で取り組むルール・ツール・取組を「地域合意」にできること

3）ルール・ツール・取組を実施する「協力医療機関・事業所」が見えること

4）地域や職能団体の研修等で、ルール・ツール・取組を普及・徹底できること

5）ルール・ツール・取組の効果検証や見直しをすること

　これらは、「地域のマネジメント」と称することもできますが、こうしたマネジメント機能の不在によって、医療・介護の関係者の動きがバラバラであったり、地域全体で最適になっていないことで、個々の現場では、患者・利用者情報の受け渡しなどの業務への負担が増したり、結果として、本来医療・介護専門職が力を傾けるべき患者・利用者への支援の時間が減少している可能性があり、早急に上記1）〜5）の「地域のマネジメント」に取り組むべきであると考えられます。

② 「北九州医療・介護連携プロジェクト会議」の立ち上げ

　こうした問題意識から、本市では、患者・利用者や、その家族を中心として、切れ目のない医療・介護等の支援を提供するため、市内の医療・介護等の関係機関が実施すべき取り組みや、その普及・徹底方策の策定、それらの実施状況の進捗管理・効果検証・見直しを行うため、以下に掲げる団体等から選出された者からなる「北九州医療・介護連携プロジェクト会議」（以下「プロジェクト会議」という）を立ち上げました（2018 年 8 月）。

構成団体等

> 北九州市医師会、北九州市歯科医師会、北九州市薬剤師会、福岡県看護協会、福岡県理学療法士会、福岡県作業療法協会、福岡県医療ソーシャルワーカー協会、ケアマネット 21、福岡県介護支援専門員協会、福岡県老人保健施設協会、北九州高齢者福祉事業協会、訪問看護ステーション、在宅医療・介護連携支援センター、北九州市（保健福祉局、消防局）

　プロジェクト会議では、医療・介護・行政の各側が対等な関係で、意見交換ではなく成果物を生むこと、その実行・検証をすることを目的としており、抽象的な議論ではなく、数字をベースに現場・実務主導の議論と合意を行うこととしています。

　特に、こうした議論を担保するため、プロジェクト会議では、「協議ルール」（**図表 1**）を定め、毎回の会議前に各構成員がこれを意識するよう心がけています。この「協議ルール」は、地域の多職種でのディスカッションなどにも当てはめることができるものと考えていますので、参考にしてもらえれば幸いです。

図表1 **プロジェクト会議での協議ルール**

> 1　要望をいうための会議ではない。
> 　課題を解決するために全員で議論し、作業を行う。
>
> 2　ポジショントークはしない。
> 　所属・団体の立場を離れ、本人・家族にとって必要なことを議論する。
>
> 3　本会議で変えることができない制度や仕組み等については議論しない。
>
> 4　他者の意見を頭ごなしに否定しない。
> 　否定する際は、代替案・補足などを提言する。
>
> 5　従来のやり方に固執しない。組み合わせ、改善、便乗、歓迎。
>
> 6　「仕組み」と「継続」作りを意識する。
>
> 7　会議ごとに最低限合意できたことを確認する（ピン留め）。
>
> 8　会議で意見が衝突しても、会議後に引きずらない。
> 　会議の話は会議の中で完結させる。
>
> 9　会議で決まった後に、「実はこう思っていた」といわない。
>
> 10　会議で行うと決めたことは必ず実行する。

③医療・介護連携に関する調査

　これまで、本市で「連携」という場合、「どこの場面」を指していて、「誰がどう思っているか」が、数字で「見える化」されていませんでした。その結果、「連携」について議論する際にも話がちぐはぐとなり、議論がうやむやになっていた可能性が大いにあります。

　プロジェクト会議ではこうした点を重く見て、「連携」を場面や職種ごとに細かく分解し、それぞれの困りごとを「見える化」して、そこにルール・ツールや取り組みといった解決策を当て込むという方法を探っていくため、次のような調査設計で「医療・介護連携に関する調査」を実施しました。

第**4**章　Q&A—こんな時どうする？

211

【調査手法】 配布方法：郵送／回収方法：FAX、郵送、HP
【調査対象】 救急告示病院〔看護部長、看護師長 4 名、連携室長、SW〕
　　　　　　その他の病院〔看護部長、看護師長 4 名、連携室長、SW〕
　　　　　　診療所〔医師〕
　　　　　　訪問看護ステーション〔管理者、一般看護師〕
　　　　　　居宅介護支援事業所〔主任ケアマネジャー、一般ケアマネジャー〕
　　　　　　統括支援センター〔係長、職員、ケアマネジャー〕
【調査期間】 2018 年 9 月 20 日〜 10 月 31 日

3 医療連携による成果・効果

　医療・介護連携に関する調査結果では、次のようなことがわかりました。

（1）患者・利用者情報の受け渡しの現状と理想

　①すべての職種で、「現状」と「理想」の間に明確なギャップがあった。

　②全体としては「現状」は、「各医療機関や事業所が必要と感じた時に情報を渡している」状態であった。

　③全体としては「理想」は、少なくとも「地域で情報の受け渡しの取扱い（ルール・ツール）が最低限揃っていることに加え、それが体系的な研修会・勉強会により定着し、効果が数字でわかる」状態だった。

（2）連携の場面ごとの困りごと

　①新しく患者・利用者を引き受ける時に、患者・利用者に関する情報の取得に困っている職種が一定数ある（特に、救急告示病院（病棟看護部・地域連携室）、診療所、訪問看護ステーション、統括支援センター）。

　②医療機関や介護事業所ごとに、窓口やルール、患者・利用者への説明の仕方などにバラバラ感があることに困っている職種が多い（特に、救急告示病院（地域連携室）、訪問看護ステーション、居宅介護支援事業所、統括支援センター）。

（3）連携の困りごとの原因

　すべての職種で、「地域で統一されたルールやツールがないために、情報の伝達に困る」「医療機関や介護事業所の窓口やルールがバラバラで困る」と考えている。

（4）効率のよい連携のために必要なもの

①すべての職種で、患者・利用者情報の取得のための地域共通のツール（カードや冊子・シート）へのニーズが高い。

②また、各医療機関や介護事業所の窓口やルール等の一覧（見える化）へのニーズも高い。

（5）地域共通のツール等を作るための有効な方法

①すべての職種で「ルールやツールの普及・活用には市内の医療機関・事業所の合意が有効である」と感じていた。

②また、ルール・ツール等を「業務マニュアルに反映させる必要がある」と感じていた。

（6）連携の不具合による悪影響や支障

情報伝達の不都合により、「職員の業務」か「患者への支援」のいずれかに負担または悪影響が出ていると感じる職種が大半だった。

　このうち「（2）連携の場面ごとの困りごと」について、調査における設問と調査結果（特に「困っている」と回答した割合の多かった救急告示病院（病棟看護師・地域連携室）、診療所、居宅介護支援事業所ごとの傾向）は（図表2、図表3）のとおりです。

　ここからは、患者・利用者情報の引継ぎなど「基本的なこと」すら難しさがあることがわかりました。患者・利用者情報の引継ぎで困難なケースが「よくある／ある」と回答した割合は、場面や職種により10〜60パーセント程度と傾向が分かれましたが、それぞれに患者・利用者がいることを考えると、決して低い割合の場面・職種も無視はできず、患者・利用者情報の引き継ぎがスムーズに行われるよう地域全体で解決に向けてしっかり取り組まなくてはなりません。

第**4**章　Q&A―こんな時どうする？

Q. 現在の業務の中で、情報の伝達について以下のようなことはありますか?

それぞれの No. について

ア．よくある　イ．ある　ウ．あまりない　エ．全くない　オ．わからない

で回答してください。

	項目
No.1	新しく患者・利用者を引き受けるときに、今まで患者・利用者に関わっていた医療機関や事業所がわからない（情報がない）ことがある
No.2	新しく患者・利用者を引き受けるときに、今まで患者・利用者に関わっていた医療機関や事業所から適切な内容・タイミングの情報が来ない、又は求めても提供されないことがある
No.3	現在、患者・利用者に一緒にサービスを提供している他の医療機関や事業所から、適切な内容・タイミングの情報が来ない、又は求めても提供されないことがある
No.4	現在、患者・利用者に一緒にサービスを提供している他の医療機関や事業所に、情報を提供する「内容とタイミング」がわからないことがある
No.5	患者・利用者を次の医療機関や事業所に引き継ぐときに、情報を提供する「内容とタイミング」がわからないことがある
No.6	適切な内容やタイミングで情報が来ないため、連携に関する診療報酬や介護報酬がうまく取れないことがある
No.7	服薬・口腔・栄養状態など患者・利用者のどこを見て、また地域のどの専門職にどのようにつなげていけばいいかわからないことがある
No.8	各医療機関や事業所の窓口がわからない、また医療機関や事業所によってルール・マニュアルに差があり、それを把握したり、合わせたりすることが大変だと感じることがある
No.9	他の医療機関や事業所に対し、基本的な事務対応（電話のかけ方やアポイント、メモの取り方など）を身につけて欲しいと感じることがある
No.10	医療機関や事業所によって説明がバラバラで、家族が医療・介護の流れを理解しておらず、情報の共有や転院、入退院がスムーズにいかない

図表3 医療・介護連携に関する調査「連携の場面ごとの困りごと」の結果

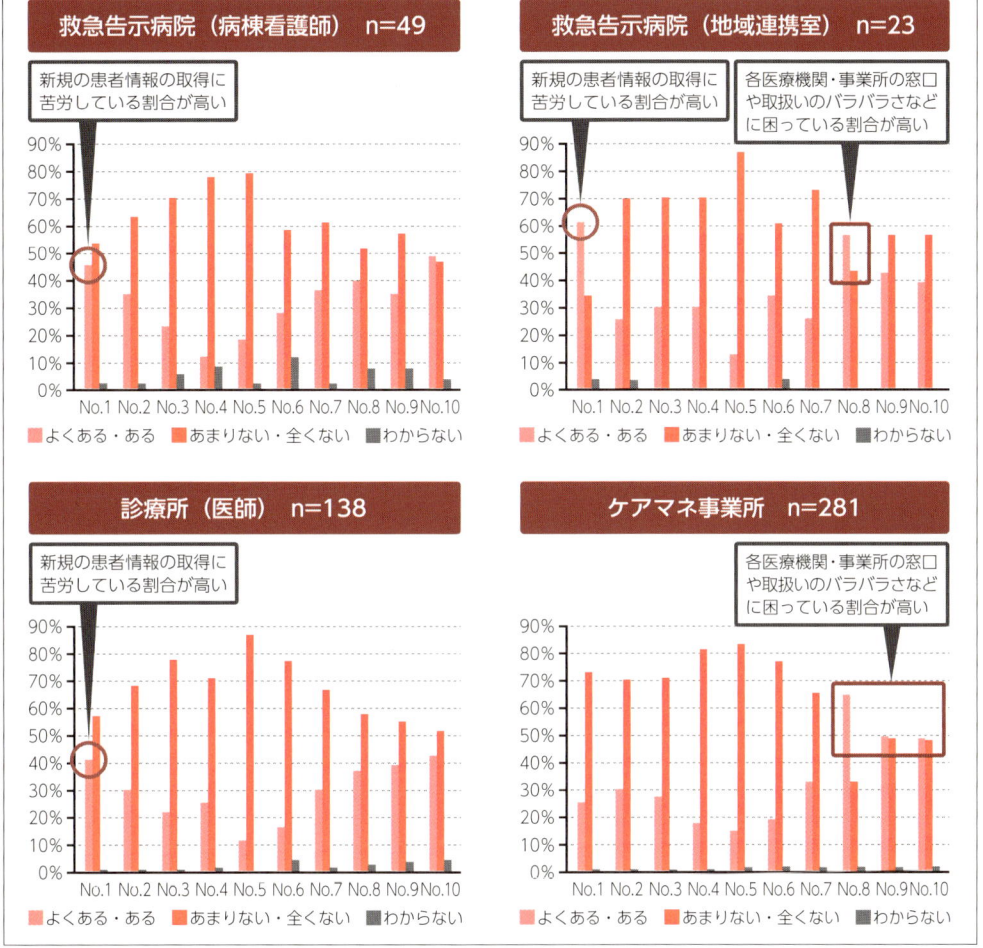

4　今後の展望

　この調査は、全体の回収率が約80％と高く、地域の医療・介護の現場・実務者の「声なき声」だと考えられます。

　具体的には、患者・利用者情報の取得のための何らかのツールや、各医療機関や介護事業所の窓口やルール等の一覧（見える化）などへのニーズが高く、これらを具体化していく必要があります。

　それに伴い、研修会・勉強会の体系化・充実（ルール・ツールの定着や、効果が数字でわかるようにする）を図る必要があります。

　また、ルール・ツールの具体化に当たっては、できるだけ現場や実務への負担が

少ないものとすることや、きちんと各医療機関や事業所の事務（マニュアル等）に位置づけるとともに、市内の医療機関・事業所の協力意向の「見える化」をしていきます。

　今後は、本市でどの地域でも共通する「患者・利用者情報の取得のための何らかのツール」や「各機関の入退院時の窓口やルール等の一覧」等の作成のため、どんなツールであれば役立つのか、実務に組み込めるのかを丁寧に調査するとともに、2019年度には、モデル地区での実証を開始していきます。

　こうしたプロジェクト会議の動きや、上記調査結果の詳細については、北九州市ホームページで公表していますので、ご参照ください。

第5章

資料編

かかりつけ医・ケアマネジャー連携シート

事業所名
担当ケアマネジャー

かかりつけ医　　　　先生　御机下

担当ご利用者様情報
　ご利用者氏名　　　　　　　　　　　　　生年月日　　　年　　　月　　　日
　ご住所

上記のご利用者様の介護サービス利用におけるご相談・ご報告をさせて頂きます。
何卒よろしくお願いいたします。
ご報告事項
①　　担当ケアマネジャーになりましたことのご報告です。
②　　要介護認定結果のご報告です。
③　　その他（　　　　　　　　　　　　　　　　　　　　　　　）

ご相談事項
1．介護サービス利用について
□　訪問看護　□訪問リハビリ　通所リハ　□居宅療養管理指導・歯科・薬剤　栄養
□　軽度者の福祉世用具サービス利用について
□　区分変更申請について
□　その他（　　　　　　　　　　　　　　　　　　　　　）
2．サービス担当者会議について
　サービス担当者会議について　　　　出席　　　　照会
　サービス担当者会議の希望日程について
　　　　　　　　　　　　　　　　　年　　　月　　　日　　　時頃
＊サービス担当者会議の日程についてご希望に添えない場合もございますので
　ご了解ください。

今後、ケアマネジャーからかかりつけ医への連絡方法について（複数回答可）
【連絡方法】
□　面談　　□電話　□郵送　□E－Mail　　（複数可）
□　面談可能日　　□　月　□火　□　水　□　木　□金　□土　□日　　午前　　午後
□　診療時間内ならいつでも可　　□　場所：クリニック内　　　　　　　　　　　　　）
医療機関名　　　　　　　　　　　　　　かかりつけ医名

かかりつけ医からのコメント

資料2 主治医意見書の記載のお願い

年　　　月　　　日

主治医意見書の記載のお願い

かかりつけ医　　　先生　御机下
医療機関名

事業所名
担当ケアマネジャー

ご利用者様　　　　　　様が　　　年　　　月にて介護保険更新　区分変更申請を行いますので
在宅での生活情報を提供させていただきます。
主治医意見書のご記載について何卒よろしくお願いいたします。

利用者氏名	生年月日　　　年　　　月　　　日	住所
介護保険有効期限 　年　月　日～　年　月　日	介護保険申請 □新規　　□更新　　□区分変更	
現在の障害高齢者日常生活自立度	自立　J1　J2　A1　A2　B1　B2　C1　C2	
現在の認知症高齢者自立度	自立　Ⅰ　Ⅱa　Ⅱb　Ⅲa　Ⅲb　Ⅳ　M	
現在の認知症中核症状	□短期記憶問題　□あり　□なし □日常の意思決定を行う認知能力 　□自立　□いくらか困難　□見守りが必要　□判断できない □自分の意思の伝達能力 　□伝えられる　□いくらか困難　□具体的要求に限られる　□伝えられない	
認知症の周辺症状	□あり　□なし □幻視・幻聴　□妄想　□昼夜逆転　□暴言　□暴行　□介護への抵抗　□徘徊 □火の不始末　□不潔行為　□異食行動　□性的問題行動 □その他（　　　　　　　　　　　　　　　　　　　　　　　　　）	
生活機能に関する	移動　（屋外歩行□自立　□介助があればしている　□していない 栄養・食生活（□自立ないし何とか自分で食べられる　□全面介助） 入浴　□通所にて　□自宅（□全介助　□一部介助　□自立） 排泄　□トイレにて（□全介助　□一部介助□自立）	
家族の状況	家族の負担□あり　□なし	
その他の生活状況	□社会との関わり□あり　□なし	

＊ご本人様及びご家族様の同意を得て情報提供をさせて頂いております。

医療と介護の連携シート

事業所名
担当ケアマネジャー

かかりつけ医
診療機関名

ご利用者情報
ご利用者氏名　　　　　　　　　　　　　　　生年月日　　　年　　　月　　　日
上記のご利用者様の担当訪問介護事業所より下記内容のご報告がありましたので、ご報告・ご相談さささていただきます。

＊下記内容の連携についてはご本人様及びご家族様の御了解をいただいております。

口腔内について	① 義歯　破損・痛み・調子が悪い・その他	【具体的内容】
	② 歯　痛い・グラグラする・取れた・その他	
	③ 歯肉・腫れ・出血・痛い	
	④ 口腔ケア　口臭・清掃その他	
	⑤ 咀嚼・嚥下	
	⑥ その他	
薬剤管理ついて	① 飲み忘れ	【具体的内容】
	② 重複服用	
	③ 残薬	
	④ 保管方法	
	⑤ その他	
栄養状態について	① 体重減少	【具体的内容】
	② 食欲不振	
	・食事量	
	③ 水分摂取量	
	④ 治療食について	
	⑤ 食形態について	
	⑥ その他	
その他		

医療機関等	□面談をいたします。（日時　　　月　　　日　　　）御来院ください
からの	□電話連絡をいたします。（日時　　月　　日　　　頃　電話をください。　電話をします。
連絡方法等	□文書で回答いたします。
その他 コメント	

□医師　□看護師　□医療ソーシャルワーカー　□その他

氏名　＿＿＿＿＿＿＿＿

＊お手数をおかけいたしますが、ご記入のうえご返送をお願いいたします。
＊なお、かかりつけ医との連携についてはご本人様及びご家族様の同意を得ております

医療と介護の連携シート

居宅介護支援事業所○○○○
担当ケアマネジャー○○○○

かかりつけ医　○○先生　御机下
診療機関名　○○クリニック

ご利用者情報
ご利用者氏名　○○○○　　　　　　　　　　　　　　生年月日　　○○年○○月○○日
上記のご利用者様の担当訪問介護事業所より下記内容のご報告がありましたので、ご報告・ご相談ささていただきます。

＊下記内容の連携についてはご本人様及びご家族様の御了解をいただいております。

口腔内について	① 義歯　破損・痛み・調子が悪い・その他 ② 歯　痛い・グラグラする・取れた・その他 ③ 歯肉・腫れ・出血・痛い ④ 口腔ケア　口臭・清掃その他 ⑤ 咀嚼・嚥下 ⑥ その他	【具体的内容】 義歯が合わず、歯肉の痛みがあるため、義歯を装着していません。歯科受診により義歯の調整を予定しています。
薬剤管理ついて	① 飲み忘れ ② 重複服用 ③ 残薬 ④ 保管方法 ⑤ その他	【具体的内容】 妻の声かけ、介助で確実に服薬できています。
栄養状態について	① 体重減少 ② 食欲不振 ・食事量（粥を茶碗1杯と汁ものが中心、1日3食） ③ 水分摂取量 ④ 治療食について ⑤ 食形態について ⑥ その他	【具体的内容】 義歯が合わず、歯肉の痛みがあるため、食欲が低下し、体重が3か月で2kg減少しています。早急に歯科受診をします。
その他	栄養状態が気になります。次回受診の際に、血液検査をお願いいたします。本人、家族も希望されています。どうぞよろしくお願いいたします。	

医療機関等 からの 連絡方法等	□面談をいたします。（日時　　　　月　　　　日　　　　　）御来院ください ■電話連絡をいたします。（日時　○月○　日　○○　頃　電話をください　電話をします。） □文書で回答いたします。
その他 コメント	次回受診の際に血液検査をして栄養状態を確認します。早急に歯科受診をすすめてください。 通院が困難であれば、訪問歯科をお願いします。

□医師　□看護師　■医療ソーシャルワーカー　□その他

氏名　　●●●●

＊お手数をおかけいたしますが、ご記入のうえご返送をお願いいたします。
＊なお、かかりつけ医との連携についてはご本人様及びご家族様の同意を得ております。

入院入所時情報提供書　　　　年　　月　　日

情報提供方法　　□ 郵送　　□ 電話　　□ その他（　　　　　　）

□ 医療連携室 担当者	様　□ 病棟（　　　　）担当者　　　　　　様

入院年月日　平成　　年　　月　　日	病院名

利用者名	様　男・女　M・T・S　年　月　日　歳

要介護認定　　【要支援】1　2　　【要介護】1　2　3　4　5　　【申請中】新規・区変

日常生活自立度等

障害高齢者日常生活自立度　（　　　）	行動障害　（ 有・無 ）
認知症高齢者自立度　　　　（　　　）	具体的に：
認知症 □有 □無 診断名 ：	

在宅での生活について

在宅の医学管理について	定期受診　　不定期　　往診　　頻度：　回／　週・　回／　月
かかりつけ医　　　　　　　　先生	受診先医療機関
かかりつけ歯科医　　　　　　先生	受診先医療機関
かかりつけ薬局	

【家族構成】	【主介護者】　　　　　　　様　（続柄）
	【副介護者】　　　　　　　様　（続柄）
	【介護力】
	【介護者の就労】　　有・無
	【経済状況】
	【その他】

食事	自立・一部介助・介助	＜食事形態＞ ミキサー・キザミ・普通
口腔ケア	自立・一部介助・介助	＜義歯＞ 有・無
移動	自立・一部介助・介助	
排泄	自立・一部介助・介助	紙オムツ使用（有・無）・紙パンツ使用（有・無）
服薬	自立・一部介助・介助	
睡眠	良眠・不隠（状態：　　　　　　　　） 就寝時間　：　～　：	
住居等環境上の注意点　有・無		特記 ：
住宅改修　　　済・未		特記 ：

※ 居宅サービス計画表（1, 2, 3表）を添付致します。
※ ケアマネからのお願いです。下記内容に当てはまる場合は、お手数ですが御連絡下さい。
　　　　□ 転棟・転院 の場合　　　□ カンファレンス開催時　　　□ 退院が決定
※ ご本人様及びご家族様の同意を得て情報提供をさせて頂いております。

　　　　　　　　　　　　　連絡先　　電話
　　　　　　　　　　　　　　　　　　FAX
　　　　　　　　　　　　　医療法人
　　　　　　　　　　　　　担当ケアマネジャー

入院入所時情報提供書

○ 年 △ 月 □ 日

情報提供方法　□ 郵送　□ 電話　■ その他（　持参　）

■ 医療連携室　担当者	○○	様	□ 病棟（　　　）担当者	様

入院年月日	平成　X 年 X 月 X 日	病院名　△△△病院
利用者名	Y　　　様	(男)・女　M・T・(S)　○年 ○月 ○日 80 歳
要介護認定	【要支援】1　2　【要介護】(1) 2　3　4　5	【申請中】新規 ・ 区変

日常生活自立度等

障害高齢者日常生活自立度　（　A1　）	行動障害　（ 有 ・(無)）
認知症高齢者自立度　　（　Ⅱa　）	具体的に：
認知症 □有 □無　診断名 ：	

在宅での生活について

1週間前より微熱が続いていたため受診、治療を受けながら経過観察していたが徐々に食欲低下となり元気もなく、トイレに行く事も困難になった。往診にて採血結果貴院に紹介となる。

在宅の医学管理について	定期受診　不定期　往診　頻度：　回／ 週 ・　回／ 月
かかりつけ医　　　X　　　先生	受診先医療機関　　XX医院
かかりつけ歯科医　　△△　　先生	受診先医療機関　　△△デンタルクリニック
かかりつけ薬局　　　□□薬局	

【家族構成】	【主介護者】　　○○　　様　（続柄）　妻
本人	【副介護者】　なし　　　様　（続柄）
	【介護力】 妻も高齢で腰痛あり、介護に負担を感じている
県外　　県外	【介護者の就労】　有 ・ 無
妻と2人暮らし。長男・長女は県外に在住。	【経済状況】 年金(本人、妻は基礎年金のみ)
	【その他】
	長女は月1回、3日程度帰省して家事や受診など支援。

食事	(自立) ・ 一部介助 ・ 介助	＜食事形態＞ ミキサー ・ キザミ ・ (普通)（ややムセあり）
口腔ケア	自立 ・ (一部介助) ・ 介助	＜義歯＞ 有 ・ 無 （取り外しは出来るが洗浄は支援が必要）
移動	自立 ・ (一部介助) ・ 介助	（元気なころは手すりや杖を利用して移動）
排泄	(自立) ・ 一部介助 ・ 介助	紙オムツ使用（有 ・(無)）・ 紙パンツ使用（有 ・(無)）
服薬	自立 ・ (一部介助) ・ 介助	（手渡せば服薬可能、粉末は苦手で錠剤の方を好む）
睡眠	(良眠) ・ 不眠(状態：　　　　　　　)	就寝時間　21：00 ～　6：00
住居等環境上の注意点	(有) ・ 無	特記 ： 布団を敷いて寝起きしている。
住宅改修	(済) ・ 未	特記 ： 居室・廊下・玄関・浴室・アプローチ部分に手すり設置

※ 居宅サービス計画表 （1, 2, 3表）を添付致します。
※ ケアマネからのお願いです。下記内容に当てはまる場合は、お手数ですが御連絡下さい。
　　　□ 転棟 ・ 転院 の場合　　　□ カンファレンス開催時　　　□ 退院が決定
※ ご本人様及びご家族様の同意を得て情報提供をさせて頂いております。

連絡先　　　電話　　000－000－0000
　　　　　　FAX　　000－000－0000
医療法人 ●●●● 居宅介護支援センター●●
担当ケアマネジャー ●●●●

退院連携シート

年　　月　　日

入院年月日	年　　月　　日	入院先病院名	

□医療連携室　担当者	様　・□病　棟（　　　　　）担当者	様

利用者名	様	男　女	M T S	年　　月　　日生	歳

要介護認定　　1　　2　　3　　4　　5　　区分変更中（　／　）　訪問調査（　／　）

【入院が必要となった経緯と今回入院の主な病名】

【入院中の状態】

【現在の状態】

退院予定日（　／　）・未定・調整中

服薬について

日常生活においての注意事項

□食事	治療食の有・無（　　　　　）	□移動	
□入浴	全介助・一部介助（　　　　　）	□排泄	トイレ・ポータブルトイレ・オムツ（介助の有・無　　）
その他特記事項			

通所系サービスなどでの注意事項・禁忌事項

□食事		□運動	制限有・無（　　　　　）
□入浴		□血圧	
その他特記事項			

退院後の医学管理について	定期受診	外来　往診　頻度　　／　週・　／　月	不定期

かかりつけ医	先生	受診先医療機関

医療系サービスの必要	有・無	訪問リハ・通所リハ・居宅療養管理指導（医師・歯科医師・薬剤師・栄養士）その他（　）

医学的管理の必要な器具、処置等について

□バルーンカテーテル	□酸素療法
□胃ろう	□点滴
□人工肛門	□IVH
□気管カニューレ	□褥瘡の処置
□その他	

【在宅での注意点】

家族（　　　　　）へ手技の説明：有・無　　　　理解度：高・中・低（　　　　　）

訪問看護の必要性：有・無

退院前カンファレンス

カンファレンス　開催日予定	年　　月　　日　　時　　分
カンファレンス　開催場所	

居宅介護支援事業所
担当ケアマネジャー

退院連携シート
〇〇 年〇〇 月〇〇 日

| 入院年月日 | 〇〇 年 〇〇月 〇〇日 | 入院先病院名 | 〇〇病院 |

■医療連携室 担当者〇〇様 　様 ・□病 棟(　)担当者

| 利用者名 | 〇〇〇〇様 | 男 (女) M T (S) | 〇〇年〇〇月〇〇日生 〇〇 歳 |

| 要介護認定 | 1 2 ③ 4 5 | 区分変更中(/) 訪問調査(/) |

【入院が必要となった経緯と今回入院の主な病名】
平成30年4月2日脳梗塞で入院。保存的な治療を行う。左片麻痺、嚥下障害が残り、リハビリに取り組む。
本人の希望で退院となるも、在宅においてリハビリを継続のこと。

【入院中の状態】
保存的治療において病状は安定。血圧130/80台で経過する。リハビリに取り組む。
神経因性膀胱による尿閉がみられたためバルーンカテーテル留置となる。

【現在の状態】
脳梗塞後遺症で、左片麻痺、軽度嚥下障害がある。リハビリ室では歩行器で歩行訓練をしている。
院内は車いすで移動。車いす移乗に一部介助を要する。バルーンカテーテル留置のため移動には介助
を要する。

| 退院予定日(〇〇/〇〇) ・未定 ・調整中 |

服薬について
降圧剤2錠 朝、夕 　抗コレステロール薬3錠 朝、昼、夕 　胃薬3錠 朝、昼、夕
神経因性膀胱治療薬3錠 朝、昼、夕 　　眠剤1錠21時

日常生活においての注意事項

■食事	治療食の(有)・無(塩分6g以下)	■移動	車いす 要介助
■入浴	全介助・(一部介助)( )	■排泄	トイレ・ポータブルトイレ・オムツ(介助の有・無)
その他 特記事項	バルーンカテーテル留置のため、尿路感染に注意。排便はP-トイレ		

通所系サービスなどでの注意事項・禁忌事項

■食事	塩分6g以下	□運動	制限有・(無)( )
■入浴	血圧180以上の時はかかりつけ医に連絡して指示を受ける	■血圧	130/80台で安定している。
その他 特記事項	軽度物忘れ、理解力、判断力の低下がみられる。周りの状況判断ができず、注意力が低下していているため転倒のリスクがある。		

| 退院後の医学管理について | 定期受診 (外来) 往診 頻度 / 週 ・1/ 1 月 不定期 |

| かかりつけ医 〇〇〇〇 | 先生 | 受診先医療機関 | 〇〇病院 |

| 医療系サービスの必要 (有) ・無 | 訪問リハ・(通所リハ)・居宅療養管理指導(医師・歯科医師・薬剤師・栄養士)その他( ) |

医学的管理の必要な器具、処置等について

■バルーンカテーテル	□酸素療法
□胃ろう	□点滴
□人工肛門	□IVH
□気管カニューレ	□褥瘡の処置
□その他	

【在宅での注意点】
介護者が高齢の妻のため、生活全般に見守りや支援が必要。専門職による指導、管理を要する。

| 家族(妻)へ手技の説明 (有) 無 | 理解：高・中・(低) 年相応の物忘れがある。) |

訪問看護の必要性 (有)・無

退院前カンファレンス

| カンファレンス 開催日予定 | 〇〇年 〇〇月 〇〇日 〇〇 時〇〇分 |
| カンファレンス 開催場所 | 〇〇病院1Fカンファレンスルーム |

居宅介護支援事業所 〇〇センター
担当ケアマネジャー 〇〇〇〇

ケアマネジャーから訪問リハビリへ情報提供

年　　月　　日

情報提供方法　　□ 郵送　　□ 電話　　□ その他（　　　　　　　）

訪問リハビリ事業所					様

利用者名	様	男・女	M・T・S	年　月　日　歳

要介護認定　　【要支援】1　2　　【要介護】1　2　3　4　5　　【申請中】新規・区変

【本人の意向】

【家族の意向】

日常生活自立度等

障害高齢者日常生活自立度　（　　　　）	行動障害　（ 有・無 ）
認知症高齢者自立度　　　（　　　　　）	具体的に：
認知症 □有 □無　診断名　：	

【在宅での生活状況】

在宅の医学管理について	定期受診　不定期　往診　頻度：　回／　週・　回／　月
かかりつけ医　　　　　　　先生　受診先医療機関	

疾患名　：

【家族構成】	【主介護者】　　　　様　（続柄）
	【副介護者】　　　　様　（続柄）
	【介護力】
	【介護者の就労】　　有・無
	【経済状況】

食事	自立・一部介助・介助	特記 ：
口腔ケア	自立・一部介助・介助	特記 ：
移動	自立・一部介助・介助	特記 ：
排泄	自立・一部介助・介助	特記 ：
服薬	自立・一部介助・介助	特記 ：
睡眠	良眠・不眠（状態：　　　　　　）	就寝時間　　：　　～　　：
住居等環境上の注意点　有・無		特記 ：
住宅改修　　　　　　済・未		特記 ：

【その他】

※ ご本人様及びご家族様の同意を得て情報提供をさせて頂いております。

連絡先　　電話
FAX
医療法人
担当ケアマネジャー

ケアマネジャーから訪問リハビリへ情報提供　〇〇年〇〇月〇〇日

情報提供方法　□ 郵送　□ 電話　■ その他（　持参　）

訪問リハビリ事業所	△△△△事業所　　〇〇〇〇　様
利用者名	〇〇△△　様　男・(女)　M・T・(S)　〇〇年　〇〇月　〇〇日　70歳
要介護認定	【要支援】1 2　【要介護】1 (2) 3 4 5　【申請中】新規・区変

【本人の意向】足が弱って歩けない。歩けるようになったら買い物に行きたい。

【家族の意向】悪い方（麻痺側）の足を引きずっている。動くと転びそうで心配。もう少し歩ければ一緒に散歩もできる

日常生活自立度等

障害高齢者日常生活自立度　（ A1 ）	行動障害　（ 有・(無) ）
認知症高齢者自立度　　（ Ⅰ ）	具体的に：
認知症 □有 □無　診断名 ：	

【在宅での生活状況】
最近（3か月前位）より外に出る事が少なくなった。転んだことがきっかけで転倒への不安が強く自宅内でじっとしていることも増えた。その後転倒はないが麻痺側を引きずって歩くことが増え、つまずいている。

在宅の医学管理について	定期受診　不定期　往診　頻度： 回／ 週・ 回／ 月
かかりつけ医 ◇ 先生	受診先医療機関　◇◇医院

疾患名 ： 脳梗塞、右片麻痺、高血圧症、

【家族構成】	【主介護者】　　　■　　　様　（続柄）夫
（家系図）県外　区外	【副介護者】　なし　　　様　（続柄）
	【介護力】　家事は苦手で調理を苦痛と感じている。
	【介護者の就労】　(有)・ 無（週3回、駐車場のアルバイト）
	【経済状況】年金（夫・本人）、他収入なし。

夫と2人暮らし。長女は県外にて就労。次女は区外で夫・女児の3人暮らし

食事	自立 (一部介助)・ 介助	特記 ：左手で自助具利用。一口大で準備すれば摂取可能
口腔ケア	自立 (一部介助)・ 介助	特記 ：不十分だが出来ている。夜仕上げを夫が支援。
移動	自立 (一部介助)・ 介助	特記 ：杖使用、外出時は車いす介助。
排泄	自立 (一部介助)・ 介助	特記 ：慌てるとズボン・下着の着脱が不十分。
服薬	自立 (一部介助)・ 介助	特記 ：夫が手渡して服薬可能。
睡眠	(良眠)・ 不隠（状態： ）	就寝時間　22:00 ～ 6:00
住居等環境上の注意点	(有)・ 無	特記 ： 敷居あり。じゅうたんを敷いている。
住宅改修	(済)・ 未	特記 ： 廊下・トイレ・居室・框に手すり設置。

【その他】
言語障害は残存しているが意思表示は出来る。服薬により血圧もBp120～140/60～80mmhgと安定している。

※ ご本人様及びご家族様の同意を得て情報提供をさせて頂いております。

連絡先　　電話　　000-000-0000
　　　　　FAX　　000-000-0000
医療法人●●●●●●　介護支援センター●●●●●●
担当ケアマネジャー □□□□

著者紹介

■監修

一般社団法人日本ケアマネジメント学会 認定ケアマネジャーの会

■編集

白木裕子（しらき・ひろこ）

株式会社フジケア取締役社長

■著者（五十音順）

相田里香（あいだ・りか）……………………………Column 各地域の取り組みの工夫（1）

介護サービス青い鳥合同会社管理者

青木穂高（あおき・ほたか）………………………Column 各地域の取り組みの工夫（6）

北九州市保健福祉局健康医療部地域医療課長

稲富武志（いなとみ・たけし）……………………………………………第 2 章・第 5 章

医療法人起生会大原病院事務局長

大池由旗（おおいけ・ゆき）………………………………………………第 3 章第 1 節

一般社団法人玉名郡医師会居宅介護支援事業所

尾崎由美子（おざき・ゆみこ）…………………………………………………………第 2 章

華笑クリニック

神谷良子（かみたに・よしこ）………………………………………………………第 4 章

特定非営利活動法人神戸ライフ・ケアー協会理事長

酒井清子（さかい・きよこ）…………………………………………………………第 4 章

社会福祉法人練馬区社会福祉事業団地域支援課長

白木裕子（しらき・ひろこ）……………………………第 1 章・第 4 章・第 5 章

前掲

白水京子（しろうず・きょうこ）………………………………………第 3 章第 5 節

白水薬局管理薬剤師

末次香代子（すえつぐ・かよこ）…………………………第 3 章第 4 節・第 5 章

医療法人安藤内科・循環器科医院介護支援センターふれあい

一般社団法人日本ケアマネジメント学会　認定ケアマネジャーの会

　『認定ケアマネジャー』の資格を取得し、登録された方々のスキルアップ活動を支援する組織です。

　認定ケアマネジャーの会では会員の認定ケアマネジャーの方に対し、より高度なケアマネジメント能力を身につけるための自己研鑽の場を用意し、介護支援専門員に対する実践的な支援および指導ができるような質の高い人材の育成を目指しています。

※認定ケアマネジャーとは

　日本ケアマネジメント学会が、ケアマネジャーの資質向上を図ることを目的に2004（平成16）年に創設した資格制度です。資格を取得するためには、以下のすべてを満たす必要があります。

- ・介護保険法の定める介護支援専門員であって、人格および見識を備えている方。
- ・日本ケアマネジメント学会会員にあっては、資格申請時において、2年以上の会員歴を有する方。
- ・日本ケアマネジメント学会非会員においては、居宅介護支援におけるケアマネジャーとして3年以上の実務経験を有する方。
- ・日本ケアマネジメント学会の主催する学会大会への参加等、認定ケアマネジャー制度施行細則に定める資格申請要件を満たしている方。
- ・日本ケアマネジメント学会の施行する資格試験に合格した方。

事例とQ&Aでわかる
ケアマネジャーのための医療連携ガイド

2019 年 6 月 20 日 発行

監　修 ···················· 一般社団法人日本ケアマネジメント学会
　　　　　　　　　　　認定ケアマネジャーの会
編　集 ···················· 白木裕子
発行者 ···················· 荘村明彦
発行所 ···················· 中央法規出版株式会社
　　　　　　　　　　　〒110-0016　東京都台東区台東 3-29-1　中央法規ビル
　　　　　　　　　　　営　　業　TEL 03-3834-5817　FAX 03-3837-8037
　　　　　　　　　　　書店窓口　TEL 03-3834-5815　FAX 03-3837-8035
　　　　　　　　　　　編　　集　TEL 03-3834-5812　FAX 03-3837-8032
　　　　　　　　　　　https://www.chuohoki.co.jp/
装幀・本文デザイン ······ 北田英梨（ジャパンマテリアル）
本文イラスト ············· 藤田侑巳
印刷・製本 ··············· 株式会社ルナテック

定価はカバーに表示してあります。落丁本・乱丁本はお取替えいたします。
ISBN978-4-8058-5897-4